当代劳动法理论与实务研究

杨　岚◎著

中国原子能出版社

图书在版编目（CIP）数据

当代劳动法理论与实务研究 / 杨岚著. -- 北京 : 中国原子能出版社, 2020.10 （2023.1重印）

ISBN 978-7-5221-1083-7

Ⅰ. ①当… Ⅱ. ①杨… Ⅲ. ①劳动法－研究－中国 Ⅳ. ①D922.504

中国版本图书馆 CIP 数据核字 (2020) 第 212794 号

当代劳动法理论与实务研究

出版发行 中国原子能出版社（北京海淀区阜成路 43 号 100048）

责任编辑 杨晓宇

责任印制 赵 明

印 刷 河北宝昌佳彩印刷有限公司

经 销 全国各地新华书店

开 本 787毫米×1092毫米 1/16

印 张 12 **字数** 262千字

版 次 2020年10月第1版

印 次 2023年1月第2次印刷

标准书号 ISBN 978-7-5221-1083-7 **定价** 65.00元

网 址：http://www.aep.com.cn E-mail: atomep123@126.com

发行电话：010-68452845

前 言

劳动是维系生存的重要方式，其之于个人、家庭乃至社会的重要性并未因时代的改变而改变，因此，对劳动者权利的保障和雇主雇佣行为的规范显得意义非凡。然而，若将劳动理解为“人间之有意识的一定目的之肉体的或精神的操作”，则自人类产生伊始，即存在劳动，但劳动法则是为了因应工业劳动社会化而产生的，其所调整之劳动的本质为劳动者对雇主的人身隶属。随着工业劳动的社会化，农业社会时代的家庭保障、土地保障难以负担，社会保障开始建立。因此，从某种程度上来看，劳动法和社会保障法是矫正工业社会疾病之法；是弱势劳工与强势雇主的利益平衡之法；是消弭社会矛盾，促进社会和谐、稳定之法。

进入21世纪后，我国相继出台了《劳动合同法》《劳动争议调解仲裁法》《就业促进法》等，一方面规范和调整我国的劳动关系管理，另一方面也凸显对劳动关系主体的保护。但是，近几年来，随着劳动关系引发的社会矛盾越来越凸显，人们开始逐渐认识到，中国的劳动关系问题是经济发展中一个绝对不可回避的重大课题。企业劳动关系处理的好坏，不仅仅影响到劳动者的切身利益和用人单位的用工成本，还会影响到全社会的稳定、投资环境以及企业的市场竞争力等。因此，如何调整好劳动关系、处理好劳动关系中的不和谐因素便成了广大用人单位和人力资源管理者需要研究的重要课题。目前，我国迈入中国特色社会主义新时代，全面建设社会主义和谐社会，而建设和谐合作的劳动关系是建设和谐社会的前提，相信本书的出版，将对我国的劳动关系管理的发展起到积极的作用。

由于时间和作者学识水平有限，书中难免有错误与疏漏之处，希望广大读者不吝提出宝贵意见，给予批评指正。

前言

目 录

第一章　当代劳动法的新发展

第一节　当前我国劳动关系的特点

劳动关系是基本的社会关系，劳动关系的和谐稳定直接影响社会的和谐稳定。改革开放四十多年来，随着中国社会经济的发展，劳动关系也发生着深刻的变化。这种变化源于中国经济从计划经济到市场经济的转变；源于经济全球化的影响以及城镇化进程的加快。此外，目前我国正处在经济社会转型期，转型带来了生产方式、生活方式、价值观念等方面的深刻变化，这些变化也会直接影响到劳动关系。具体而言，我国当前劳动关系呈现出以下几个方面的特点。

一、劳动关系多元化

（一）劳动关系主体多样化

随着我国市场经济体制的建立，我国的所有制结构发生了很大的变化，建立了以公有制为主体、多种所有制经济共同发展的基本经济制度，各种非公经济包括外资企业蓬勃发展，表现在劳动关系中，有以下两个特点：第一，用人单位从一元变为多元。除原来的国有企业和集体企业外，外资企业成为劳动力市场重要组成部分，民营企业在全球竞争中迅速成长。从劳动力就业分布来看，国有企业、集体企业就业总量逐渐减少，非公企业成为吸纳劳动力就业的重要主体，其中，中小企业起了最为重要的作用。第二，劳动者逐渐分层。一方面，国企改革导致相当部分工人下岗、转岗或者自谋职业；另一方面，国际产业转移过程中，中国承接了大量劳动密集型产业，庞大的农村劳动力储备成为国内劳动力市场的生力军，大量的农村富余劳动力流向城市，农民工取代国有企业职工成为产业工人的主体。此外，随着我国高等教育和职业教育水平的提升，各类管理人员、专业技术人员等劳动者人数迅速增加，通过劳动力市场的流动性、替代性和薪酬等市场要素调节，劳动者逐渐被市场所分层，不同阶层劳动者的利益诉求也呈现出不同的层次。

（二）劳动关系运行市场化

由于劳动关系主体发生了结构性变化，国家、企业和劳动者个人在劳动关系领域也发生了根本的变化。第一，国家统分统配的劳动就业体制解体，国家不再统一分配安置就业，企业自主用人、劳动者自主择业的市场化就业机制形成。第二，在市场化双向选择的背景下，劳动关系从原有的身份制转向合同制，固定工制度被破除，企业全部实行劳动合同制。

（三）劳动关系形态弹性化、去形式化

随着用人单位主体从国有企业到多种企业并存、从大中型企业为主变为中小企业为主，而劳动者主体的来源也更加多元，劳动关系从相对固定的身份制到自由流动的合同制，劳动关系的形态也变得更加多样性。传统劳动关系形态突出表现为单一或者一重劳动关系、八小时工作制、全日制用工、无固定期限等特点，而这些典型的劳动关系在灵活就业与制度转轨中发生了很大变化，短期合同、非全日制用工、劳务派遣、劳务外包等非典型劳动关系不断发展，尤其是劳务派遣更是发展迅猛。劳务派遣起源于境外，在改革开放后被引入中国，最早适用于外国企业服务机构。进入21世纪以来，越来越多的用人单位出于用工灵活性的考虑，将直接雇佣改为劳务派遣，在很多企业，劳务派遣成为主要用工方式，劳务派遣人员甚至一度高达职工总数的20%。

二、劳动关系国际化

在经济全球化的浪潮下，世界经济活动超越国界，通过对外贸易、资本流动、技术转移、提供服务、相互依存、相互联系而形成了全球范围的有机经济整体。跨越国界的人口流动，使得国际劳务在世界各国越来越普遍。我国劳动关系也越来越显现出国际化的发展趋势，主要有以下几种表现。

（一）劳动者赴海外工作人数大量增加

劳动者赴海外工作，对于增加收入、促进就业都有积极的作用，但同时也产生了一些问题，如一些单位或个人非法组织劳务人员到境外打工，境外务工人员的权益受到侵害，境外群体性劳务纠纷等。

（二）外国人在华就业的人数不断增加

随着中国经济的发展和对外开放的扩大，我国通过政策优惠吸引了大量外国投资，大量外企人员也随之进入中国境内工作，成为“外国劳动者”。我国鼓励国外高级技术、管理人员和暂缺的特殊技能人员来华就业，解决高素质人才紧缺问题。

（三）外国公司、企业和非政府组织通过民间活动对我国劳动关系产生影响

随着我国对外开放政策的推行，越来越多的外国公司、企业、非政府组织来华投资和从事各类活动，对我国劳动关系产生了一定的影响。

第二节 劳动合同法争论

一、批评《劳动合同法》的主要观点

伴随着《劳动合同法》的起草、颁布和实施，对《劳动合同法》的争论一直没有停歇过。纵观整个争论的过程，大致可分为两个阶段：一是 2008 年《劳动合同法》出台之际，即遭遇美国次贷危机所引发的全球性金融危机；二是 2015 年伊始，随着中国经济进入新常态，经济增速放缓，企业的经营面临诸多困难和压力，一些企业出现了破产倒闭、停工裁员的风潮，因此，《劳动合同法》再次成为众矢之的，遭到了部分企业家、官员和学者的质疑和批评，其中，较为代表性的观点如下。

经济学学者北京大学张维迎教授说，判断一个政策的好坏，不是看它的目的高尚不高尚，而是看这个政策的效果。我们说一个政策不好，就是这个政策的效果与目标背道而驰。劳动合同法就是一个典型的例子。新的劳动合同法的目的是保护劳动者的利益，但受损害最大的恰恰是普通工人和准备寻找工作的农民，因为它大大减少了就业机会。劳动合同法对经济的伤害不仅仅是成本上的，也有对企业文化的伤害。现在，企业管人越来越难管了，又要变成过去“干的不如看的，看的不如捣乱的”。所以，他建议果断停止执行新的劳动合同法中限制合同自由的条款，让劳动合约更自由，就是进一步推进市场化的改革。

法学学者中国政法大学何兵教授说：“对于劳动合同法，我一向持批评态度。立场坚定，旗帜鲜明。立法者们无视国情，制定了法理上讲不通，实际上难实行的法律。立法者们声称，本法意在建立长期稳定的劳动关系，但他们又是如何立法的呢？他们一方面要求企业与劳动者订立长期合同，另一方面，又允许劳动者在不提供任何理由的情况下，单方面解除合同，企业必须支付所有的工资和福利。他们声称要建立稳定的劳动关系，但又严格禁止企业设立违约金、保证金，而劳动者就像大海的鱼，企业一点抓手都没有。这些条文的实质是纵容邪恶，而不是培育诚信。”

二、世界各国对劳动法的争议

在国外，特别是经过几轮经济危机洗刷的欧美发达国家，该“如何权衡劳动法所规定的劳动者权益和如何提高企业的自主权让经济更有活力”已经成了不少国家政治经济领域的基本议题之一，对许多国家执政党而言，如何处理两者之间的关系甚至攸关选战的结果。经济学界自 20 世纪 70 年代起开始研究劳工权益与经济发展的关系，例如，提高最低工资标准、提高员工福利待遇等措施对经济发展和失业率的影响等，但该问题至今没有统一定论。一些经济学家认为，制定最低工资等强制措施保证劳动者权益可以增加低收入者的收入，而另外一些经济学家认为，劳动者工资应该由市场决定。

就是否增加最低工资的问题，近年来，美国、德国政府坚持扩大劳动者权益，增加最低工资。前美国总统奥巴马连续两年在国情咨文中呼吁提高法定最低时薪，他认为此举能够扩大劳动者收入，削减贫困，保护美国广大劳动者的权益。诺贝尔经济学奖得主克鲁格曼十分赞同奥巴马的政策，他认为："在经济低迷时，劳动者手里就没什么牌可打，雇主可以加重他们的工作负担，或者付给他们更少的工资，或者两者皆有。而考虑到换工作的成本，对劳动者来说，不管在经济强劲还是低迷时，劳动者都更倾向于以稍低的工资保持原工作。数据也证实了这一点，在美国，企业利润在金融危机期间大幅下降，但是很快出现反弹，而且不断飙升，但劳动者的收入却停滞不前。而奥巴马政府的举措只是帮助雇主和劳动者重新平衡"。同样的现象也发生在德国，过去德国是少数几个没有最低工资的国家之一，然而在经过艰苦卓绝的谈判后，2014 年联邦议院以 535 票同意、5 票反对、61 票弃权的压倒性多数通过最低工资标准提案，默克尔率领的联合政府设立了最低工资标准机制。2015 年起，德国逐步推行税前每小时 8.5 欧元的最低工资标准，这一制度的改变最终使得大约 370 万劳动者获益。有学者认为，德国作为欧洲最大的经济体，提高工资有助于更好地保护劳动者权益、促进社会稳定、刺激消费、提振经济、促进经济发展，同时也更有利于消除德国东西部的工资差异。除此之外，德国政府长期以来还特别注重劳动力市场的培养，鼓励企业灵活用工，即以短期零工的形式来促进就业，虽然工资较低，但企业为劳动者缴纳社会保险金。这样不仅较好地保证了就业率也适度减轻了企业的负担。

另外，为了提高企业的竞争力，一些国家开始采取措施限制劳动者权利，增强企业灵活用工，以促进就业、振兴经济的发展，如法国、日本、韩国等。

法国由于经济下滑，失业率长期高达 10%（青年阶层更是高达 25%）。面对经济持续恶化的现实，法国政府提出了劳动法改革措施。2016 年 2 月 18 日新上任的劳工、就业与社会对话部部长米利安姆·库姆里提出了新劳动法（"库姆里法案"），法案包括实际取消每周 35 小时工作制，削减 35 小时以外的加班费，并给予雇主更多解雇员工和削减成本的自由。法国政府认为，改革计划会使得解雇工人更为容易，将促使企业雇佣更多的员工，提高就业率，从而促进经济的发展。但劳动者和工会组织对包括改变每周 35 小时工作时间在内的有关建议表示不满，认为该法案严重影响了工作的稳定性并且不会创造更多就业机会，而且这些建议取消了对劳动者的关键保护，严重损害了劳动者的基本权益。该法案在法国全国范围内引发争议，更成为 3 月法国 4 次多地罢工、游行的直接导火索。3 月 9 日《库姆里法案》被提交政府联席会议审议，同一天，据不完全统计，法国全国各地有 22 万人（工会称有 50 万人）上街示威，共发生了 140 多场罢工、抗议、示威、游行活动。而同在欧洲的意大利和西班牙政府也在重新审视劳动法给企业带来的巨大负担，它们希望通过削减劳动者权益的方式来恢复企业与劳动者的平衡，以此来促进就业，振兴本国经济。

三、客观理性地看待我国当前的《劳动合同法》争论

（一）《劳动合同法》不能承受之重

当前中国经济正在从高速发展转向中高速发展。改革开放以来，中国经济经历了从高速到中高速发展的变化，进入经济发展的新常态。经济新常态表现为增长速度放缓和经济结构调整。在经济发展新常态下，必然面临着经济结构的调整。消费比重超过投资比重，第三产业超过第二产业，出口增速下降到 10% 以下，更多需要发展内需经济以提升对就业的吸纳能力。《劳动合同法》的争论之所以持续这么久其背后的原因与经济下滑有着千丝万缕的联系，这次经济危机使得中国出口遭受巨大打击，而同时国家投资也由于前些年大量投入房地产使得国家出现较高的通货膨胀，事实上中国目前经济的希望仅剩扩大内需促进消费，否则中国经济落入“中等收入陷阱”将会对中国未来发展造成巨大打击。所以，很多学者都在努力思考渡过这次危机，一些政府官员与企业由于长期依赖传统的压榨劳动力成本、高资源能耗模式发展经济，已经形成了一种路径依赖，无法适应当下国家发展急需的企业结构升级转型需求，反而批评《劳动合同法》的负面作用。然而，此乃《劳动合同法》不可承受之重，对其应予以澄清。

1. 立法价值之争或是立法技术之争

《劳动合同法》立法过程之中曾经出现过立法价值的争论，即单保护还是双保护之争，经过争论之后，立法者最终确立了倾斜保护劳动者的价值取向。此次争论又回到了上次争论之原点——是立法价值还是立法技术？从上述的批评中似乎难以窥见争议的焦点，尽管大多数批评落脚于《劳动合同法》中具体的法律规范问题，但因这些规范是在立法价值的指引下形成的，因此，对于法律规范的批评实际上再次触及了本已确立的立法价值的讨论。笔者以为，倾斜保护劳动者的价值取向具有正当性，一是我国的国体是以工人阶级为领导的，以工农联盟为基础的人民民主专政的国家，从国家体制上需要强化工人阶级的领导地位，因此，完善劳动立法，强化劳动者的权益保障，是我国国体的必然之义；二是从劳动关系的内在构造来看，劳动者居于相对弱势的地位，基于实质平等的价值取向，在立法上须采取相应的措施，以强化劳动者保障，平衡劳资地位；三是坚持倾斜保护原则对于化解这次经济下滑危机是有巨大作用的，提高劳动者权益、增加劳动者收入不仅是我国人权保护和法治的巨大进步，也是促进国家尽快走出这次经济危机的有效办法。在出口、投资都疲软的情况下，消费无疑是最好的选择，一个简单的道理是“有钱才能消费”。摆在我们面前的问题是，谁消费更有利于经济发展？中国不同于发达国家，中国存在大量的中低收入人群，只有提高这些人的消费水平才能更加促进经济发展。因为从边际效益角度讲，扩大劳动者权益，对劳动者倾斜保护，提高工资收入，能够更好地促进消费（边际效益函数）。增加中低劳动者收入远比增加富人收入对社会经济发展更有用。

2.《劳动合同法》增加了企业用工成本吗

《劳动合同法》的实施是否会增加企业用工成本？对该问题需要客观分析。这旦所谓企业用工成本主要包括工资成本、社会保险和福利成本，解除和终止劳动合同的成本，企业违法用工成本，以及相应的管理成本等。

就工资成本而言，近年来，劳动者工资确实呈增长趋势。但增长是多方面造成的，其中最为重要的原因有二：一是随着人口结构的改变，劳动力人口减少，导致劳动力市场的供需关系发生改变，由此导致劳动者的工资增加；二是物价的上涨，推动生活成本的增加，因此，需要通过工资增加来维持劳动者的基本生活水平。工资增长固然带来企业用工成本的提高，但同时也应看到其积极的方面。对于劳动关系而言，劳动者工资的增长实际意味着劳动者在生产分配中的谈判能力的提高，劳动力在生产分配中所占的比重提高。一方面，这是我国推动经济发展模式转型和创新的必然要求，因为，通过劳动力成本的增长，推动企业的转型升级，由传统的劳动力密集型企业向技术密集型企业转型，在环境、土地等资源容量有限的情形下，通过劳动力成本的增长，淘汰一些低成本、高耗能的产业，推动企业的结构性调整；另一方面，这也是我国经济发展模式转型和创新的必要结果。随着我国经济发展的转型、企业结构的升级，劳动者的素质在不断提高，劳动者对企业生产的贡献度也在不断提高，因此，其谈判能力和分配能力也相应地提高。由此可见，劳动者工资增长是经济发展过程中的必然趋势，而工资成本的增长是多方面因素使然，并非因为《劳动合同法》的实施。目前我国规范劳动者工资报酬的法律法规主要是《劳动法》《企业最低工资规定》等，《劳动合同法》作为调整劳动关系的法律，基本上没有对工资做出强制性规定。

就社会保险和福利成本而言，通常所谓“五险一金”，这部分成本确实增加得比较快。究其原因，一是缴费基数随着工资的增长不断增长。二是社保部门严格核算缴费基数，把劳动者各项报酬包括饭补、交通费补贴等都纳进缴费工资，使得缴费基数与过去相比有更多的增加。三是过去不少企业不与员工签订书面劳动合同，也不为员工上社会保险，逃避应有的责任。而随着执法环境的加强，企业难以逃避缴纳社保的责任，对于这些过去不给员工上社保的企业而言，无疑感觉用工成本有了很大的增加。四是目前我国社保费率过高，如果将企业和劳动者缴纳的“五险一金”各项费用加起来，大约是劳动者工资的60%。但我们应该看到，社会保险和福利成本的增加并不是由《劳动合同法》直接带来的。企业和劳动者必须依法参加社会保险，缴纳社会保险费是我国《劳动法》《社会保险法》明确规定的企业和劳动者的一项基本义务。由于《劳动合同法》要求企业与劳动者订立书面劳动合同，加上《劳动合同法》的实施开启了劳动法律领域的严格执法时代，企业参保率大大提高，导致许多企业把社保成本的增加也归咎于《劳动合同法》的实施。应该说，《劳动合同法》的颁布和实施间接促进了社会保险制度的实施，因此也可以说是间接提升了企业的用工成本。目前，政府和学界都有共识，要逐步降低企业社会保险缴费率。

关于管理成本，《劳动合同法》实施后，企业会更注重规范自身的管理行为，完善企业的规章制度，应该说，这是企业人力资源管理的必要成本。此外，《劳动合同法》强化了对企业的规章制度的规定，目的是希望通过法律规范来督促企业完善内部管理，减少管理不善导致的劳动争议。只有当企业不断规范自身的管理行为，才能实现利润最大化、成本最小化。

关于违法成本，是《劳动合同法》着力规定的一项内容。如规定用人单位违反订立书面劳动合同或无固定期限劳动合同规定的，要向劳动者支付二倍的工资；或者用人单位违法解除或终止劳动合同的，要按经济补偿标准的二倍向劳动者支付赔偿金等。从这一角度，《劳动合同法》确实加大用人单位的违法成本，但其目的是更好地规范单位的用工行为。对于企业来说，只要严格依照法律规定，并不会因此增加过多成本，更不会因为这类成本的增高而导致整体经营困难的后果。

综上分析，企业用工成本的增加是由众多因素的作用而导致的。《劳动合同法》实施后，由此所直接带来的企业用工成本的增加主要体现在解雇成本和违法成本上。对于绝大多数规范守法的企业而言并没有带来过多成本的增加，而对一些原来就没有严格执行《劳动法》和《劳动合同法》的企业则可能带来较大的成本支出，一些企业甚至因此而关闭。从近期看对劳动就业会带来一定的压力和影响，但从长远看是一种必然选择，通过淘汰落后产能和低端产业，可以促进产业转型升级，改善粗放的经济发展方式，减轻能源资源供给和环境保护压力。在此背景下，《劳动合同法》能够促使企业不断完善自身的管理，加大技术投入，培养高素质的劳动者，完成企业的优化升级，真正实现企业竞争力的全面提高。

（二）从法律技术层面看《劳动合同法》与企业灵活用工的问题

对《劳动合同法》的批评包括认为该法关于无固定期限劳动合同的规定导致企业用工机制的僵化，对该问题应当客观分析。确实，《劳动合同法》第十四条规定了适用无固定期限劳动合同的四种情形，较之过去加大了适用范围。关于劳动合同期限，我国立法规定分为固定期限劳动合同、无固定期限劳动合同和以完成一定工作任务为期限的劳动合同。从法律规定和法律适用来看，固定期限劳动合同和无固定期限劳动合同都属于劳动合同的基本形态。之所以形成现行劳动合同期限制度，很大程度上与我国劳动用工制度的发展和改革有关。在传统计划经济时代，劳动用工制度主要实行固定工制度，以“铁饭碗”、终身制为特征。改革开放以来，我国对传统劳动用工制度进行改革，具体的做法就是将原来终身的固定工变为企业与劳动者签订劳动合同，而劳动合同以固定期限为主，尽量减少无固定期限劳动合同的适用，以此完成劳动力市场化的转变。因此，固定期限劳动合同就成为我国劳动用工的基本形态。随着市场化的推进，短期用工的问题逐渐显现，劳动者没有职业稳定感，社会上“40、50 现象”大量出现，下岗失业工人再就业成为突出问题。为此，国家开始鼓励企业实行无固定期限劳动合同，并通过立法进行强制性规定。但我们应当明确的是，《劳动合同法》规定的无固定期限劳动合同不同于过去的固定工制度，无固定期限劳动合同是指用人单位与劳动者约定无确定终止时间的劳动合同。与固定期限劳动合同相比，两者的主要区别是一个有确定的终止时间，一个无确定的终止时间，而涉及劳动合同解除的问题，无固定期限劳动合同与固定期限劳动合同一样，都适用《劳动合同法》第三十九至四十一条规定的情形。也就是说，只要符合法定条件，对于无固定期限劳动合同，用人单位同样可以解除，因此，其并非“终身制”“铁饭碗”。当然，目前在实践中，虽然《劳动合同法》第三十九至四十一条规定了用人单位可以解除劳动合同的14种情况，从形式上看似乎给了企业许多解雇的通道，但实际上这些规定在具体实施中有相当大的难度，再加上仲裁和司法裁判在个案中适用法律的收紧，导致实践中出现企业“解雇难”的问题。比如，在企业过失性解除中，对于用人单位的举证责任、规章制度的民主程序和公示要求、违纪处罚的程序性要求、规章制度的合理性审查等都做了较为严格的要求，实际上对企业适用这类条款解除劳动合同有很大的限制。而在企业预告解除中，关于医疗期的确定、不能胜任工作的认定、变更和调整工作岗位的协商等，对企业方面也提出了较高要求。未来《劳动合同法》的修改应当对劳动合同期限进一步规范完善，比如，应当区分固定期限劳动合同和无固定期限劳动合同的性质和适用，扩大无固定期限劳动合同的适用范围，一些非继续性的工作岗位可以不适用无固定期限劳动合同，同时应当适当放宽解雇的条件，对于固定期限劳动合同，合同双方应当受到合同期限的约束。

（三）《劳动合同法》的实施有利于建立和谐稳定的劳动关系

共享发展理念的提出，是中国特色社会主义的本质要求。其内涵是必须坚持发展为了人民、发展依靠人民、发展成果由人民共享，做出更有效的制度安排，使全体人民在共建共享发展中有更多获得感，增强发展动力，增进人民团结，朝着共同富裕方向稳步前进。共享发展理念应当包含以下几层含义：第一，坚持人民主体地位。人民的主体地位，即主权在民，人民是国家主人，这是中国特色社会主义的要义，体现在法律上就是要充分尊重和保障人权，这也是我国《宪法》第三十三条所规定的“尊重和保障人权”，这是共享发展的法理依据。第二，全体国民作为国家的主人，有权共同分享经济发展的成果，让每个人都能实在地置身于改革发展中，从发展中获得实惠。第三，共享发展，是全面建成小康社会的基础。发展是共享的前提，共享是发展的动力。发展不是GDP的数字，不是简单的收入增加，而是改善民生的发展，让国民幸福指数全面提升。

劳动关系是最基本的社会关系，劳动关系的和谐稳定是社会和谐稳定的基础。《劳动合同法》通过构建和发展和谐稳定的劳动关系，有利于促进和谐社会目标的实现。将企业和劳动者之间的劳动关系纳入法律的约束之下，着重强调劳动者合法权益的保护，这不但是我国劳动法未来的走向，也是国际劳动法的立法原则；突出“以人为本”，才能真正体现这部法律的实践价值，它是立法指导思想的升华。从劳动法到工会法再到劳动合同法，我国的劳动法律制度日趋成熟。

《劳动合同法》进一步明确了我国“以人为本”的立法标准，这体现了我国社会主义的立法原则，是我国劳动法制建设新的里程碑。

（四）适时启动对《劳动合同法》的修改

面对各界对《劳动合同法》的批评，不能一概否定，而是应该客观理性地看待。在《劳动合同法》实施以后，我们需要对该法做出客观的评价，既要看到其正面的积极意义，也要看到其不足。

《劳动合同法》是调整劳动关系的基础性法律，其明确了保护劳动者的价值取向，有利于劳动者实现劳动权，同时，该法也明确规定了劳动关系双方的权利和义务，有利于构建和谐稳定的劳动关系。而且《劳动合同法》的实施也开启了劳动法治的时代，劳动行政部门严格执法，劳动者维权意识不断提升，用人单位在劳动管理方面愈加规范。但同时我们也应当看到，《劳动合同法》在实施过程中也暴露了不少问题，主要有：第一，刚性过大，弹性不足。给予企业与劳动者自治的空间太少。第二，不区分企业类型和劳动者的不同特点，一概适用同一法律标准。第三，对法律实施的效果未能做出有效的评估，有些条款的实施甚至起到了相反的作用。第四，有些条款和内容存在歧义，导致法律适用中各地有较大的差异。第五，有些制度设计还存在一些问题需要修正。对于《劳动合同法》存在的问题，应当秉持客观理性的态度，在进行充分的研究和严密的论证基础上适时启动修改，对于目前法律实施中的问题通过修法予以解决。

第三节 劳动法的发展

劳动法管制还是放松，这是当代劳动法发展的一个全球性的议题，它不仅是一种思潮，更是劳动立法的价值选择。从世界范围看，自 20 世纪八九十年代经济全球化浪潮以来，劳动法的管制还是放松管制的争论一直没有停歇，而且放松管制的思潮越来越盛。我国劳动法的发展与世界范围内劳动法管制还是放松的争论几乎是同步的。在此背景下，我们应该如何看待世界各国劳动法放松管制的发展趋势，我国的劳动法应当如何适应这样的变化？

一、从劳动法的本质看劳动法的管制和放松

（一）追求自由还是追求安全

在劳动关系领域，凡涉及劳动条件、劳动合同基本条款，甚至用工方式，是由当事人双方自由协商决定还是依照国家法律强制规定，是劳动法的基础性问题。一般来说，一国的法律环境给予劳动关系双方更多的协商空间，偏向于当事人自治，则更多地追求自由的价值；一国的法律环境更注重通过国家强制性立法对劳动关系进行干预，偏向于国家强制，则更多地追求安全的价值。自治和强制都是调整劳动关系的重要手段，一国倾向于选择何

种方式，通常会与该国的政治制度、经济条件、社会环境和执政党的执政理念等因素相关。从各国劳动法的实施看，以美国为代表的自由主义国家更倾向于合同自治，强调市场自由竞争秩序，而以欧盟为代表的国家更倾向于国家强制或国家统合，强调国家社会安全秩序。

（二）劳动法的产生发展就是国家对劳动关系不断干预的过程

从劳动法发展看，劳动法是起源于私法（民法）、又最终从私法中分离出来成为独立的法律部门。在劳动法产生前，劳动关系作为劳动力雇佣即作为财产关系由民法来调整，雇佣关系被视为纯粹的财产给付交换关系，是两个独立人格之间就劳务和报酬之间的交换关系，这种交换关系完全受合同自由原则来调整，双方的权利义务由双方自由协商。但由于雇佣关系从一开始就是一种不平等的关系，劳动者相对雇主而言总会处在弱势地位，合同自由对于劳动者一方来说是难以实现的。为了矫正劳动关系中劳动者的弱势地位，国家开始通过劳动立法干预劳动关系，保护相对弱势的劳动者。从最早的保护童工、限制工时、到全面制定劳动基准法、实行解雇保护等，劳动法越来越多并最终成为独立的法律部门。可以说，劳动法产生发展的过程就是国家对劳动关系不断干预的过程。

二、现代经济社会发展对劳动法的影响——放松管制的提出

伴随着当代世界各国经济社会的新发展，发达市场经济国家劳动法对劳动关系的干预达到顶峰后，开始出现了劳动法放松管制或去管制化的呼声。劳动法放松管制的提出缘于以下几方面因素。

（一）经济全球化的发展

经济全球化起源于20世纪80年代中后期。按照国际货币基金组织的定义，“经济全球化是指跨国商品与服务贸易及资本流动规模和形式的增加，以及技术的广泛迅速传播使世界各国经济的相互依赖性增强”。经济全球化也是贸易、投资、金融、生产等经济活动的全球化，是生产要素在全球范围内寻求最佳配置。在劳动力密集型行业中，劳动力成本普遍被认为投资决策中最重要的因素。在经济全球化背景下，资本的流动性决定其要在全球范围内流动，资本追逐利润的本性决定其必然在全世界范围内寻找最适合的地方进行生产，最适合的地方就是那些成本低、利润回报率高的地方。一些国家为了吸引更多的外资进入，会调整本国的经济政策，包括调整劳工法律和政策，以降低投资成本，创造所谓更好的投资环境。而对于资本输出国来说，由于全球化主要利于资本的全球流动，劳动者是不能轻易随资本流动的，资本的外迁会导致本国企业的关闭，直接影响本国的劳动就业，使得原有的劳动力市场秩序和规制受到破坏，企业愿意选择更加灵活的用工方式以降低传统典型用工的成本，甚至有些企业工会为了留住本国企业，不惜放弃或降低职工福利，引发了工会的利益冲突。在这种背景下，劳动法的放松管制被提出来。

（二）产业结构的变化

劳动法是调整劳动关系的法律，产业结构的变化必然影响劳动法的发展。随着知识和技术创新，各国产业结构发生了重大的变化。传统的第一产业和第二产业的比重越来越低，而第三产业比重越来越高。目前世界经济 20 强国第一产业比重约占 5.9%，第二产业约占 30.5%，第三产业约占 63.6%，而美国第一产业占 1% ~ 2%，第二产业占 19.1%，第三产业高达 79.7%。产业结构的调整，尤其是第三产业比重的加大，会使得传统的劳动关系发生变化，以制造业为主的产业劳动关系不再成为主流。过去整齐划一的机械化劳动被个性化、专业化和多样化的工作形态所替代，尤其在富有专业性的服务行业中，雇员自身的谈判能力增强，大大弱化了工会作为集体谈判一方的需求。

（三）网络化时代的到来

科学技术的发展催生了网络时代的到来，而网络技术的发展也推动了劳动关系的变化，传统的劳动法面临着网络时代的新挑战。网络时代带来了劳动就业的灵活化和分散化。在网络时代下，劳动者的劳动场所分散、时间节奏多样、所需技能复杂，这使得传统的劳动者权益保护法律制度与网络时代的社会现实有一定的落差，表现在合同存续期间由传统的不定期性转为定期性，工作时间由固定时间如每日八小时每周四十小时转为灵活有弹性的工作时间，工作场所由集中转为分散，劳动关系也由传统的双边关系转为多边关系。有西方学者指出，这种持久的雇佣结构和组织形式的变化“挑战着长期植根于规模化生产企业的劳动法和社会保险制度的有效性”。此外，网络时代对于工会的冲击很大，“就其核心而论，资本是全球性的。依照常规，劳工则是地方性的。信息主义的历史现实正是精确地利用网络的分散化力量，导致了资本的集中与全球化。劳工在操作的层面瓦解，在组织上片段化，在存在上多样化，在集体行动上则被区隔”。“网络在全球层次上跨越部门与活动领域，整合了资本家的利益：其间并非没有冲突，但是都依循相同的统合逻辑。劳工失去了集体认同，在能力、工作条件与其利益和计划上日益个体化。”概括来说，“在网络社会的情境下，资本在全球层次上协调统合，劳工却个体化了”。工会如何团结分散的劳动者，如何争取劳动者的权益都面临着新的挑战。

三、从全球范围内看劳动法的管制和放松管制现象

（一）劳动保护出现去管制化

经济全球化对传统劳动法带来了很大的挑战。不管是发达国家还是发展中国家，劳动法为应对经济全球化都做出了必要的应对和调整。发达国家为留住资本，不让资本到他国投资，会通过立法放松劳动法的管制，削减社会福利，给资本更多的自由和更优惠的待遇，一些工会与资方谈判自愿降低劳工福利标准，以保留劳动者的工作岗位。而发展中国家为

了吸引更多的外资，也会通过立法扩大投资者的权利，减少劳动者保护的权利或利益，甚至一些政府会采取消极执法的方式来削减劳动法的强制性。在此种背景下，劳动保护法受到了相当大的质疑，认为劳动保护法必然提高劳动成本，不利于企业的国际竞争，甚至认为高标准的劳动保护是一国失业率高的根本原因，其恶化了一国的就业环境。劳动保护法的去管制化针对的问题涉及劳动法的许多方面，如最低工资标准、工作时间尤其加班时间的限制、解雇保护法令、集体谈判、集体协议的履行等。去管制化的观点认为劳动法对劳动力市场的干预过多，应当减少这种干预。“劳动及劳动关系，必须从现有国家法律、社会及经济的类型中摆脱与释放出来，换言之，去除法律形式上对劳动的保护，劳资关系的形成不再视为国家内的阶级妥协，而是回到企业内的控制模式。”

（二）非典型劳动关系发展迅速

从发达的市场经济国家看，典型的劳动关系就是指无固定期限劳动合同形态，其他如固定期限、部分工时（part-time）劳动、劳务派遣都属于非典型劳动关系。欧洲各国劳动法自第二次世界大战以来快速发展，在高水平就业保护政策下，典型劳动关系的无固定期限劳动合同、全时雇佣受到法律严密保护，并占据劳动就业形式的统治地位，而定期合同的使用相对较少。

四、我国劳动法的挑战与未来发展

中国劳动法的快速发展起步于改革开放尤其是市场经济体制建立，而这一发展时期与发达市场经济国家劳动法的变革、劳动法的管制与放松管制是同步的，这也使得我国劳动法的发展受到了来自内生和外在的压力。内生的压力是我国经济体制改革实行从计划经济到市场体制的转变所带来的。计划经济时代的劳动关系完全是管制的，一切由国家包揽，没有任何自治的空间，而市场经济的劳动关系就是要破除国家包起来的固定工体制，让劳动关系的内容更多交由市场来决定，但市场不是万能的，尤其在经济地位不平等的劳动关系领域，一旦劳动者缺乏谈判能力，其利益必然受到资本的挤压，权利受到侵害。因此，需要国家通过制定劳动立法来规范劳动关系，这必然要求国家的管制。外在的压力来自全球化的竞争。中国作为后发国家，相当一段时期是以劳动力成本低廉作为竞争的优势，一旦劳动标准提高，用工成本就会增加，对企业的竞争力会带来影响。

一方面需要劳动法的管制，另一方面又受到劳动法放松管制的挑战，中国劳动法的发展在全球化的冲击下何去何从？这需要从理论层面和实践层面做出回应。劳动法不能停留在纯粹的法学工具论上，必须放在一个政治经济环境下来考量。中国劳动法的发展，既要适应中国的实际，解决中国发展模式固有的问题，又要适应经济全球化发展的要求，以顺应现代劳动法所带来的挑战。经过三十年经济的高速增长，当前我国经济发展进入新常态，在劳动关系领域，突出表现为适龄劳动人口减少，用工成本上升，劳动密集型的制造业出现大量外迁或倒闭的情况，新老问题叠加出现，具体表现为：（1）新生代农民工崛起，更加注重工作环境和追求个性发展，部分地区和行业出现“用工荒”。（2）产业结构转型升级，腾笼换鸟、凤凰涅槃，不少企业推动“机器换人”计划，传统制造业对劳动力的需求发生变化。（3）劳动用工方式继续多元化，劳务派遣规制之后，劳务外包等非典型用工越来越多。（4）劳动保护仍然不足，就业歧视、过劳死、拖欠农民工工资、休假难等问题依然突出。（5）劳动争议从个别劳动争议发展到现在集体劳动争议，劳动关系中的群体性纠纷增多。

对于我国未来劳动法的发展，应当从以下几个方面考虑。

第一，把握劳动法的实质，加强对劳动者权利的保护。在职业安全、最低工资标准、工资支付、工作时间、社会保险等劳动基准上应当守住底线，保障劳动者最基本的生存权。目前，我国劳动基准规定分散、内容缺失、法律责任不明确。因此，有制定劳动基准法的必要。

第二，应当正视劳动关系多元化，弹性化的客观需求，以安全为基础，守住底线，适当放松劳动法的管制。（1）规范非典型劳动关系，对劳务外包、部分工时等予以法制上的规定。（2）对无固定期限劳动合同等典型劳动关系在安全的基础上予以适当放松。（3）对不同形态的用人单位、劳动者予以不同方式、不同层次的规制和保护，如中小企业、实习生、家政工等。

第三，构建以社会自治为主的集体劳动关系法律制度。（1）完善劳动关系三方协商机制，发挥政府、企业协会、工会三方协商合作机制的作用，制定劳动政策法律，协调劳动关系；（2）建立区域性、行业性的集体协商机制，建立和完善企业基层工会组织，由工会代表职工与企业方进行协商谈判，通过集体谈判来提升劳动者整体的工资、福利和劳动保护水平，制定《集体合同法》。

第二章　劳动法的理论基础

第一节　劳动法的社会法属性

一、劳动法的概念

关于劳动法的含义，不同的法律体系有不同的界定。大陆法系国家一般认为，劳动法是以劳动关系为中心的所有法律规范的总和。例如，日本的菅野和夫认为："劳动法乃一切劳动关系及其附随关系之法律制度与规范之全体总和。"本多淳亮认为，"劳动法乃是从属劳动关系所产生的一切以法律关系为对象的法律。"德国的杜茨认为："劳动法是关于劳动生活中处于从属地位者（雇员）的雇佣关系的法律规则（从属地位劳动者的特别法）的总和。劳动法被认为是特别债法，原则上也存在契约自由，当合同双方实力不完全平衡时，契约自由在这方面被认为是无意义的。"在我国台湾地区，史尚宽认为，"劳动法为关系劳动之法。详言之，劳动法为规范劳动关系及其附随一切关系之法律制度之全体"。黄越钦在《劳动法新论》一书中认为，"劳动法之内容应为一切劳动关系直接间接有关法律之总和，故应包括雇佣关系法、劳资关系法、劳工社会安全与福祉法制、劳动市场法、工作环境法"。英美法系国家对劳动法的界定不完全同于大陆法系国家。比如，美国涉及"work law"通常包括三个领域的法律，即"劳动法、雇佣法和就业歧视法"，这里的劳动法专指劳动关系法，主要规范工会组织、集体谈判及劳资关系，涉及集体劳动权方面；雇佣法是指规范工作中劳动者的个人权利，包括劳动基准适用问题以及侵权法、合同法在雇佣领域中的司法判例原则；就业歧视法主要规范工作环境中的歧视问题。

国内劳动法学界关于劳动法概念的通说为，"劳动法是调整劳动关系以及与劳动关系密切联系的一切社会关系的法律"。这里所谓劳动关系既包括个别劳动关系，也包括集体劳动关系，就个别劳动关系而言其具有从属性特征。与劳动关系有密切联系的其他关系主要包括：劳动就业与劳动力市场、劳动行政监察、劳动调解、仲裁与诉讼等方面的关系。

二、劳动法的社会法属性

（一）劳动法起源于私法，又从私法中分出来成为独立法律部门

如何给劳动法的法律属性定位，是一个涉及劳动法的基本原则和价值判断的问题。劳动法是起源于私法（民法），又最终从私法分出来的独立的法律部门。从法律属性来说，它属于社会法的范畴。欧洲的工业革命改变了欧洲社会的基本结构，推动社会生产力进步的同时，也带来了劳动关系的普遍化和大众化，使得调整劳动关系成为各国法律的重要内容之一。

（二）劳动法属于社会法

1. 社会法的概念

目前国外学界对社会法的内容还存有很大的争议，我国学者就社会法所涵盖的内容以及社会法是法律部门还是法域也存在很大的分歧。就其法律规范的内容而言，目前有狭义、中义和广义之说。狭义的社会法，专指社会保障法。中义的社会法，是指调整劳动关系、社会保障、社会福利和特殊群体权益保障方面的法律规范的总和，除劳动法和社会保障法外，还包括妇女权益保障法、未成年人保护法、残疾人保护法、老年人权益保障法等。广义的社会法除包括狭义和中义的社会法涵盖的内容外，还包括义务教育法、环境保护法、消费者权益保护法、反不正当竞争法等。

2. 社会法的产生和发展

社会法的产生是伴随着资本主义社会市场经济的不断发展嬗变而出现的。市场经济并不如同古典自由主义者所认为那样是万能的，市场本身并不可能使个人利益总是与社会利益自然地协调一致。当资本主义经济发展到垄断以后，市场经济的负面影响日益凸显，自由竞争导致的垄断反过来大大限制了自由竞争，个人利益不仅不能与社会利益相一致，而且还会直接危害社会利益。市场失灵产生的负面影响，个人利益与社会利益的矛盾，促进了国家干预理论的诞生。国家不能再充当“守夜人”的角色，而是要运用“看得见的手”对经济生活进行干预。在处理个人利益和社会利益时，须充分考虑社会利益，对不利于社会利益的行为加以限制，以保护和促进社会公平和经济发展。国家对经济生活和社会生活的干预，表现在法律上，出现了所谓“私法公法化”过程，从维护社会公共利益和保护弱者利益出发，国家越来越多地干预传统的私法领域，最为典型的即为劳动法。国家干预雇佣劳动关系的结果，使得劳动法逐步脱离民法而成为一个独立的法律部门，同时使劳动法除去了传统私法的内在本质。劳动法作为矫正市场失灵的一项重要法宝，在全球范围内得以迅速发展，成为与现代市场经济伴生的重要法律制度。这些法律既不属于传统的公法领域，也不属于私法领域，被认为是介于公法和私法之间的独立领域，即第三法域，又被称

为社会法。由此，在法律结构上就出现了公法、私法、社会法并存的三元法律结构。

社会立法的历史印证了社会法的特点，即社会法乃工业社会之后所形成的法律，社会法是以市场经济为依托，社会法所保障的对象为弱势群体。从社会法的扩张来看，其所关注重心呈现出动态变化。第一，在劳动法和社会保障法立法阶段，社会法主要是关注作为市民社会弱势个体的生产安全。第二，在经济立法阶段，由于市场经济的发展，为了适应规模化生产以及交易便捷化、专业化的需要，公司等组织成为市场交易的主体，而法人等组织之间由于市场地位的区别也呈现出强弱之分，因此，经济立法则主要是保障市场中弱势交易主体的经济安全。第三，在环境立法阶段，由于生产规模的扩大，生产与生活之间就生态资源的分配发生矛盾，工业生产主体居于强势地位，侵害居民的环境权益，因此，环境立法则主要是保护弱势居民的环境安全。但是，社会法的概念与社会立法的历史发展并非是完全一致，因此，关于社会法的具体内容，甚至关于社会法的名称各国都不尽相同。尽管我国理论界对社会法有狭义、中义和广义之分，由于我国社会主义法律体系将社会法定义为包括劳动法、社会保障法以及特殊群体权益保障立法。因此，在我国，社会法基本上以中义的概念而展开。

3. 社会法的特征

（1）从功能来看，社会法具有解决（工业）社会问题的作用。与农业时代所面临的自然风险及其个体化的风险分担方式相比，工业社会所面临的工业风险具有大规模性、可测算性等特点，其中大规模性意味着工业风险化解模式必须采用社会化的分担方式，从而需要国家介入，建立制度化的风险分担模式；而可测算性则意味着风险社会分担的可能性，即通过强制介入以及精算等机制，确保风险能够在社会成员之间进行合理的分担。

（2）从法益结构来看，社会法以社会利益为本位。公法与私法区分的“利益说”认为：公法主要有关国家利益，私法主要涉及个人利益。社会法则基于社会连带以社会公共利益为本位。

（3）从价值取向来看，社会法以实质平等为基本的价值追求。社会法是基于实质平等，即等者等之，不等者不等之，对弱势群体进行倾斜保护。德国学者拉德布鲁赫归纳社会法的基本特征包括：第一，考量表面上平等的人格概念背后不同的、基于社会地位而产生的个别性，即社会强者与社会弱者的差别（强调法律主体的特殊性）。第二，对社会弱者的保护及对社会强者的约束（社会法的保护功能）。

（4）从调整模式来看，社会法往往综合采取个体自治、团体自治以及国家强制多种调整模式。社会法的多种调整模式之间具有层级关系，并因此形成法规范适用的先后顺序：原则上国家强制的规范优先，团体自治形成的规范次之，个体自治所缔结的规范则是最后。实际上，社会法是通过国家强制与团体自治对居于不平等地位的缔约当事人双方的意思自治设定相应的底线，从而对强势主体进行适当的制衡。

4. 劳动法具有社会法属性

就劳动法而言，其社会法的属性，表现为以下几点。

（1）劳动法调整的劳动关系具有普遍的社会意义

劳动法主要调整工业劳动关系，随着现代化进程的推进，大多国家都经历了从农业社会向工业社会的过渡，工业劳动关系成为基本的社会关系。最新资料统计，我国第二、第三产业的产业人员的总数已经超过了第一产业，达到53.1%。随着城市化进程的加快，第二、第三产业的从业人员将越来越多，劳动关系日益成为具有普遍意义的社会关系。

（2）劳动法体现了以社会利益为本位的思想

由于劳动关系具有普遍性，劳工问题与社会的整体利益有着密切联系。劳动法的产生，就是通过国家干预来调整劳动关系，平衡劳资双方经济上的不平等。劳动法的立法宗旨就是为了保障劳动者的劳动权，提升劳动者在社会中的地位，这代表了社会大众的普遍需求和社会发展进步的共同价值取向。如果透过法调整不同利益阶层背后的社会关系来分析法的取向，一般认为，调整国家利益的为公法，调整私人利益的为私法，在国家利益和私人利益之间存在的社会利益，则是公法和私法所无法完全调整的，这需要由社会法来调整。劳动法以谋求劳动者的整体利益为己任，因此具有浓厚的社会法色彩。

（3）劳动法的基本价值取向是侧重保护劳动者

有人认为，既然法律追求的是平等，则作为劳动关系双方的劳动者和雇主都应处在同等水平予以保护。前面已经分析过，劳动关系从其出现起就是一种不平等的关系，资本是各个时代的宠儿，它的巨大魔力很容易把劳动者变为它的附属。要保护劳动者，使其获得有尊严的劳动，就必须通过法律的强制来弥补劳动者的弱势地位，因此，保护劳动者是劳动法与生俱来的使命。这并不意味着不保护资本者或经营者的利益，一方面，劳动法的制度设计也是为了建立稳定和谐的劳动关系，为了保护用人单位的利益，劳动法也规定了劳动者的许多义务；另一方面，也可以通过其他的法律达到保护资本者或经营者的利益的目的，如物权法、合同法、公司法、企业法、知识产权法等。

（4）劳动法的调整方式是强制性规范与任意性规范相结合，并以强制性规范为主

劳动法是国家干预劳动关系的结果，这种干预必然带有强制性。在劳动法律规范中，关于工作时间限制、最低工资报酬、加班加点工资、劳动安全卫生、社会保险等都属于强制性规定，企业必须严格遵守执行，不能降低标准，只能在最低标准之上给予劳动者更好的劳动条件和工资福利待遇。即使在调整劳动合同关系的一些任意性规范中，也与一般的民事合同关系不同。例如，合同法遵循合同自由原则，但在劳动合同关系中，合同自由原则受到很大的限制，一方面，当事人订立劳动合同要受法律规定的劳动基准的限制；另一方面，劳动合同还要受集体合同的限制，凡是与法律相冲突或低于集体合同标准的条款都无效。此外，民法的交易是等价有偿，但劳动关系不能完全适用该原则，如劳动者因生病不能提供劳动，但用人单位也需要给付一定的病假工资。从该意义上说，劳动法不属于以意思自治为核心理念的私法，而是典型的社会法。

第二节　劳动法的体系建构

一、关于劳动法体系的讨论

劳动法的体系是指劳动法的各个组成部分之间所构成的相互联系的有机整体。目前我国劳动法学界对于劳动法体系的界定主要有两种思路：一是劳动法的法律渊源体系，即从不同位阶的劳动法律规范的角度，来确定劳动法体系；二是劳动法的功能体系，即以不同劳动法律规范的功能为标准确定劳动法体系。笔者认为，部门法体系的研究应当基于部门法规范自身的特性，从劳动法的内容和功能出发来确定劳动法的体系更能体现劳动法的属性和特点。

在我国大陆从规范功能来确定劳动法体系的学者中，王全兴教授和郭捷教授的观点具有较强的代表性。王全兴教授认为劳动法体系包括劳动关系协调法、劳动基准法以及劳动保障法三个部分，其中劳动关系协调法又包括劳动合同法、集体合同法、用人单位内部劳动规则法、职工民主管理法以及劳动争议处理法。劳动基准法包括工时法、工资法、劳动保护法以及劳动监督法。劳动保障法包括劳动就业法、职业培训法、社会保险法以及劳动福利法。郭捷教授则认为劳动法体系包括劳动关系协调法、劳动标准法、劳动保障法以及劳动监督法四个部分，其中劳动关系协调法包括劳动合同、集体合同、职工民主管理与劳动争议管理；劳动标准法包括工作时间与休息休假、工资、劳动安全与卫生以及特殊劳动保护；劳动保障法则包括促进就业、职业技能开发、社会保障与福利；劳动监督法则仅包括劳动监察。上述两位学者的观点具有高度的相似性，王全兴教授与郭捷教授关于劳动法体系的划分都主要包括“劳动关系协调法、劳动基准法以及劳动保障法”三部分，三部分所包括的具体规范内容也几乎相同，且两位教授各自所构建的劳动法体系都围绕劳动关系展开，区别仅在于郭捷教授将“劳动监督法”单列。

二、我国劳动法体系建构

“体系”通常在两种不同意义上被使用：外在体系和内在体系。外在体系要求任何可能的生活事实在逻辑上都必须能够涵摄于该体系之下，因此，外在体系突出法律形式的全面性和完整性。而内在体系突出法律规范（内容）的秩序性，包括逻辑关联秩序和价值位阶秩序。法律的外在体系和内在体系之间存在紧密的联系，外在体系实际上就是通过形式化、抽象化的手段将内在于法律规范中的意义和内涵以脉络化的形式展现出来。其二者大致是分别在先后两个阶段完成，其中认识内在体系先于认识外在体系。

而劳动法的体系划分也应当兼顾外在体系和内在体系两个方面。其中劳动法的外在体系体现了劳动法律规范所涵盖的公民参与劳动的全过程，即劳动就业——劳动关系调整——劳动保障。而内在体系的划分主要体现了劳动关系的内容以及个体自治、团体自治以及国家强制三种劳动关系调整模式之间的关联。需要说明的是，广义的劳动关系既包括个别劳动关系，也包括集体劳动关系，二者分别体现了劳动关系主体基于平等协商，在自愿原则下决定双方在劳动关系运行中的权利与义务。但是，大多数劳动者从经济地位上弱势于用人单位一方，双方之间的从属性更进一步巩固了用人单位的优势地位。虽然集体劳动关系的目的本身也在于通过劳动者的团结来缩小双方之间的力量差距，以实现平等协商的目的，但其仍然属于协商和意定的范畴，所达成的集体劳动合同的效力范围也仅限于团体内部。而劳动基准法的制度设计则超出了个体或团体的有限范围、超越了意思自治的范畴，直接通过国家强制来保护并落实所有劳动者在工资、工时、生命安全和身体健康等直接关系劳动者生存的劳动条件底线，不得由任何个体、团体通过协议的方式排除。因此，笔者认为，虽然劳动基准唯有在劳动关系运行领域才发挥作用，与个别劳动关系和集体劳动关系密不可分，是劳动关系的重要调整模式之一，但劳动基准法本身并不属于劳动关系法的内容，二者之间从原理、原则、内容等方面均存在较大的差异。

三、劳动法的内容

从上述劳动法体系划分出发，我国劳动法的内容包括以下几部分。

（一）劳动就业法

劳动就业法是调节劳动力市场、促进劳动就业的法律规范，包括就业调控法、公平就业法、就业管理法和就业服务法等。就业是民生之本，促进就业是现代国家的基本责任。国家必须通过采取各种宏观调控手段，创造就业机会，实现劳动者充分就业。公平就业法是实现劳动者劳动就业权的重要保障。现代企业对劳动者的素质要求越来越高，劳动者需不断调整自己的专业技能和职业素养，以适应企业对劳动力的要求，职业培训是培养合格劳动力的必要手段，就业服务是帮助劳动者实现就业的重要方式，国家需要立法保障劳动者获得职业培训的权利和获得就业服务的权利。就业调控法是市场经济条件下通过法律手段调节劳动力市场的重要制度，其一方面有利于劳动者实现劳动权，另一方面也为满足企业的人才需求提供了必要条件。

（二）劳动关系法

劳动关系法是调整劳动关系最基础的法律，主要指劳动合同法和集体劳动法。在市场经济条件下，劳动关系主要通过订立劳动合同来建立，因此劳动合同法是劳动关系法中最基础的内容，它涉及劳动合同的订立、内容、履行、解除、终止以及违反劳动合同的法律责任等问题。由于劳动者个人相对于企业而言总是处于弱势地位，在劳动者个人与企业签订的劳动合同中，容易出现一些对劳动者不利的条款；或者劳动者和企业没有订立书面合同，只有口头协议，这些都需要通过集体合同来矫正，以提高企业的整体劳动条件和职工的工资和福利待遇。集体合同一旦签订，对企业及其劳动者都具有法律效力，个人与企业签订的劳动合同与集体合同条款相冲突的，以集体合同为准。在劳动法中，劳动关系法是任意性规范最多的部分。

劳动法作为社会法的范畴，具有很强的公法色彩，大部分内容属于强制性规范，但在劳动关系法中，当事人可以自由协商合同的内容和条款。因此，它体现了充分尊重当事人的意志、平等协商的特点。正因为如此，需要立法对劳动关系的具体内容给予明确的规定，以避免出现纠纷，或一旦出现纠纷能依照法律及时解决。

（三）劳动基准法

劳动基准法是国家通过立法制定的关于劳动者最基本劳动条件的法律法规。劳动基准法规定的劳动条件属于强制性规定，属于国家的强制性法律规范，是国家干预劳动关系的直接体现。包括最低工资法、工作时间法、劳动安全与卫生法以及对妇女、未成年工的特殊保护法等。劳动基准法的目的是改善劳动条件，保障劳动者的基本生活，避免伤亡事故的发生。劳动基准法属于强制性规范，用人单位必须遵守执行。

（四）劳动权利救济法

劳动权利救济法包括劳动监察法和劳动争议处理法。由于劳动关系具有身份属性，劳动关系一旦建立，劳动者与用人单位之间形成了管理与被管理的关系，劳动法及劳动合同规定的劳动者享有的权利能否实现主要取决于用人单位的行为，而在没有监督的情况下，单位往往会忽视甚至侵犯劳动者的劳动权利。因此，劳动监察对劳动法的实施以及对劳动者劳动权的实现起着至关重要的作用。权利的实现必须有相应的救济机制。在劳动关系存续中，劳动争议是难以避免的，关键是要建立起有效地解决劳动争议的制度，因为法律救济是解决纠纷、保障当事人合法权益的最后屏障。目前我国劳动争议处理制度包括劳动争议调解、劳动争议仲裁和劳动争议诉讼。

第三节　劳动法基本原则重构

劳动法的基本原则是指集中反映劳动法的本质、贯穿劳动法律规范始终的、并对劳动法律规范体系起指导作用的根本准则。它是劳动法规范体系的基本精神、指导思想，具有综合性、本原性和稳定性的特点。

一、劳动法原则的功能

法律对于社会关系的调整，主要是透过法律条文的具体适用来实现，基本原则的作用通常是间接的，主要是通过指引规则的形成或者弥补规则的漏洞来发挥其作用。劳动法的基本原则的作用具体体现在以下几个方面。

（一）立法准则的功能

劳动法的基本原则是整个劳动法法律体系得以构建的基础，是立法者制定法律时的出发点。立法者在制定法律之前，会将其有关劳动法的理念和精神、政策先确立下来，而这些都集中反映为劳动法的基本原则。然后，立法者会以之为指针，制定劳动法的各项制度和具体的规范，使其具有基本价值取向和内在体系上的一致性，发挥不矛盾的体系功能。可以说，劳动法的基本原则产生于劳动法的具体制度和规范之前，是劳动法各项具体制度和规范的基础和来源。

（二）法律规范的整合功能

对任何一个法律概念都可作扩张或限缩两种解释，采用何种解释形式及如何解释，取决于劳动法基本原则的要求；对同一个法律事实，如果以不同的方式组合法条形成对之加以规制的法律规范，得到的法律效果将不尽相同。因此，法条必须按基本原则的价值要求加以组合，以保证法条和体系的适用；对不确定法律规范的确定化，必须根据基本原则的要求进行。基本原则对全部法律规范、法律概念、法条的运行所起的上述整合作用，将使由这些结构充分组成的整个劳动法成为一个有机的系统而具有整体性。整体性是各种系统都具有的显著特征，它使系统不同于那种与整体没有依赖关系的由诸元件组成的聚合体。这就是基本原则对法律规范的整合功能，具有整合功能的基本原则可以使整部法律保持服从于正义目标的整体的一致性，并随社会生活条件的变化依靠自身的弹性机制与其保持适应。

（三）执法中的指导和制约功能

在劳动法的执行中，会出现条文存在模糊性和语义不明的情况，导致适用困难，这就需要有权机关做出法律解释。但有权机关的法律解释不能任意而为，必须在遵循劳动法的基本原则和基本精神的前提下做出。此时，劳动法的基本原则就起到了一种对适用的指导和对权力的制约功能。

另外，由于社会生活的无限纷繁复杂性和立法者认识能力的非至上性、局限性，劳动法的条文不可避免地会存在调整的“漏洞”，也就是法律漏洞现象。此时，劳动法的基本原则可以起到法律漏洞补充的作用。

二、学界关于劳动法基本原则的观点的梳理和分析

关于劳动法基本原则的内容，学界观点各异。有学者认为，劳动法基本原则是：劳动既是公民权利又是公民义务原则、保护劳动者合法权益原则以及劳动力资源合理配置原则。有学者认为是：社会正义原则、劳动自由原则以及三方合作原则。有学者认为是：维护劳动者合法权益与兼顾用人单位利益相结合原则、贯彻按劳分配为主的多种分配方式与公平救助相结合的原则、坚持劳动者平等竞争与特殊劳动保护相结合的原则以及实行劳动行为自主与劳动标准制约相结合的原则。有学者认为是：自由劳动原则、三方协调原则以及保护弱者原则。有学者认为是：实行各尽所能按劳分配的原则以及保护劳动者的原则，并且将上述两项基本原则具体化为四项调整原则，即劳动关系协调的合同化、劳动条件的基准化、劳动者保障的社会化以及劳动执法的规范化。对于我国学者关于劳动法基本原则的分歧，王全兴教授将其主要原因归结为判断部门法基本原则的标准和归纳部门法基本原则的角度和思路不尽相同，并认为学者们所列的劳动法基本原则，有的原则是劳动者的某项权利或义务，这属于法律关系内容的范畴；有的原则在内容上互相包含，都作为同一层次并列独立的原则，就会形成重复；有些原则的表述，只是对宪法条文的简单附属或摘引，理论概括性不够，文字也不够精练，笔者认为，上述学者关于劳动法“基本原则”的观点都存在一定的合理性，但同时也存在以下两方面的问题：一是部分“基本原则”不符合基本原则的确定标准。学界对于劳动法的基本原则的内容尽管分歧较大，但是对于基本原则的确定标准则意见较为一致，即内容的根本性、效力的贯穿始终性。因此，利用上述标准来检验学者们各自所提出的劳动法基本原则，则会发现其中部分基本原则似乎不符合标准，如劳动力资源的合理配置原则以及特殊劳动保护原则等。二是直接援引宪法条文内容作为劳动法“基本原则”欠缺合理性。如劳动既是公民权利又是公民义务原则以及按劳分配原则等。尽管宪法具有内容的根本性和效力的最高性等特点，作为部门法的劳动法无论是基本原则还是具体的法律规范都不得与宪法相违背，而且宪法的规范确实是部门法基本原则的重要来源之一。但是，宪法作为基本法与劳动法之间的母子法关联性及区别，以及宪法上的原则和规范是否能够直接被认定为部门法的原则和规范，都需理论上更为翔实的论证。

因此，劳动法的基本原则应该包括：劳动权平等原则、劳动自由原则以及倾斜保护劳动者合法权益原则。

三、劳动法基本原则的内容

（一）劳动权平等原则

劳动权平等原则是宪法的平等原则以及劳动权的规范性在劳动法中的具体体现。平等不仅仅是公民的基本权利，还是一项宪法原则。从平等思想的历史发展来看，平等思想的

宪法规范化过程经历了一个从抽象到具体、从形式到实质的过程。传统意义的平等注重排除差别，目的在于使人人享有机会的平等；而现代平等则强调具体的保障，目的在于使人人实质地享有平等。换句话说，传统意义的平等，是国家权力保障下的国民的法律地位的平等，是机会层面的平等；而现代意义的平等，则强调具体的经济、社会资源的享有平等，更多强调的是结果层面的平等。我国宪法规定："中华人民共和国公民在法律面前一律平等。"宪法还规定，我国公民享有劳动的权利。平等原则结合劳动基本权的规范效力，使得上述宪法规范具有制度保障的效力，促使国家在劳动领域立法确保劳动权平等的实现，因此，宪法规定："国家通过各种途径，创造劳动就业条件，加强劳动保护，改善劳动条件，并在发展生产的基础上，提高劳动报酬和福利待遇。""国家对就业前的公民进行必要的劳动就业训练。"

劳动权平等原则作为劳动法的基本原则，其内容的根本性和效力的贯穿始终性体现为以下几点。

1. 在劳动就业法领域，劳动权平等原则体现为平等就业

平等就业原则的关键在于反对就业歧视，这不仅是对于劳动者劳动权的重要保障，同时也是促进劳动力市场健康有序发展的重要保证。其内容是指劳动者应该获得平等的就业机会，不因性别、年龄、种族等方面的不同而受到差别待遇。我国《劳动法》第十二条规定："劳动者就业，不因民族、种族、性别不同而受歧视。"《就业促进法》在第三条再次强化了反对就业歧视，保障劳动者平等就业权的原则，劳动者依法享有平等就业和自主择业的权利。劳动者就业，不因民族、种族、性别等不同而受歧视根据《就业促进法》的相关规定，平等就业原则主要内容为：一是国家（各级人民政府）应该创造公平就业的环境，消除就业歧视，尤其是要清理违反平等就业原则的相关法律文件，营造公平就业的制度环境。二是国家（各级人民政府）应该采取积极措施，制定并实施财政政策、失业保险制度、税收金融政策等促进就业，完善并落实相应的就业服务和管理措施，尤其是对于就业困难的人员实施积极的就业援助和扶持。三是用人单位以及劳动市场服务机构（如职业介绍和职业培训机构等）应当向劳动者提供平等的就业服务和公平的就业条件，不得实施就业歧视。

2. 在劳动基准法领域，劳动权平等原则体现为待遇均等

待遇均等，是指对劳动关系中劳动者之间因种种原因而形成差别待遇或产生的歧视现象加以防止或禁止，主要指报酬平等或同工同酬。同工同酬包含两个方面的含义：一方面，劳动者的劳动报酬应该与其劳动给付相当；另一方面则是给付相同劳动的劳动者之间，应该享有相等的待遇，不应因性别、年龄等与劳动无关的事由而受到差别待遇。

3. 在劳动保护法领域，劳动权平等原则体现为劳动条件平等

劳动条件平等是指劳动者的工作环境以及劳动保护平等，其核心在于劳动者平等地享有劳动保护，内容应该包括两个方面：一是劳动条件应该根据具体的工作岗位来确定，不能脱离岗位的特点而抽象的谈论劳动条件的平等。因此，针对特殊的工作种类和岗位应该设置相应的劳动条件，如矿山、井下工作在工作时间、劳动保护等方面都应该有特别的要求。二是针对特定的劳动者群体，其劳动条件也应该采取不同的规定，所以，劳动法对于妇女以及未成年劳动者规定了特殊的劳动保护措施。如《劳动法》规定，禁止安排女职工从事矿山井下、国家规定的第四级体力劳动强度的劳动和其他禁忌从事的劳动，不得安排女职工在经期从事高处、低温、冷水作业和国家规定的第三级体力劳动强度的劳动，不得安排未成年工从事矿山井下、有毒有害、国家规定的第四级体力劳动强度的劳动和其他禁忌从事的劳动。

（二）劳动自由原则

劳动自由原则并非源自实在法的规定，而是与最高法律价值密切相关，是法律自由价值在劳动法中的体现。劳动自由作为基本原则，其内容的根本性和效力的贯穿始终性体现为以下几点。

1. 在劳动合同法领域，劳动自由原则体现为契约自由

在《合同法》中，契约自由体现为缔约与否的自由、选择缔约相对人的自由、确定契约内容的自由以及解除契约的自由等。而在劳动合同法领域，由于劳动者与用人单位之间的实质的不平等，劳动者在订立劳动合同过程中并不完全享有上述自由。因此，契约自由并不完全适用于劳动合同法。

在劳动合同领域的契约自由主要体现为择业自由，主要包括两个方面，一是劳动者的缔约自由，也就是劳动者通常可以决定是否与某一用人单位建立劳动关系，签订劳动合同；二是劳动者的辞职自由，即劳动者可以自主决定是否继续履行劳动合同，仅须遵守相关的程序性规定，即可解除劳动合同。《劳动合同法》第三十七条规定："劳动者提前 30 日以书面形式通知用人单位，可以解除劳动合同。"该规定实际是明确了劳动者的辞职自由。《劳动法》第三十一条也规定了劳动者的法定辞职权，但是在《劳动法》实施过程中，用人单位滥用违约金，实际上是限制了劳动者的择业自由的权利，违反了劳动自由的原则。因此，《劳动合同法》在第二十五条明确规定，除本法第二十二条（服务期约定）和第二十三条（竞业限制约定）规定的情形外，用人单位不得与劳动者约定由劳动者承担违约金。

2. 在集体劳动法领域，劳动自由原则体现为结社自由与团体自治

结社自由权与劳动者组织和参加工会的权利既有联系又有区别，前者是个人权利，属于自由权的范畴，是保障国民不受国家干涉之自由权；而劳动者结社权是由劳动者的集体行为创设社会生活的内容，属于生存权的范畴。劳工结社权是国际劳工标准中的核心标准，我国宪法规定公民享有结社权，《劳动法》第七条规定："劳动者有权依法参加和组织工会。"《工会法》也明确规定："工会是职工自愿结合的工人阶级的群众组织。"劳动者的结社权体现为积极和消极两个方面，一是积极结社权，即劳动者享有积极地组建和参加工会组织的自由；二是消极结社权，即劳动者享有不参加工会组织或者退出工会组织的自由。

团体自治的前提是公民享有结社自由的基本权利，内容包括两个方面：一是工会团体的人格独立。工会团体的人格独立首先表现为排除国家非正当的干涉，相对独立于国家，即劳动者组成的工会团体应为自由的不受任何限制的组织，而且法律应该确定其合法地位，国家不得随意对劳动者的工会团体的组成进行不必要的限制。二是独立于雇主，建立工会团体是意图对雇主强势地位进行平衡，因此，工会组织享有诸多权利限制雇主的经营自主权。我国工会组织为社团法人，具有独立的法律人格，根据《工会法》的规定，工会享有运营独立、经济独立、组织独立的权利，“工会各级组织按照民主集中制原则建立。各级工会委员会由会员大会或者会员代表大会民主选举产生。企业主要负责人的近亲属不得作为本企业基层工会委员会成员的人选”。工会“依照工会章程独立自主地开展工作”，“根据经费独立原则，建立预算、决算和经费审查监督制度”。二是工会团体的行动自治，即工会团体能够基于自身职能的履行，依照法定程序自主采取维护劳动者合法权益的集体行动的自由。在集体劳动法领域，工会团体的自治主要表现为集体协商和参与企业经营决策的行动自由两方面。前者主要体现在《劳动合同法》第六条规定：“工会应当与用人单位建立集体协商机制，维护劳动者的合法权益。”第五十一条第一款规定：“企业职工一方与用人单位通过平等协商，可以就劳动报酬、工作时间、休息休假、劳动安全卫生、保险福利等事项订立集体合同/集体合同草案应当提交职工代表大会或者全体职工讨论通过。”而后者则主要体现在《劳动合同法》第四条关于工会建议权、协商修改权等对于用人单位制定劳动规章或者重大事项的权利的制约，以及第四十三条工会对于用人单位解除劳动合同的制约等。工会团体集体协商和订立集体合同的行动自由是重点，从第五十一条、第五十二条的规定来看，工会在订立集体合同中的自由主要表现为确立集体合同内容的意思自治，即工会组织在“不得低于当地人民政府规定的最低标准”的前提下，可以基于自身的实力通过集体协商为劳动者争取较高的权益。

（三）倾斜保护原则

倾斜保护原则是指劳动法倾斜保护劳动者合法权益。该原则是源于制定法规范，《劳动法》和《劳动合同法》第一条都明确规定：“保护劳动者的合法权益。”倾斜保护原则作为劳动法制度构建基础，彰显了劳动法的价值取向，为人们理解和适用劳动法律规范提供了价值指引。倾斜保护原则包括两个方面的内容：一是在劳动者和用人单位之间，倾斜保护劳动者的合法权益；二是在一般劳动者与特殊劳动者之间，倾斜保护特殊劳动者的权益。如妇女、未成年劳动者以及残疾人劳动者在工作岗位、工作时间以及劳动条件等方面享有的保障要优于一般劳动者。

公平是法律的基本价值，基于公平的价值指引，法律一般是平等保护当事人的利益。因此，劳动法的倾斜保护原则是否与法律的基本价值相冲突呢？是否与劳动法的劳动权平等原则相冲突呢？答案是否定的。其原因在于：一是倾斜保护仅仅是指国家通过法律制度的干预来调整劳动关系，适度的倾斜保护劳动者的合法利益。而劳动关系调整模式，除了国家法律的适度干预之外，劳动者与用人单位双方还可以基于意思自治对各自的权利义务进行分配，而用人单位实质的强势地位，使得其在协商中占得优势。二是法律的公平价值有“强势公平”和“弱势公平”之分，前者是指任何人不论强弱都同等对待，适用同样的规则；而后者则是根据人的强弱不同区别对待。而劳动法的倾斜保护原则的正当性在于其符合“弱势公平”的价值。因为，劳动者与用人单位之间的地位实质不平等，如果适用贯彻“强势公平”价值的法律制度，则会使得劳动者与用人单位之间的不平等加剧，进一步侵害劳动者的利益。因此，倾斜保护实质上是对于现实中当事人的地位的对比的平衡，如特殊劳动者的谈判能力相对于一般劳动者更弱，则倾斜保护的强度更大。三是倾斜保护并非“厚此薄彼”，而是在对劳动者和用人单位双方合法利益保护的基础上，对劳动者给予一定程度的倾斜保护，并不忽视对用人单位的合法权益的保护，不会导致劳动合同双方主体的权利失衡。

倾斜保护原则作为劳动法的基本原则，其深入地贯彻到劳动法的具体制度之中，其内容的根本性和效力的贯穿始终性具体体现为以下几点。

1. 在劳动合同法中，倾斜保护原则主要体现为解雇保护

合同是当事人双方意思表示一致的结果，依法成立的合同当事人双方必须遵循契约必守原则，实际履行合同约定的义务，不得随意违反合同约定或者解除和同。在合同法中，依法成立且生效的合同对于当事人双方的约束力是对等的。而在劳动合同法中，在劳动合同的解除方面，依法成立且生效的劳动合同对于当事人双方的约束力并不对等。对于用人单位而言，其解除劳动合同受到严格的限制，如《劳动合同法》第四十一条关于经济性裁员解除的规定，用人单位适用该规定进行裁员，必须符合裁员前提、人数、工会参与、裁减方案审批等数个实体和程序要件。而对于劳动者而言，《劳动合同法》第三十七条规定，劳动者提前30日以书面形式通知用人单位，可以解除劳动合同。单方限制用人单位的解除权是劳动法的倾斜保护原则的具体体现，而从另一个角度则是对于劳动者的解雇保护。

此外，在《劳动合同法》中，倾斜保护原则还较为明显地体现在法律责任的规定方面，《劳动合同法》第七章法律责任部分共包括16个法律条文，其中除第九十五条是关于劳动行政部门及其工作人员的法律责任，第九十条以及第八十条的部分内容是关于劳动者的法律责任的规定外，其余的13个条文全部是关于用人单位的法律责任的规定。

2. 在劳动基准法中，倾斜保护原则主要体现为基准法定

劳动基准法为政府对劳动条件干预、介入之法，其当事人一方为国家，另一方则为雇主。其根本目的是通过国家的干预和介入，通过法律规范倾斜保护劳动者来设定劳动者与用人单位的意思自治的界限。劳动基准法定是指国家对工资、工时以及休息休假等劳动条件的基准以法律强制规定，其通常包括最低工资制度、最高工时等基准。而劳动基准法定实际上是国家对于用人单位基于强势地位可能的肆意行为的限制，倾斜保护劳动者，以确保劳动者的生存。

3. 在劳动争议调解仲裁法中，倾斜保护原则主要体现为对于劳动者的救济

在劳动争议处理中，倾斜保护原则主要体现为对劳动者权益救济的保障，具体表现为：一是劳动争议仲裁免费制度，对于弱势的劳动者而言，救济成本往往是导致其权益救济不利的重要因素，而其中就包括仲裁费用。二是举证责任倒置，《劳动争议调解仲裁法》第六条规定："与争议事项有关的证据属于用人单位掌握管理的，用人单位应当提供；用人单位不提供的，应当承担不利后果。"三是有限的一裁终局，《劳动争议调解仲裁法》第四十七、四十八条规定，对于小额（不超过当地月最低工资标准 12 个月金额）的劳动争议案件以及执行国家的劳动标准发生的劳动争议案件，实行裁决终局。但是，劳动者对该仲裁裁决不服的，可以自收到仲裁裁决书之日起 15 日内向人民法院提起诉讼。实际上，对上述特定案件限制用人单位的诉讼权利，从而避免了用人单位滥用诉讼权利而妨碍劳动者的权利救济的实现。

第四节 劳动法范式的转变

"范式"（Paradigm）作为一个具有特定含义的哲学概念，是由美国科学哲学家托马斯·库恩提出的。库恩认为，范式通常是指那些公认的在一段时间里为实践共同体提供典型的问题和解答的科学成就，代表着一个特定共同体的成员所共有的信念、价值、技术等构成的整体。范式为一个时期的科学共同体所共有，是某一学科领域的世界观，这至少可从以下方面来理解：（1）范式是有关研究对象的本体论、本质与规律的全新的解释系统；（2）范式提供一种全新的理论背景，是学术共同体进行学术活动的大平台；（3）范式提供了一种价值观；（4）范式是一种全新的理论框架，是一种新颖的研究方法和方法论；（5）范式标志着一门学科成为独立学科的"必要条件"或"成熟标志"。

可见，范式是对学科发展到一定阶段所形成的各种理论、方法、价值观等整合的结果，当某一门学科出现了一套全新的理论以及发现、分析和解决问题的全新方法时，我们就可以称其为范式的转变，新的范式由此取代旧的范式。根据库恩的理论，引起范式转变是由于在社会实践中出现新问题需要理论支持时，却不能在现有的学科知识结构中得到合理解释和有效解决，这就需要重新构建理论体系，形成新的认识框架。总体看来，范式的转变将同时发生在社会和理论层面：在社会层面上，不同范式的选择就是在互不相容的或无法进行比较的社会规范之间做出选择；在理论层面上，就是在互不相容的、无法进行比较的期望上做出选择。处于相互竞争中的范式最终能否成为新范式被确立，取决于两个标准：一是经验性标准，即哪一个范式能最好地解释现有的信息；二是进步性标准，即一个范式在新环境中的适应性与有效性。所以，一个范式能获得应有的地位，在于它比其他范式更能有效地解决被实践者团体认为是最重要的问题。范式理论提出后，被广泛运用到各个领域，现在的范式概念早已超过了库恩所赋予的最初含义，包含了学术共同体所共有的理论、研究模式、研究方法、价值标准等要素。

范式理论作为一种重要的分析工具，为部门法研究提供了新的观察和评价视角。我国劳动法学科长期以来偏重局部研究，而能从宏观规划、整体评判的力作较少，这与现今劳动法发展的状况不相适应。将范式引入劳动法领域，有助于我们对劳动法进行总体思考，转换思维模式，建立新的理论体系和研究方法，以明确劳动法的发展方向和趋势。根据前文对范式的界定可以认为，劳动法范式是学界在研究劳动法的过程中所共同遵循的价值观、理论与方法论模式等。判断劳动法范式是否转变，至少可考虑以下两方面因素：第一，对劳动法领域的研究问题、研究方法、解决途径等是否有一致的认识，是否有相应的研究成果，形成了共同范式；第二，在学术研究方面是否形成了专业化团体，对劳动法领域的相关问题进行专门性的研究。而在劳动法范式确立后，由于新问题、新要素的出现，原有的劳动法范式产生了预期危机，导致旧有的价值观、理论与方法论等不能对新问题、新要素做出合理解释，需要进行革新，以更好地适应社会现实，这就进入劳动法范式的转变期。

需要说明的是：研究劳动法范式的转变，应当结合劳动法学自身的特点。因为社会科学的发展并非同自然科学一样追求必然性结论，而更多考虑理论的可行性和有效性，故范式不具有单一性和唯一性，而是呈现出多元化的特点。而且，从旧范式到新范式，其转变主要体现在科学理论发展的广度、深度和维度的扩展方面，新旧范式并非绝对不相容，既有范式之间不排除可以通过融合的方式取长补短，在一段时期内可能共存。这就意味着劳动法新旧范式的转换是渐进的过程，新范式是在旧范式基础上的创新与发展。

在社会转型期，受全球化、技术革新、信息时代、市场经济发展等诸多因素的影响，劳动关系正发生着深刻的改变，建立在传统劳动关系调整之上的劳动法与社会现实产生了不适应性，势必要做出调整，对劳动法原有的理念、理论、调整方式、调控模式等进行革新，实现劳动法范式的转变。在这一背景下，雇主、雇员、国家如何应对，是影响劳动关系发展的关键。雇主、雇员、国家三方之间的关系可以概括为对个体权利的关注和国家对劳动关系调控的态度，这要求研究劳动法范式应建立个体、社会相互对应的维度，来考察国家在调整劳动关系方面的作用。以个体、社会为维度的方法，源于法学方法论中的个体主义与整体主义。在市场经济下，个体取得独立的主体地位，以经济理性人的角度来看，必然致力于追求自身利益的实现，而个人利益与社会利益并非在任何情况下都协调一致，而是时常会有冲突。当发生冲突时，应以何者为优先？个体是社会的成员，个体的发展离不开社会这个整体，社会利益是个人利益实现的外部条件，因此在处理个人利益和社会利益的关系时，须充分考虑社会利益，限制对社会利益不利的行为，国家干预的职能由此形成，此即“私法公法化”。劳动法兼具私法和公法属性，是私法公法化的典型代表。然而私权和公权是一对矛盾体，对私权的过度保护会危及社会的公共利益，公权的过度扩张和膨胀又会限制私权的实现。由此产生的问题是，国家干预的度应如何定位？劳动法在尊重主体利益和实现国家调控之间应如何协调才能达成平衡，二者之间应如何分配才能最大限度地发挥劳动法的功能？这对于确定劳动法范式至关重要。

一、劳动法调整方式上的转变——从政策调整到法律调整

如前所述，在计划经济体制下，以法律调整劳动关系的理念并没有得到贯彻，行政指令一度代替法律调整成为主要方式，国家政策对劳动法颇有影响，尤其是在计划经济后期，法律虚无主义盛行，政策对劳动法的影响更为强大。社会主义市场经济的确立为劳动法调整范式的转变创造了契机。市场经济崇尚法治，要求市场行为在法治框架下推行，构建完备的法律体系是建设社会主义市场经济的迫切要求。为此，法律调整手段在劳动法领域的地位得以确立，以《劳动法》为核心的劳动法体系，改变了以往劳动关系的行政调整模式和按照用人单位所有制性质管理劳动关系的模式，形成了市场经济下劳动关系调整的基本模式。然而，这一转变并不彻底，劳动立法在很长一段时期仅以法规、规章为主要形式，效力层级低，最高国家权力机关制定的劳动法律寥寥可数。劳动规章也是劳动法的法源之一，但严格意义上，司法实践中处理劳动争议的法律依据应当是法律和行政法规，部门规章只能做参考，其法律效力不高，会在一定程度上影响劳动法治化进程。

劳动立法贯彻法律调整手段的理念，对不断变化的社会现实做出回应，这在新形势下得到了充分体现。在劳动法调整劳动关系中，非典型劳动关系的法律规制即是很好的例证。非典型劳动关系是适应了市场需求的灵活性和劳动者自主择业的需要而出现的劳动关系，其在实践中的表现形式多样，如劳务派遣、兼职、非全日制用工、承包经营、临时用工等。非典型劳动关系同样具备劳动关系的本质属性，只是与典型劳动关系相比，从属性的程度有所弱化。从属性是劳动关系的最大特色，从内容来看，可分为人格上、经济上和组织上的从属性。传统的标准劳动关系强调从属性的一致性和重合性，劳动者在特定的工作场所、劳动方式、组织规则方面接受用人单位的控制；而在非典型劳动关系下，这三种从属性在一定程度上被分化，尤其是组织从属性受到弱化，如劳务派遣关系中存在被派遣劳动者、派遣单位、用工单位三方主体，派遣单位向劳动者支付劳动报酬、缴纳社会保险费等，劳动者在工作中受用工单位的管理和监督，派遣单位和用工单位对劳动者在组织上的控制弱化。劳动派遣突破传统劳动关系中雇主与雇员的一一对应关系，形成了三角互动关系，其最大的特点是雇用与使用相分离。这类劳动关系并非为劳动法所鼓励，但在原有的劳动法下又找不到相应的制度规范，成为用人单位借以规避劳动法义务的工具。实践中长期派遣、自我派遣、再派遣现象普遍，劳动者获得的报酬相对较低，劳动条件不高，派遣单位与用工单位互相推诿责任，劳动者的合法权益极易受到侵害。

二、劳动法价值观念上的转变

“价值问题虽然是一个困难问题，它是法律科学所不能回避的，即使是最粗糙的、最草率的或最反复无常的关系调整或行为安排，在其背后总有对各种相互冲突和相互重叠的利益进行评价的某种准则。”价值之功能在于为思想和行为提供理论框架，为现行制度提供解释和说明，确定法的价值取向，它有助于对立法设计提供方向指引。劳动法所具有的社会法属性决定了其以保护劳动者的劳动权为价值标准，这在学界已形成了共同的范式。

劳动法以劳动关系为主要调整对象。在劳动关系中，劳动力拥有者与劳动力使用者分离，劳动者必须通过提供劳动才能实现生存权，而资本追逐利益最大化的本性使资本具有优势地位，二者之间存在天然的不平等。用人单位的经济优位、劳动力市场的供求不平衡以及信息的不对称使劳动者处于弱势地位，劳动关系所特有的人身属性又使劳动者在人格和经济上都从属于用人单位，“强资本、弱劳动”的局面长期存在。因此，劳动法在尊重劳动关系当事人意思自治的基础上必须有公法的介入，实行国家干预，通过立法矫正劳动关系中的不平等地位，以达到实质平等。正是在这层意义上，劳动法具有社会法属性，而保护劳动者的劳动权以维护社会公平正义，是劳动法的社会法属性使然。劳动权是劳动者的基本权利，也是人权的重要内容，具有生存权和发展权的属性。在我国，劳动权的涵盖面很广，是多项具体权利的集合，包括劳动就业权、劳动报酬权、休息休假权、劳动保护权、职业培训权、社会保险权、提请劳动争议处理权、组织工会和参与民主管理权等内容。

“倾斜保护劳动者合法权益”的立法宗旨是劳动法保护劳动权的价值取向在劳动立法中的集中反映。《劳动法》第一条开宗明义地规定“为了保护劳动者的合法权益，调整劳动关系，建立和维护适应社会主义市场经济的劳动制度，促进经济发展和社会进步，根据宪法，制定本法”，明确了倾斜保护原则。劳动保护、集体合同、劳动争议处理等单行立法在规则设置上也体现了倾斜保护原则。《劳动合同法》在制定过程中对立法宗旨的表述有所反复，引起“单保护”与“双保护”之争，即立法宗旨应表述为“保护劳动者的合法权益”还是“保护劳动者和用人单位双方的合法权益”，争论的焦点在于是强化对劳动者的保护还是对劳动者和用人单位实行平等保护。劳动法从民法中分离出来的根本原因就在于劳动关系的特殊性使劳动者和用人单位并非在实质上处于同等地位，法律从社会公平正义的目的出发，必须给予弱势群体倾斜保护，如果对双方平等保护，完全可以由民法来规范，劳动法成为独立法律部门也就失去了原有的意义。当然，保护劳动权并不等于不保护用人单位的权益，而是在保护双方权益的基础上倾斜保护劳动权。正是基于对劳动法整体体系的考量、劳动关系双方不平等的实质以及我国劳动关系“强资本、弱劳动”的现状，《劳动合同法》将保护劳动权的立法价值贯彻始终，规定“明确劳动合同双方当事人的权利和义务，保护劳动者的合法权益”。这表明劳动法在强调对劳动关系双方利益保护的同时倾斜保护劳动者的合法权益。

在新形势下，劳动法保护劳动权的立法价值理念得以深化。“国家尊重和保障人权”入宪，一方面，劳动权保护的主体范围不断扩大。《劳动法》将受劳动法保护的劳动者限定为与境内企业、个体经济组织形成劳动关系的劳动者以及与国家机关、事业组织、社会团体建立劳动合同关系的劳动者，其调整范围过于狭窄，已受到学界的质疑。随着用工主体的多元化，劳动合同法的适用范围有所扩大，与民办非企业单位等组织形成劳动关系的劳动者，以及一部分在事业单位实行聘用制的劳动者，被纳入《劳动合同法》的调整范畴。特殊劳动者群体的合法权益保护一直受到劳动法的关注，并有了进一步发展。这类群体因其生理、心理等因素，是劳动者中的弱势群体，权益更易受到侵害，需要法律给予特别保护。

由于科技的发展和社会的进步，保障劳动者的人格权也成为劳动法范式在价值理念上深化发展的体现，最典型的是保障劳动者的隐私权以及对工作场所性骚扰侵权的规制。以工作场所性骚扰为例，其危害可以是多方面的：对受害人而言，其身心健康受到损害，还往往因被迫辞职造成经济上的损害；对雇主而言，不但会形成员工彼此间之猜忌敌对，而且也会造成士气低落及生产力降低，由于整个工作环境气氛恶劣，更易产生工作效率降低、缺席率增高及员工跳槽流动性增加之困境。工作场所性骚扰在国外不仅被作为一种就业歧视，而且是一种性别歧视，有专门立法予以规制。

三、劳动法定位上的转变——从国家本位到社会本位

劳动法遵循国家本位范式，是计划经济思想在法律上的反映。计划经济体制的特点是中央高度集权，把全国作为单一的经济组织，实行“劳资大统一”的管理模式。在国家本位下，劳动关系国家化趋势明显。中华人民共和国成立以来，全民所有制企业占主要比例，受国家领导和计划安排，所有权和经营权合一，企业自身没有独立自主的经营权，劳动关系的当事人实际上是国家和劳动者，国家实行统包统配，劳动者在择业上没有选择权，进入单位后便具有固定工身份，劳动关系固化；在工资报酬上由国家统一定级，劳动者干好干坏都一样，此即所谓“铁饭碗”“铁工资”。与此相适应，劳动者对国家有较强的人身依附性，国家主要以行政手段调整劳动关系，尤其是国家根据用人单位所有制形式对劳动者的权利和义务制定了不同的劳动标准，行政化色彩浓厚；劳动法调整模式单一，注重当事人意思自治的劳动合同制度没有形成，由国家制定标准实行管理是主要形式。国家本位劳动法范式的确立，与我们如何看待个体利益与国家作用之间的平衡密切联系。劳动法具有私法属性和公法属性，但是在计划经济体制下，劳动关系中私的因素被忽视，用人单位不是劳动关系的主体，劳动者在劳动关系中也只是服从国家安排，个体利益几乎没有生存的空间，而是与国家利益高度一致，由此，国家的作用被强化，管理职能突出，公法因素被无限放大。可以说，将这一时期的劳动法定位为公法似乎更为准确。随着市场经济的建立，用人单位的主体地位确立，有了对自身利益的追求，尤其是多种所有制形式的并存和发展，权利意识的复苏也使劳动者的个体地位强化，不同主体之间利益的冲突形成了多元

利益格局。新形势下，再固守原有的劳动法范式，已无法适应时代发展。基于对个体的关注和解决利益冲突的考量，劳动法范式向社会本位转变，而这种转变并非一蹴而就。

劳动法要实现社会本位，关键是处理好国家和政府在调整劳动关系中的职能。有学者围绕国家干预，提出了“社会劳动关系三方主体论”“政府权利主体论”“政府义务主体论”等理论，其核心是将国家作为劳动关系主体。由于劳动法兼具私法属性和公法属性，国家在不同的劳动关系领域发挥的作用也不尽相同，劳动关系的平等属性要求尊重当事人的意思自治，劳动关系的隶属性则要求国家进行干预，因此国家能否成为劳动关系主体不能一概而论，确定政府的职能和角色应明确具体的劳动关系领域。在具有私法因素的领域，劳动者和用人单位是劳动关系的主体，国家和政府的主要职能是尊重劳动者和用人单位享有充分的自由协商空间，为双方提供制度保障。如在劳动就业方面，劳动者和用人单位享有双向选择权，政府的主要责任在于创造公平就业环境和公平就业机会；在劳动关系协调法方面，劳动者和用人单位是劳动合同的主体，国家可以通过任意性规范引导双方协商，但不能强制决定合同的具体内容。在具有公法因素的领域，国家则需要通过强制性规范主导劳动关系的调整，保障劳动者权益，这集中体现在劳动基准法方面，国家制定最低劳动标准，为劳动者的权利和义务设定最低限度，劳动者和用人单位之间的约定不能突破这一限度，否则约定无效，适用国家标准的目的是保障劳动者的基本权益；在劳动监察方面，国家的职能是履行法定职责，通过劳动监察有效预防、纠正用人单位违反劳动法的行为，从执法上保障劳动权的实现。

四、劳动法调整模式上的转变

基于对个体利益和社会利益的考量，劳动法确立了个体自治、团体自治和国家强制三大调整模式，在制度领域，则体现为劳动合同、集体合同和劳动基准三大制度调整劳动关系，共同发挥作用。一方面，劳动法具有私法属性，单个的劳动合同是劳动者意思自治的结果，需要个体自治予以调整，劳动合同制度旨在尊重和保障当事人的意思自治。另一方面，由于劳动者在劳动关系中所处的弱势地位和劳动社会化的因素，个体自治不足以保护劳动者的权益，因此劳动立法不仅强调劳动合同当事人合意的平等性，还注重合同内容在客观上的妥当性，防止双方之间因地位的不平等导致自由协商的结果严重失衡，损害劳动者权益。团体自治和国家强制正是实现这一保护功能的机制。团体自治旨在通过团体力量为劳动者争取更有利的劳动条件，在劳动者和用人单位之间利益的差异中寻求平衡；国家强制则以国家公权力干预劳动合同自由的任意性，设定最低劳动标准，界定当事人意思自治的界限，防止用人单位随意损害劳动者权益。

受社会本位范式的影响，我国劳动法在调整模式上也经历了范式的转变。在国家本位下，由于对个体权利意识的忽视和对国家作用的强化，劳动关系完全纳入行政管理调整，以私法方式调整劳动关系被完全排除，国家制定劳动标准、实行国家强制是当时唯一的调整模式。随着权利意识的复苏和市场经济观念的深入，劳动合同制度得以推行。

当然，我国的团体自治调整模式并不完善，最突出的问题是对集体合同性质的定位模糊。集体合同作为劳动合同的补充，在各国都规定为用人单位的强制义务。但在我国，从《劳动法》到《劳动合同法》，仅将集体协商和订立集体合同作为用人单位的权利而非义务，这在一定程度上影响了团体自治作用的发挥。从世界各国的劳动立法和国际劳动法的发展进程来看，对集体劳动关系的调整后于个别劳动关系的调整，其目的是补充和修正个别劳动关系的不足，各国大多经历了由调整个别劳动关系到调整集体劳动关系的发展阶段，集体劳动关系的调整已成为劳动法领域的重心。但我国对劳动关系的法律调整还处于以个别劳动关系调整为重心的阶段。个别劳动关系调整意在通过明确劳动合同双方的权利义务来规范当事人的行为，以保护劳动者的个体劳动权；而在劳动者和用人单位双方实质地位不平等的情况下，要真正实现对劳动者劳动权的保护，关键还在于保障劳动者的集体劳动权。完善集体合同制度，是劳动法调整模式的发展趋势之一。

第五节　劳动权的性质与体系探讨

一、劳动权的概念和特征

劳动权，又称工作权，是指劳动者所享有的与劳动相关联的一系列特定权利。劳动法应以劳动者的劳动权为本位，劳动权应该是劳动法学理论与法律制度中的基础性概念和核心范畴。目前我国宪法学界和劳动法学界对劳动权已经有了初步的研究，甚至有民法学者将其作为民事权利的一种——人身权中的身体权来进行研究，但与研究比较成熟的民事权利相比，劳动权还没有形成比较准确和完整的含义，学术界对劳动权的认识分歧甚多，远未达成比较一致的看法。

我国宪法和劳动法律法规并没有直接使用劳动权这一概念，而是使用“劳动的权利”或“劳动权利”的概念，劳动权是学理上的概念。我国劳动法学界里直接使用劳动权概念并将之确立为劳动法学核心范畴的学者也不多，当前的各种劳动法学著作也基本上没有关于劳动权的专门章节，一般局限于论述我国《劳动法》中具体规定的那几种劳动者的劳动权利，这与劳动权理论在劳动法学中应具有的重要地位是极不相称的。笔者认为，应该界定劳动权的概念，使之成为内涵和外延都相对确定的劳动法学的核心概念，从而以劳动权为轴心构建起劳动法学的理论体系，进而构建起完善的劳动法律制度体系。

大体上来说，可以对劳动权做广义和狭义两种理解，广义上的劳动权是指公民或劳动者团体所享有的，一切因劳动而产生的或与劳动有关的由宪法和劳动法所规定的权利，包括个别劳动权和集体劳动权、宪法上的劳动权和劳动法上的劳动权、劳动关系中的劳动权和与劳动关系密切联系的社会关系中的劳动权、实体劳动权和程序劳动权、消极性的自由权和积极性的社会权（受益权）。狭义的劳动权则是指职业获得权，是指劳动者要求国家和社会提供工作机会的权利，这是一种积极性的社会权（受益权）。本书中如未说明是狭义劳动权，就是指广义劳动权。在两者之间，可以有范围不同的中义的理解。笔者认为中义的劳动权是指公民或劳动者团体所享有的，一切因劳动而产生的或与劳动有关的由劳动法所规定的权利。

具体而言，劳动权有如下几个特征。

第一，劳动权是法定权利。劳动权是由宪法和劳动法所规定的权利。

第二，劳动权是一种综合性的权利。劳动权涉及人权的各个层面，包括个别劳动权和集体劳动权，宪法上的劳动权和劳动法上的劳动权，劳动关系中的劳动权和与劳动关系密切联系的社会关系中的劳动权，消极性的自由权和积极性的社会权（受益权），可以从不同的分类来进行多角度的研究。例如，在劳动权中，属于人身方面的权利有自由择业权、职业安全权、休息休假权等；属于财产和经济方面的权利有劳动报酬权、社会福利权和社会保障权等；属于政治方面的权利有结社权、民主管理权和罢工权等；属于文化方面的权利有职业教育权等。由此可见，劳动权不仅包含人身权、财产权，同时还包含政治权利。

第三，劳动权是因劳动而产生的或与劳动有关的权利。“劳动权”是因劳动而产生的或与劳动有关的、由劳动法规定和保障的权利，与“劳动者的权利”是不同的概念。劳动者的权利除劳动权外，还包括其作为一个公民应享有的政治、经济、社会和文化权利，如选举权和被选举权、言论和出版自由、受教育权等，以及作为一个自然人应享有的民事权利，如人格权、身份权、物权、债权、知识产权、继承权等，这些权利显然是由其他法律部门如宪法、民法等规定和保障的权利。当然，有些劳动权与其他权利可能会有一些交叉和重合，如平等权、人身自由权、人格权、健康权、社会保障权等。总之，判断劳动者的权利是不是劳动权，要看其是否因劳动而产生或与是否劳动存在密切的联系。

第四，劳动权具有一定的抽象性、不可诉性。劳动权中有许多具体的、可诉的权利，但也具有一定的抽象性、不可诉性。作为劳动权核心的职业获得权即狭义劳动权基本上属于一种抽象的权利，其实现必然会受到一个国家或社会的经济社会发展水平等多方面的制约。我国宪法上规定的劳动权，尽管过去解释时认为不仅包括国家努力创造公民就业的外在条件，还包括国家有义务直接提供给公民就业的岗位，但这种劳动权一般是通过政治性的力量来加以实现的，并不具有可诉性。有学者指出，即使是像职业培训权这样具体的劳动权利也有抽象性。就业前培训的义务主体是国家和社会，但国家和社会能在多大程度上满足劳动者的职业培训要求，受制于国家的经济发展水平。立法上却难以确定一个量化的标准来判断国家的义务履行状况，劳动者也不大可能起诉国家以实现职业培训权。至于就业后培训，根据有关劳动法律规定，用人单位负有在职工上岗前进行安全生产教育的法定义务。由于有了特定的义务主体和法定义务内容，劳动者岗前培训的权利具有了现实性。劳动者上岗以后的继续培训有助于提高用人单位的劳动效率，但需要付出成本，有时用人单位并不具有组织安排培训的主动性和积极性，法律同样难以通过强行性规定进行立法上的量化，因此，劳动者在岗上继续获得培训的权利实现的程度较低，而且制度差异较大，劳动者获得司法救济的可能性也有学者对劳动权等社会权的不可诉性提出质疑，认为应该在法律上明确规定国家所应该负有的义务，以及违反该种义务所应承担的责任。社会权的不可诉性是基于“国家义务纲领性规定论”，这种纲领性规定理论认为，宪法规范只是对国家规定了纯粹的政治上、道德上的义务，不属于法律上的义务，而且该权利的内容只有通过立法才能实现，但对此是否立法完全委任于国家的立法政策。因此，该权利不具有作为具体请求权的法的性质，公民不能依此对国家违反义务的行为提起诉讼。

二、劳动权的性质

（一）劳动权的社会权性质

关于劳动权的性质，首先是要确定劳动权是公权还是私权，或者是公权和私权以外的第三种权利——社会权。在大陆法系的传统分类中，与公私法区分相对应，权利被分为公权与私权两大类，其区分标准说法不一，通说采取“法律根据说”，以权利所根据的法律为区分标准，即根据公法之规定者为公权，根据私法之规定者为私权。也有主张采取“法律保障说”，即公法所保障的权利为公权，私法所保障的权利为私权。如此，则民法所保障的权利为私权，宪法所保障的权利为宪法权利。笔者主张将法律根据说和法律保障说结合起来区分，首先依法律根据说，公法上规定的权利为公权，私法上规定的权利为私权；其次以法律保障说辅助，虽公法上未规定但公法所保障的权利仍为公权，虽私法上未规定但私法所保障的权利仍为私权。

（二）劳动权的生存权和人权性质

劳动权还具有生存权和人权的性质。奥地利具有空想社会主义思想的法学家安东•门格尔早在《全部劳动权史论》就提出劳动权、劳动受益权、生存权三权是造成新一代人权群——经济基本权的基础。他认为保障人们要求国家平等分配生活资料来满足生存欲望和要求国家确保劳动阶级获得劳动收益这两项权利是社会主义的基本目的，前者是狭义的生存权，后者可称为劳动受益权，同时这两项权利的确保又必须由国家来保证国民获得具体的劳动的权利作为实现的手段。因此，他认为劳动者的劳动权是广义的生存权的一部分，应得到法律的保障。笔者认为，劳动权实际上是生存权的基础，将劳动权视为广义生存权的一部分是有道理的，我国台湾地区学者也有类似观点。

生存权是人权的一项重要内容。劳动权与人权，特别是生存权的观念有着密不可分的关系。它是人权思想发展到一定程度，特别是将生存权明确提出后在法律的确认。

人权即人的权利或作为人类的权利，是人作为人的属性所享有的、不可剥夺、不可转让的基本权利。一个人，仅因他是人，就享有权利。只要“把人当人看待”，就要承认人权，如果否认某个人或某些人享有人权，就意味着把他或他们排除在人类成员之外了。生存权是作为社会个体的人生存所必不可少的权利，是基于人类生存本能而自然产生的。当时还并没有提出生存权的概念，但也已出现了生存权的萌芽。主流观念认为公民权利是社会成员的一种不可剥夺的天赋权利，对于国家来说，保障公民的权利就成为一种义务。

三、劳动权的体系和内容

（一）劳动权体系

劳动权是由一系列权利构成的权利体系。关于劳动权体系的构成，学者有不同的观点和讨论，如挪威学者德泽维奇认为：“就工作权而言……它的确似乎是一个复杂的规范系统，而不是一个单一的法律概念。它反映了一系列的规定，这些规定既需要有传统自由和现代权利的观点，也需要有严格的法律义务和政治承诺组成的以义务为导向的观点……暂且可以认为，与工作有关的一系列权利可以分成与就业有关的权利、由就业派生的权利、平等待遇和非歧视权利和辅助性权利。”笔者认为，这一权利体系过于庞杂，不适当地扩大了劳动权的范围，像拥有财产权、公正审判权、表达自由权等都是独立的权利，不宜划入劳动权，而非歧视和平等待遇的权利应该作为一项原则体现在每一项劳动权之中，可以分开归入具体的劳动权中。我国学者王全兴将劳动权分为劳动者在劳动法律关系中的劳动权利和劳动者在劳动力市场上的劳动权利。这一分类更为合理，值得借鉴。

笔者认为，可将我国劳动权体系分为两大部分，即劳动关系外的劳动权和劳动关系中的劳动权。

第一，劳动关系外的劳动权，简称劳动就业权，也有学者称就业权。劳动就业权是劳动权最基本的方面，从逻辑结构上来看，劳动就业权是劳动关系中劳动权的基础和前提，没有劳动就业权，其他后续的劳动权利就无从谈起。因此，劳动就业权是公民最重要、最基本的生存权利，是公民生存和发展的重要基础。劳动就业权包括狭义劳动权（职业获得权）、工作自由权、就业平等权、就业服务权（含就业训练权）、失业保障权等。有学者将就业保护权也纳入劳动就业权中，笔者认为，就业保护权显然是处于劳动关系中的劳动者享有的权利，纳入劳动关系中的劳动权更为合适。需要注意的是，劳动关系外的就业平等权和劳动关系中的职业平等权往往合称就业平等权，放在一起进行研究。

笔者建议以劳动就业权为轴心构建起劳动就业法学的理论体系，进而构建起完善的劳动就业法律制度体系。具体来说，可以尝试以狭义劳动权（职业获得权）为轴心构建就业调控法，以工作自由权为轴心构建就业管理法，以就业平等权为轴心构建反就业歧视法（形式平等权为主）和特殊群体就业保障法（实质平等权为主），以就业服务权（含就业训练权）为轴心构建就业服务法，以失业保险权为轴心构建失业保险法。

第二，劳动关系中的劳动权，或称劳动关系内的劳动权。劳动关系中的劳动权是已建立劳动关系的劳动者及其团体享有的权利，包括职业平等权、取得劳动报酬权、休息休假权、劳动保护权（劳动安全卫生保护权）、职业培训权、社会保险权、社会福利权、提请劳动争议处理权、组织和参加工会权、参与民主管理权、集体谈判权、罢工权等。

当然，劳动权的体系构建还有其他的分类方法。例如，实体劳动权和程序劳动权、个体劳动权和集体劳动权的分类。程序劳动权即劳动争议提请处理权，前面所列的其他劳动权都是实体劳动权。集体劳动权包括团结权（或称结社权、组织和参加工会权）、集体谈判权、罢工权，此外的劳动权都是个体劳动权。我国宪法缺少集体劳动权的规定，使得我国的集体合同的法律制度缺乏充足的宪法依据。《日本宪法》第二十八条规定，劳动者享有团结权、团体交涉权以及其他团体行动权，被称为“劳动三权”。这些集体劳动权是劳动者权益实现的重要保障。

（二）劳动权的内容

1. 劳动关系外的劳动权

（1）职业获得权

职业获得权又称为狭义劳动权，其表现为劳动者要求国家和社会提供就业机会的权利，它主要是一项宪法权利。

随着我国改革开放的推进，社会主义市场经济体制的建立，劳动就业制度向市场型劳动就业制度的转型，传统的劳动权需要重新解释，以适应时代的需要，最根本的问题是市场经济下劳动权的性质如何定位。笔者认为，在社会主义市场经济条件下，劳动权应解释为：有劳动能力和劳动愿望的公民自谋职业不成时可要求国家提供劳动就业机会，如不可能时国家应提供其基本生活保障的权利。它主要包括以下两方面内容。

第一，公民有要求国家提供就业机会的权利，国家有为公民提供就业机会的义务。它与劳动权的传统解释不同，劳动权的传统解释强调劳动者有权要求国家直接为其安排工作岗位，国家有义务保障公民获得相应的具体工作岗位；而新的解释则强调劳动者只有要求国家提供就业机会的权利，国家也只负有通过促进经济、社会发展和提供就业服务等措施，扩大劳动就业机会，协助劳动者就业的义务，而不负有为其直接安排工作的义务。我国《宪法》第四十二条中规定：“中华人民共和国公民有劳动的权利和义务。国家应通过各种途径，创造劳动就业条件……国家对就业前的公民进行必要的劳动就业训练。”《劳动法》第十条规定：“国家通过促进经济和社会发展，创造就业条件，扩大就业机会。国家鼓励企业、事业组织、社会团体在法律、行政法规规定的范围内兴办产业或者拓展经营，增加就业。国家支持劳动者自愿组织起来就业和从事个体经营实现就业。”第十一条规定：“地方各级人民政府应当采取措施，发展多种类型的职业介绍机构，提供就业服务。”这些法律都规定了与公民劳动权相对应的国家义务，从这些规定可以看出，国家有为公民创造就业机会的义务，但不负担为公民直接安排工作的义务。

第二，当公民不能获得相应的工作机会时，国家有保障其基本生活的义务。这一内容与社会保障权的内容有交叉重合之处。公民自谋职业不成时，可以要求国家提供就业机会，如果仍不能就业时，国家则应通过相应的社会保障制度来保障公民基本的生活需要。因为国家并无为公民安排具体工作的义务，公民在找不到工作时（尤其在经济不景气时）生存将面临威胁，此时国家应负保障其基本生活的义务。这与资本主义自由竞争时代只承认工作自由而不负责提供社会保障义务相区别。对于国家来说，由于实现充分就业从来都只是一种理想追求，公民劳动权的实现程度与国家经济发展和社会发展的状况紧密相关。因此，劳动权是一种抽象权利，即使国家不能充分履行提供就业机会的义务，劳动者也不能启动诉讼，将国家告上法庭，即公民不能根据宪法第四十二条的规定直接向国家请求获得就业，狭义劳动权属于不可诉之劳动权。但是，国家提供就业机会的义务可以转化为另一种义务而补偿劳动者，即国家有义务建立作为社会保障制度内容的失业保险和失业救助制度。

（2）工作自由权

工作自由权，又称工作自由、营业自由、择业自由、选择职业的自由、自主择业权等，是指公民依据自己的意愿选择职业的权利，包括是否从事职业、从事何种职业、何时何地从事职业等方面的选择权，这是近现代国家普遍承认的一项基本人权，它反对的是封建社会的职业由身份决定、强迫劳动和行政安置就业。在宪法上，该项权利的性质属于自由权，是公民个人意志和行动自由的结果，是“国家所不能侵犯与必须禁止侵犯的基本权利”，公民从事自己选择的职业的自由不受国家妨碍。精细地进行分析，工作自由权可分为两个层面，即普遍意义上的工作自由权和劳动者的自主择业权。普遍意义上的工作自由权是每一个公民都享有的选择从事任何一种合法职业的自由，国家保障公民的工作自由权，主要通过立法规定限制从事职业的情形来从反面进行保障，凡是法律没有规定限制的情形，公民就享有广泛的自由。劳动者在形成劳动关系过程中的自主择业权，则可以归入合同自由权之内。国家保障劳动者自主择业权的实现，主要通过立法规定设立、变更、终止劳动关系必须遵循平等自愿、协商一致原则来予以保护。

工作自由权的具体内容，笔者认为有以下三个层面：第一个层面是工作与不工作的自由。有劳动能力的公民可以选择工作这种方式来维持生活也可以选择不工作但以其他方式来维持生活。第二个层面是选择自主营业还是受雇工作的自由。第三个层面是选择具体职业或工作的自由。无论是自主营业者还是受雇工作者，均可以选择具体职业或工作，只受自己能力和法律的限制，并且可以自由退出，重新选择，不断流动。

（3）就业平等权

就业平等权，又称平等就业权，是指平等获得就业机会的权利，平等就业权是公民的基本权利之一，是公民宪法上平等权在劳动就业领域的延伸和具体化。维护就业平等权，就必须反对就业歧视。出于形式平等的要求，劳动者不分性别、年龄、出身、种族、民族、宗教信仰等，应享有平等的就业机会。出于实质平等的要求，平等就业并不否定和排除法律对妇女、未成年人、残疾人和少数民族人员等弱势群体所规定的特殊保护制度措施。

（4）就业服务权（含就业训练权）

就业服务包括就业登记、职业指导、职业介绍、职业训练、失业保险等内容。王全兴教授指出就业权的内容包括公共就业保障权，即接受为获得就业机会所必要的就业服务、职业培训和失业保险等公共保障的权利，劳动力供求信息供给、职业指导、职业介绍等就业服务可以疏通劳动者获得就业机会的渠道，由于公共就业保障具有公共产品或准公共产品的属性，应当赋予劳动者免费或低费接受就业服务的权利。

（5）失业保障权

失业保障权，又称免于失业的保障权，包括失业保险权、失业救助权等，这一权利可被视为严格意义的劳动权所派生的权利，国家如果不能为每个人提供一个就业机会，就应当保证每个人在失业的时候能够获得充分的经济保障，这与社会保障权显然有紧密的联系。现在世界大多数国家都已建立了包括失业保险在内的社会保障制度，包括失业保险权在内的社会保障权已成为一项基本人权。

2. 劳动关系中的劳动权

（1）职业平等权

职业平等权是一般意义上就业平等权的一部分，是劳动关系内劳动者享有的在职业中的平等权利，包括平等取得报酬的权利、休息休假的权利、获得劳动安全卫生保护的权利、接受职业技能培训的权利、享受社会保险和福利的权利以及组织和参与工会等方面的权利。

（2）取得劳动报酬权

劳动报酬是指劳动者向用人单位提供一定劳动量而获得的相应的货币收入，是劳动者及其家庭生活的主要经济来源。取得劳动报酬权可简称劳动报酬权，是指劳动者有权按自己提供劳动的数量和质量取得劳动报酬，同时还有权获得最低工资保障，有权以货币的形式取得劳动报酬，有权在法律规定的时间内领取劳动报酬，女职工还有权要求实行男女同工同酬。劳动报酬权是我国宪法规定的劳动者各项经济权利中最基本的一项权利。

（3）休息休假权

休息休假权，是指劳动者在劳动中经过一定的体力和脑力的消耗之后，依法享有的恢复体力、脑力以及用于娱乐和自己支配的必要时间的权利。劳动者有权在法定工作时间之外免予履行劳动义务，有权在休假和休养期间享有规定的各项待遇，有权要求用人单位安排劳动任务不得超过法定最高工时和不得违法组织加班加点。

（4）劳动保护权

劳动保护权是指劳动者享有的保护其劳动过程中生命安全和身体健康的权利，目的是维护劳动者的生存权和健康权。我国《宪法》第四十二条规定：“国家通过各种途径，加强劳动保护，改善劳动条件。”劳动者有权在安全和卫生的生产环境中从事劳动即有权获得符合劳动安全卫生标准的劳动条件，有权接受劳动安全卫生知识的教育，有权拒绝用人单位提出的违章作业要求，并在劳动过程中遇有严重危及生命安全的危险时采取紧急避险行为，有权取得劳动保护用品和要求进行定期健康检查，职业禁忌证患者有权要求不从事所禁忌的工作，职业病患者有权要求及时治疗并调离原岗位，此外，女工和未成年工还有权取得法律规定的特殊保护的各项待遇和条件。

（5）职业培训权

职业培训，是指以提高劳动者直接从事各种职业所需要的专业技术、业务知识和操作技能为目的的一种培训制度，包括就业前培训和就业后培训，这里指的是就业后培训。职业培训对于劳动者实现劳动权、更好地实现劳动报酬权，对于劳动者获得更为充分的劳动安全权都具有显著的意义。劳动者有权利用用人单位提供的职业培训条件和参加用人单位组织的职业培训，劳动者依法要求参加规定的各种技能职业培训时用工单位不得拒绝，在培训中有权获得规定的学习时间。

（6）社会保险权

社会保险权，是指参加劳动关系的劳动者由于年老、疾病、失业、伤残、生育等原因丧失劳动能力或失业而没有正常的劳动收入来源时，通过国家社会保险制度获得物质帮助的权利。劳动者有权要求用人单位为其办理失业、养老、工伤等项目的社会保险并按规定缴纳保险费，有权在劳动能力丧失或使用中断期间要求社会保险经办机构和用人单位支付社会保险待遇。

（7）社会福利权

社会福利权则是劳动者请求国家和社会为方便其工作和生活，适应其物质文化需要而提供相应的设施和服务的权利。劳动者有权享用社会公共福利设施和本单位集体福利设施，有权要求用人单位支付法定和约定的福利性津贴。

（8）提请劳动争议处理权

提请劳动争议处理权是程序性劳动权，是指劳动者在劳动过程中因权益问题与用人单位发生争议时享有的请求有关部门对争议进行处理的权利。用人单位和劳动者发生劳动争议时，当事人可以依法申请调解、仲裁和提起诉讼，也可以协商解决。

（9）参与民主管理权

参与民主管理权是指劳动者通过职工代表大会或其他形式，参加管理企业事务并对企业经营管理实行民主监督的制度。劳动者依照我国法律规定，通过职工大会、职工代表大会或者其他形式参与民主管理。

（10）组织和参加工会权

组织和参加工会权又称团结权，是集体劳动权的一种。国际公约普遍把劳动者的结社自由视为一项劳动者的基本权利。我国《工会法》规定，在中国境内的企业、事业单位、机关中以工资收入为主要生活来源的体力劳动者和脑力劳动者，不分民族、种族、性别、职业、教育程度，都有依法参加和组织工会的权利。据此，劳动者有权组织和加入工会，参加工会所组织的各项活动。

（11）集体谈判权

集体谈判权是集体劳动权的一种，是指工会或职工一方与用人单位一方通过平等协商，就劳动报酬、工作时间、休息休假、劳动安全卫生、保险福利等事项订立集体合同的权利。依据我国《工会法》规定，工会代表职工与企业以及实行企业化管理的事业单位进行平等协商，签订集体合同。集体合同草案应当提交职工代表大会或者全体职工讨论通过。

（12）罢工权

罢工权是集体劳动权的一种，是指以改善劳动条件和劳动待遇为目的的集体停止工作的权利。我国宪法和法律中没有规定罢工权，这使得劳动者团体对于在用人单位与劳动者之间形成谈判地位的对等缺乏自力救济的保障。在劳动基本权中，团结权是前提，团体交涉权是核心，而争议权（罢工权）是保障。罢工权的确立可以体现劳资双方权利的对等。劳动关系的整个过程，是劳资双方博弈的过程。在双方经济力量差异巨大的情况下，劳动者的权益能否得到切实保障，关键在于它是否拥有可以对抗资方经济上强大压制力量的有效手段。工会的目的在于限制劳动力供给而使雇主无法利用劳动者之间的竞争来控制劳动力价格，劳动者拥有罢工权也可以有效降低雇主对劳动力市场的“买方垄断力”，从而有效地保障劳动权的实现。因此，在我国宪法和法律上确认罢工权值得深入研究，并在时机成熟时予以规定。

第三章　劳动就业法

劳动就业是劳动者的一项重要权利，促进就业是国家为了保障公民实现劳动就业权而采取的措施之一。国家通过规范劳动力市场、实施职业介绍制度和职业培训，使劳动者尽快就业。国家对妇女、残疾人、少数民族人员、退役军人等特殊群体实施就业保障。为了深刻理解劳动就业的法律制度，本章重点对劳动就业法进行了阐述，并对职业介绍与就业服务、招工制度、下岗与再就业等问题进行了分析。我国劳动力市场呈现供过于求的现象，就业形势比较严峻，为了使就业问题纳入法制轨道，必须严格遵守劳动法有关劳动就业的各项规定。

第一节　劳动就业法概述

一、劳动就业法的概念和体系

（一）劳动就业的概念

一般认为，从劳动法的角度，劳动就业是指具有劳动权利能力和劳动行为能力并有劳动意愿的公民获得有报酬的职业。劳动就业具有以下特征：

第一，主体是指具有劳动权利能力和劳动行为能力的公民，或称是在法定劳动年龄内，并且具有劳动能力的公民。关于法定劳动年龄，我国《劳动法》第十五条规定：“禁止用人单位招用未满十六周岁的未成年人。文艺、体育和特种工艺单位招用未满十六周岁的未成年人，必须依照国家有关规定，履行审批手续，并保障其接受义务教育的权利。”

第二，公民在主观上有就业意愿，或称公民出于自愿。

第三，公民所从事的是合法的经济活动，以提供满足社会需要的商品或服务为目的。

第四，公民从事这种社会劳动可以获得相应的劳动报酬或经营收入。

（二）劳动就业法的概念

为了解决失业问题，越来越多的国家出台促进就业的单项立法，如《德国就业促进法》《西班牙基本就业法案》《意大利促进就业法令》《秘鲁就业促进法》《匈牙利促进就业与失业救济法》《波兰就业与失业法》《俄罗斯联邦居民就业法》等。应社会的需要，为了促进就业，促进经济发展与扩大就业相协调，促进社会和谐稳定，我国通过了《就业促进法》，自 2008 年 1 月 1 日起施行；2015 年 4 月 24 日第十二届全国人大常委会第十四次会议予以修订。

在我国，劳动就业法目前尚是一个学理上的概念，并无任何一部法律以此来命名。劳动就业法也可称为促进就业法或就业促进法，是调整劳动就业关系的法律规范的总和。

（三）劳动就业法的调整对象

劳动就业法的调整对象是劳动就业关系，即行政机关、劳动服务机构、用人单位和劳动者之间，在形成劳动关系或促进劳动就业过程中所发生的社会关系。必须明确，劳动就业关系并非劳动关系。劳动法的调整对象包括两方面的关系：一是劳动关系，这是劳动法调整的最重要、最基本的关系；二是与劳动关系密切联系的某些关系。与劳动关系密切联系的某些关系本身不是劳动关系，但有的是发生劳动关系的必要前提，有的是劳动关系的直接后果，有的是随着劳动关系而附带产生的关系。劳动就业关系一般来说是发生劳动关系的必要前提，但其中的失业保险关系也是劳动关系的直接后果。劳动就业关系作为与劳动关系密切联系的社会关系中的一种，是在形成劳动关系之前的就业过程中发生的社会关系，目的是形成劳动关系或促进劳动就业。

就劳动就业关系的性质而言，有学者认为是劳动行政关系，有学者认为包括了劳动行政关系和劳动服务关系。从我国的立法实践来看，劳动就业关系包括劳动行政关系和劳动市场服务关系。

1. 劳动行政关系

劳动行政关系是指劳动行政部门因履行行政职能而与劳动者、用人单位以及其他劳动关系相关人发生的社会关系。国家进行就业调控和就业管理形成的社会关系是劳动行政关系。

2. 劳动市场服务关系

劳动市场服务关系是指劳动市场服务机构与用人单位和劳动者之间为劳动关系的运行提供社会服务而发生的社会关系。劳动服务机构提供就业服务、职业培训、就业援助而形成的社会关系是劳动市场服务关系。

（四）劳动就业法的体系

根据劳动就业法所调整的各种具体的劳动就业关系的不同，劳动就业法可以分为下列几个部分，这几个部分共同构成了一个完整的劳动就业法体系。

1. 就业调控法

就业调控法调整国家行政机关在运用宏观调控手段来促进就业的过程中发生的社会关系。其内容包括：就业调控的机构；就业调控的目标；就业调控的政策工具，主要包括财政政策、金融政策、产业政策、投资政策等。我国《就业促进法》第一章“总则”的部分内容和第二章“政策支持”的内容属于就业调控法。

2. 就业管理法

就业管理法也就是劳动力市场管理法，调整国家行政机关在就业管理也就是劳动力市场管理过程中发生的社会关系。其内容包括：就业管理体制；劳动力市场准入管理体制，包括对我国台、港、澳地区人员和外国人在内地就业的行政许可管理制度；劳动力市场中介管理，包括对职业介绍机构、境外就业中介机构的行政许可管理制度；就业信息制度，包括失业预警制度、劳动力供求信息网络制度等。我国《就业促进法》第四章“就业服务和管理”的部分内容属于就业管理法。

3. 反就业歧视法

反就业歧视法调整劳动者在获得职业过程中因受到就业歧视而与用人单位和就业服务机构发生的社会关系，主要规范用人单位和就业服务机构的就业歧视行为。反就业歧视法规定就业歧视的界定和就业歧视的法律责任。

4. 特殊群体就业保障法

特殊群体就业保障法调整妇女、未成年人、残疾人、退役军人、少数民族人员等劳动力市场上的弱势群体在就业过程中发生的社会关系。特殊群体就保障法追求实质平等，对谋求职业有困难的特殊人群的就业予以特别保护。我国《妇女权益保障法》《未成年人保护法》《残疾人保障法》《民族区域自治法》等中均有相关规定，《就业促进法》中也有个别条文对残疾人等特殊群体的就业予以特别规定。

5. 就业服务法

就业服务法调整政府、就业服务机构与劳动者、用人单位之间为形成劳动关系提供就业服务而发生的社会关系。就业服务法一般包括职业介绍法、职业指导法等。我国《就业促进法》第四章“就业服务和管理”的部分内容属于就业服务法。

6. 职业培训法

职业培训法作为系统规定职业培训制度的专门法，所规定的职业培训包括就业前的培训（即就业训练）与就业后的培训（或称就业中的培训），而劳动就业法主要涉及就业前的培训。国外对职业培训一般单独立法，我国也制定有专门的《职业教育法》，《劳动法》第八章“职业培训”、《就业促进法》第五章“职业教育和培训”的内容属于职业培训法，劳动法著作一般也将其和就业服务法分成不同章节，并列进行研究。有学者称：一般而言，就业安全体系以就业服务、职业训练及失业保险为其三个主要环节。职业训练法、就业服务法及失业保险法为劳动市场法的三大支柱。但在学理上可以把就业训练视作就业服务的一部分。

7. 就业援助法

就业援助法调整政府与劳动者、用人单位之间为形成劳动关系提供就业援助而发生的社会关系。就业援助的对象是就业困难人员。我国《就业促进法》第六章“就业援助”的内容属于就业援助法。就业援助实际上是就业服务的一部分。

8. 失业保险法

失业保险法调整政府、失业保险经办机构和失业者之间因失业保险而发生的社会关系。失业保险具有生存保障和促进再就业双重功能，失业保险法也具有社会保障法和劳动法的双重属性。

二、劳动者的劳动就业权利

劳动就业权是劳动关系之外的劳动权，也有学者称就业权。劳动就业权是劳动权最基本的方面，从逻辑结构来看，劳动就业权是劳动关系中劳动权的基础和前提，没有劳动就业权，其他后续的劳动权利就无从谈起，因此，劳动就业权是公民最重要、最基本的生存权利，是公民生存和发展的重要基础。劳动就业权的主要内容包括以下几方面。

（一）狭义劳动权（职业获得权）

狭义劳动权是指职业获得权，表现为劳动者要求国家和社会提供就业机会的权利。它主要是一项宪法权利。在社会主义市场经济条件下，劳动权应解释为：有劳动能力和劳动愿望的公民自谋职业不成时可要求国家提供劳动就业机会，如不可能时国家应提供其基本生活保障的权利。它主要包括以下两方面内容：第一，公民有要求国家提供就业机会的权利，国家有为公民提供就业机会的义务，但一般不负担为公民直接安排工作的义务。第二，当公民不能获得相应的工作机会时，国家有保障其基本生活的义务。这一内容与社会保障权的内容有交叉、重合之处，即国家有义务建立作为社会保障制度内容的失业保险和失业救助制度。

（二）工作自由权

工作自由权又称职业自由、营业自由、择业自由、选择职业的自由、自主择业权等，是指公民依据自己意愿选择职业的权利，包括是否从事职业、从事何种职业、何时何地从事职业等方面的选择权。这是近现代国家普遍承认的一项基本人权。在宪法上，该项权利的性质属于自由权，是公民个人意志和行动自由的结果，是“国家所不能侵犯与必须禁止侵犯的基本权利”。工作自由权可分为两个层面：第一，普遍意义上的工作自由权。这是每一个公民都享有的选择从事任何一种合法职业的自由。第二，劳动者在形成劳动关系过程中的自主择业权。这可以归入合同自由权之内。

（三）就业平等权

就业平等权又称平等就业权，是指平等获得就业机会的权利。就业平等权是公民的基本权利之一，是公民宪法上的平等权在劳动就业领域的延伸和具体化。维护就业平等权，就必须反对就业歧视。出于形式平等的要求，劳动者不分性别、年龄、出身、种族、民族等，应享有平等的就业机会。出于实质平等的要求，平等就业并不否定和排除法律对妇女、未成年人、残疾人和少数民族人员等弱势群体所规定的特殊保护制度措施。

（四）就业服务权（含职业培训权）

就业服务包括就业登记、职业指导、职业介绍、职业训练、失业保险等内容。王全兴教授指出：就业权的内容包括公共就业保障权，即接受为获得就业机会所必需的就业服务、职业培训和失业保险等公共保障的权利，劳动力供求信息供给、职业指导、职业介绍等就业服务可以疏通劳动者获得就业机会的渠道。由于公共就业保障具有公共产品或准公共产品的属性，应当赋予劳动者免费或低费接受就业服务的权利。我国台湾地区有学者明确提出，对未就业者而言，工作权（学理上称劳动权）包括接受职业训练之权、接受就业服务之权、接受就业辅导之权和接受失业救济之权。就业服务权是公民的一项基本权利，是由公民的狭义劳动权和相应的国家义务引申出来的权利。

（五）就业援助权

就业援助权是指就业困难人员所享有的，经由国家积极作为获得就业岗位的权利。该权利是从狭义劳动权（职业获得权）所派生的权利，其实现和保障依赖于国家公共权力的介入。就业困难人员因身体状况、技能水平、家庭因素、失去土地等原因难以实现就业，国家如果不承担积极作为的义务援助其就业，就会引起严重的社会问题。因此，国家应通过公益性岗位安置等途径对就业困难人员实行优先扶持和重点帮助。

（六）失业保障权

失业保障权又称免于失业的保障权，包括失业保险权、失业救助权等，这一权利可被视为从狭义劳动权（职业获得权）派生的权利。国家如果不能为每个人提供一个就业机会，就应当保证每个人在失业的时候能够获得充分的经济保障，这与社会保障权显然有紧密的联系。现在世界上大多数国家都已建立了包括失业保险在内的社会保障制度，包括失业保险权在内的社会保障权已成为一项基本人权。

三、国家的促进就业义务

劳动就业方面的国家义务可分为三类：尊重的义务、保护的义务和实现的义务。这种分析框架已被我国学者应用在劳动权的研究上，如有学者认为，国家对公民劳动权的实现具有承认、尊重、保护和实现的义务。其中，实现的义务又可进一步分为通过协助实现的义务和通过提供实现的义务。这种分析方法可称为国家三重类型义务分析法。

（一）尊重的义务

此义务被视为“否定的”义务（消极的义务），它要求国家不妨碍个人行使权利或不侵犯特定权利，国家承担不予干涉的被动义务。如《世界人权宣言》第二十三条规定：“（一）人人有权工作、自由选择职业……”这里的选择职业自由权就对应国家不妨碍个人行使权利或不侵犯特定权利。这一义务对应公民的自由权，该权利主要强调免受国家干涉的自由、国家应尊重每一个能自主就业或通过劳动合同受雇就业的人的活动空间。这一义务是可诉的和可裁判的。国家应尊重公民平等地获得职业的机会，不得对职业的自由选择权进行干预，除非是出于国家和社会利益并已制定法律明确规定了对职业自由的限制。

（二）保护的义务

此义务是指保护个人的权利不受其他私人（第三人）的侵害。国家应保护包括公民的自由权在内的所有权利不受私人侵害。国家的这一义务主要对应公民的工作自由权、就业平等权等。

（三）实现的义务

此义务又称履行的义务或落实的义务，也是一种“肯定的”义务。该义务相对应的是经济、社会和文化权利，或称受益权，该权利主要强调请求国家对有关权利予以保护和帮助，要求国家采取主动的措施。实现的义务可进一步分为通过协助实现的义务和通过提供实现的义务。通过协助实现的义务，即为有效实现权利提供条件的义务或称便利义务。国家有义务促进特定权利的实现，通过积极的行为增强人们获取资源和享有这种权利的能力。例如《经济、社会和文化权利国际公约》第六条规定：“一、本公约缔约各国承认工作权，包括人人应有机会凭其自由选择和接受的工作来谋生的权利，并将采取适当步骤来保障这一权利。二、本公约缔约各国为充分实现这一权利而采取的步骤应包括技术的和职业的指导和训练，以及在保障个人基本政治和经济自由的条件下达到稳定的经济、社会和文化的发展和充分的生产就业的计划、政策和技术。”这种义务包括为人们提供提高其谋生能力的职业培训，以及为残疾人提供特殊的培训和援助项目等。国家的这一义务主要对应公民就业服务权（包括职业培训权）和狭义劳动权。

通过提供实现的义务，即作为提供者的义务或称提供义务。显然，仅靠尊重权利、保护权利免受第三人侵害、帮助弱势者尽可能充分地行使权利和为保证每个人的平等机会而进行必要的改革，如反就业歧视，国家还不能确保适当的生活水准。国家有义务直接提供某些权利，这种义务与经济和社会权利的关系最为明显，它适用于个人没有能力享有特定权利的情形。作为提供者的国家的义务范围包括从能使每个人生活在与该国发展水平相适应的贫困线以上的最低限度的安全网，到北欧国家的无所不包的福利模式。

四、劳动就业立法的意义

劳动就业问题是关系国计民生的重要问题：它是实现公民基本权利的重大问题，关系到社会能否安定及国民经济的发展。劳动关系的形成必须以就业为前提，就业也意味着公民实现了劳动权。因此，在劳动立法中，关于就业的法律规定居首要地位，甚至在一定意义上可以说，整个劳动法就是公民实现劳动就业的保障法。世界各国就业立法有三个主要组成部分。

（一）宪法中关于公民劳动权的规定

例如，《委内瑞拉宪法》规定，公民有劳动的权利；《朝鲜民主主义人民共和国宪法》规定，一切有劳动能力的公民按照希望和才能实现就业，国家保障安定的工作和劳动条件；《墨西哥宪法》规定，不分性别和国籍，一律同工同酬。我国《宪法》第四十二条规定：公民有劳动的权利和义务；劳动是一切有劳动能力的公民的光荣职责；国家通过各种途径，创造劳动就业条件；国家对就业前的公民进行必要的劳动就业训练。

（二）劳动基本法中关于就业的规定

各国劳动法典中，几乎都有就业的内容。例如，《法国劳动法典》第三节为“安置和雇佣”，对安置、职业介绍所、劳动力保护、失业工人都分别设专篇予以具体规定；《菲律宾劳动法》的第一部为“就业前”，其内容就是关于招募和安置的规定；《尼日利亚联邦共和国劳动法》的第二章为“招募”，不仅规定招募的一般规则，而且还分别就招募工人在本国就业和到境外就业做了专门规定。

五、我国的劳动就业方针

（一）我国的劳动就业方针概念

劳动就业方针是指国家在经济发展到一定时期，根据当时政治经济任务和劳动力供求状况，为充分利用劳动力资源和保持劳动力供求基本平衡而确定的指导劳动就业工作的总原则。它因各个时期经济政策和经济发展状况的差异而具有不同的内容。我国在不同的历史时期，制定了不同的劳动就业方针。

（二）我国的劳动就业方针

我国确定的就业总方针是贯彻劳动者自主就业、市场调节就业、政府促进就业和鼓励创业的方针。为此，各级政府和社会组织、企业要根据就业形势变化做好以下工作。

第一，及时充实和完善就业政策，加强就业政策与产业、贸易、财政、税收、金融等政策措施的协调，加大公共财政对促进就业的投入，完善促进就业的税收和金融扶持政策，实施更加积极的就业政策。

第二，做好以高校毕业生为重点的青年就业工作和农村转移劳动力、城镇困难人员、退役军人就业工作。采取有针对性的扶持政策，解决重点群体的就业问题，是保持我国就业局势稳定的重要任务。加强职业技能培训，为进一步提高就业质量，不断适应新的职业变化，增强就业稳定性，必须切实加强职业技能培训，注重提升劳动者的就业创业能力。

第三，健全人力资源市场和就业服务体系。要发挥市场机制在配置人力资源中的基础性作用，加快统一规范灵活的人力资源市场建设，完善城乡劳动者平等就业制度，健全人力资源市场监管体系，发展人力资源服务业。要健全完善覆盖城乡的公共就业服务体系，加快以基层公共服务平台为重点的公共就业服务机构建设，建立全国就业信息网络。

第四，全面发挥失业保险对促进就业的作用。要进一步完善失业保险预防失业、促进就业的政策体系，通过实行失业保险基金支付岗位补贴、社会保险补贴、培训补贴和就业补贴等政策，鼓励企业稳定就业岗位、吸纳失业人员就业，构建稳定就业的长效机制，切实增强失业保险对促进就业的作用。

第二节　劳动就业的基本原则

劳动就业的基本原则，是指党和国家制定的指导劳动就业工作的总原则。它是党和国家根据不同时期的社会劳动力供求状况以及社会经济、政治状况，为充分利用劳动力资源和实现劳动力供求基本平衡所决定的指导劳动就业工作的总原则。根据我国《劳动法》和《就业促进法》的规定，劳动就业应遵守以下基本原则。

一、国家促进就业原则

国家促进就业是指国家采取的帮助公民实现劳动就业的一系列措施的总称。第二次世界大战以后，各国的失业情况都比较严重，几乎各国的经济政策都致力于解决就业问题，减少失业、促进就业成为世界各国共同努力的目标。促进就业不仅是劳动过程实现的内在要求，也是国家保障公民生存权的重要举措。我国为了促进就业，促进经济发展与扩大就业相协调，促进社会和谐稳定，制定了《就业促进法》，对促进就业做了专门规定。《就业促进法》第二条规定："国家把扩大就业放在经济社会发展的突出位置，实施积极的就业政策，坚持劳动者自主择业、市场调节就业、政府促进就业的方针，多渠道扩大就业。"

国家促进就业的措施主要有以下几方面。

第一，国家通过促进经济发展，创造就业条件，增加就业机会。调整产业结构一般只能解决结构性失业问题；健全就业的服务体系只能使劳动力尽快寻找到与之相适应的劳动就业岗位，不能从根本上解决劳动力市场严重的供大于求的失业问题。只有发展经济，创造就业条件，增加就业机会，才是帮助公民实现就业权的最根本的措施。

第二，国家鼓励各类企业在法律、法规规定的范围内，通过兴办产业或者拓展经营，增加就业岗位。例如，国家通过制定一系列优惠政策，扶持劳动就业服务企业，安置和吸收社会失业人员。

第三，国家鼓励发展劳动密集型产业、服务业，扶持中小企业，多渠道、多方式增加就业岗位。国家鼓励、支持、引导非公有制经济发展，增加就业岗位。

第四，国家支持劳动者自愿组织起来就业和从事个体经营实现就业。例如，我国有的地方法规规定，享受失业保险的劳动者在失业期间，如果自愿兴办企业或从事个体经营解决失业问题，国家可提供一笔一次性的救济金，作为失业者自谋职业的启动资金。

第五，国家建立和完善劳动就业的服务体系。建立以职业介绍、职业指导和就业培训为核心的就业服务体系，汇集劳动力流动和用人单位用工的需求信息，为劳动者和用人单位形成劳动关系牵线搭桥，这是各国采取的促进就业的重要措施之一。

二、平等就业和自主择业原则

（一）平等就业

平等就业是指我国公民不论其民族、种族、性别的不同，均享有平等地获得就业机会的权利，具体包括两个方面的内容：一是就业资格的平等。《就业促进法》第三条规定，劳动者就业，不因民主、种族、性别等不同而受歧视。二是就业能力衡量尺度的平等。在劳动力资源严重供大于求、就业机会相对不足的就业环境中，平等就业还意味着公民在就业过程中均享有平等竞争的权利，即社会对公民的劳动能力要以同一尺度和标准衡量；通过公平竞争择优吸收劳动力就业。平等就业是国家对公民生存权平等保护的要求在劳动就业上的反映，它客观上要求打破劳动者工人和干部、农村和城市的身份界限，冲破地区封锁，消除条块分割，在全国范围内形成统一的劳动力市场，建立劳动力平等就业的竞争机制。

（二）自主择业

自主择业是指公民根据自己的意愿、才能，结合社会的需要自主地选择职业。劳动是劳动力的消耗过程，更是人的自我价值的实现过程，由于不同的职业、不同的工作岗位对劳动者劳动能力的要求不同，社会回报的程度也不同。公民作为自身劳动力的所有者，有权根据自身的实力，通过平等竞争获得自己理想的职业和工作岗位，取得理想的经济利益。确立公民自主择业权，不仅符合公民行使劳动权的价值取向，而且有利于调动公民劳动的积极性和主观能动性，为公民将自己的劳动潜能最大化地释放出来服务于社会、服务于国家建设事业提供了条件。公民通过行使订立、变更、解除和终止劳动关系权而实行自主择业。

（三）禁止 16 周岁以下的未成年人就业的原则

未成年人是指未满 18 周岁的公民。其中，把未满 16 周岁就业的未成年人称为童工，已满 16 周岁不满 18 周岁就业的未成年人称为未成年工。因为未成年人的身体还处于成长发育时期，过早地参加社会劳动和承担超过一定劳动强度的劳动会影响其身体的健康发育。因此，对未成年人的就业做一定的限制是非常必要的。我国对未成年人的就业区分两种情况做不同的规定：一是禁止未满 16 周岁的未成年人就业；二是对已满 16 周岁不满 18 周岁的未成年人，法律对其可以从事的职业、工种等做了排除式的规定，即未成年人只能从事与其身体的成长发育程度相适应的劳动，且用人单位应对其进行特殊劳动保护。

第三节　公平就业

一、就业平等权

（一）就业平等权概述

就业平等权又称平等就业权，是指公民平等获得就业机会的权利。就业平等权是宪法上的平等权在劳动就业领域的具体化，具有崇高的地位。我国《宪法》第三十三条规定，“中华人民共和国公民在法律面前一律平等”；第四十二条规定，“中华人民共和国公民有劳动的权利和义务”。这些宪法规范是所有反就业歧视法律规范的立法基础，其中公民的平等权内在地包括就业平等权。

《劳动法》第三条规定，“劳动者享有平等就业和选择职业的权利”；第十二条规定，“劳动者就业，不因民族、种族、性别、宗教信仰不同而受歧视”；第四十六条规定，“实行同工同酬”。这些条文都涉及劳动者平等就业和禁止就业歧视的内容。此外，《妇女权益保障法》《残疾人保障法》对妇女就业、残疾人就业平等以及禁止歧视等都做了规定。

《就业促进法》第三条规定：“劳动者依法享有平等就业和自主择业的权利。劳动者就业，不因民族、种族、性别、宗教信仰等不同而受歧视。”与《劳动法》第十二条相比，这里增加了一个“等”字，为禁止就业歧视范围的扩大奠定了基础。而且，《就业促进法》“公平就业”明确规定禁止歧视残疾人、传染病病原携带者、进城就业的农村劳动者。但该规定仍很原则，不够具体和完整。我国未来应借鉴国际公约和国外立法的规定，由国家立法机关制定体系化的、内容完整的《反就业歧视法》，明确界定就业歧视，拓宽歧视原因范围，合理分配举证责任，明确规定抗辩事由，拓展法律责任形式，并理顺救济途径，建立公益诉讼制度，以有效遏制就业歧视行为，保护劳动者的平等就业权。

公民就业平等权的实现涉及和用人单位用人自主权的平衡问题。《就业促进法》第八条规定："用人单位依法享有自主用人的权利。用人单位应当依照本法以及其他法律、法规的规定，保障劳动者的合法权益。"

（二）就业平等权对应的国家义务

关于公民就业平等权对应的国家义务，《就业促进法》"公平就业"第二十五条规定："各级人民政府创造公平就业的环境，消除就业歧视，制定政策并采取措施对就业困难人员给予扶持和援助。"这里规定政府应当提供公平就业环境、消除就业歧视、扶持和援助就业困难人员，也就是规定了政府在这三方面的义务，具体如下。

首先，政府具有提供公平就业环境的义务。政府提供公平的就业环境，一方面，必须做到在行政立法中不得违反公平就业的原则，政府制定的行政法规、部门规章、地方政府规章和行政规范性文件都不能违反《就业促进法》规定的公平就业的原则，创造良好的法制环境。另一方面，政府自身要严格遵守法律，在公务员和参照公务员法管理的事业单位人员的录用方面做到公平和平等，为用人单位和职业中介机构守法树立榜样。此外，政府有义务进行广泛、深入的法制宣传，促使公平就业的观念深入人心。

其次，政府具有消除就业歧视的义务。政府应当加强劳动监察制度建设，加大劳动监察的执法力度，纠正用人单位和职业中介机构的各种就业歧视现象，为就业歧视的受害者提供有力的行政救济。

最后，政府具有扶持和援助就业困难人员的义务。为了实现实质平等，大多数国家都规定政府对于就业困难的群体和人员进行扶助，国际公约也确认了这一原则。《就业促进法》"就业援助"对就业援助有比较详细的规定。

二、就业歧视的界定

结合国际公约以及其他国家和地区的相关规定并根据我国国情，就业歧视可界定为：没有合法的目的和原因，基于种族、肤色、政治见解、民族、社会出身、性别、户籍、残障或身体健康状况、年龄、身高、语言等原因，采取的任何区别、排斥、限制或者给予优惠，其目的或作用在于取消或损害劳动者的就业平等权。

具体来说，就业歧视包括直接歧视和间接歧视：如果非因工作内在需要，用人单位给予一人比在相似条件下的其他人不利的待遇则构成直接歧视；如果一人属于具有法定前述某一典型特征的人群，用人单位对该人和其他不属于该群体的人适用相同的招聘、选拔、考核、报酬等涉及劳动权利的程序或条件，而结果将不利于该群体则构成间接歧视。就业平等权包括但不限于劳动者享有平等获得职业的权利、取得报酬的权利、休息休假的权利、获得劳动安全卫生保护的权利、接受职业技能培训的权利、享受社会保险和福利的权利以及组织和参与工会等方面的权利。就业歧视是就业和职业歧视的简称。为促使劳动者实现事实上的平等而采取的积极行为，不得视为歧视；这些措施应在达成事实平等的目的后停止采用。也就是说，根据法律规定以纠正本单位或社会上已经存在的歧视为目的，而给予某一法定人群优惠的，不被视为就业歧视。

就业歧视行为的主体，包括用人单位和职业中介机构。《就业促进法》第二十六条规定："用人单位招用人员、职业中介机构从事职业中介活动，应当向劳动者提供平等的就业机会和公平的就业条件，不得实施就业歧视。"用人单位招用人员就业，又称劳动者与用人单位直接洽谈就业，常见的方式是参加用人单位的考试考核，考试考核合格者获得就业岗位而实现就业。职业中介机构介绍就业，是指职业中介机构将求职的劳动者推荐给用人单位，由用人单位择优录用，劳动者与用人单位签订劳动合同而就业。目前我国反就业歧视法适用于一切用人单位，而不少国家的反就业歧视法律仅适用于雇员数量在一定人数之上的雇主，雇员数量少的雇主豁免适用，如美国《民权法》适用于雇员在 15 人以上的雇主。基于对用人单位用人自主权和劳动者平等就业权保护的平衡，以及我国许多小微企业（小型企业和微型企业的合称）和个体工商户主要招用亲戚、朋友、同一地域的人员（同乡）的现实，我国应将反就业歧视法仅适用于职工达到一定人数以上的用人单位，具体标准可借鉴域外经验并结合中国实际确定。

关于法律责任和救济程序，《就业促进法》第六十二条明确规定："违反本法规定，实施就业歧视的，劳动者可以向人民法院提起诉讼。"用人单位招用人员、职业中介机构从事职业中介活动时，如果实施了就业歧视，违反了向劳动者提供平等的就业机会和公平的就业条件的义务，应当承担法律责任，劳动者可以通过向人民法院提起诉讼获得司法救济。目前我国法院仅受理用人单位在招聘劳动者过程中的就业歧视所引发的纠纷，对于招用人员简章和招聘广告中的歧视内容所引发的争议，人民法院不受理。只允许劳动者提起私益诉讼的现行法律制度，实际上无法有效遏制用人单位的就业歧视行为。就业歧视关系到社会公共利益，社会正义的价值要求工作岗位向每一个主体保持平等开放的可能性，要求消除就业歧视、实现平等就业。修改后的《民事诉讼法》第五十五条新增的公益诉讼也应包括就业歧视公益诉讼，未来我国应考虑建立和完善就业歧视公益诉讼制度，允许法律规定的机关（类似国外平等就业机会委员会的专门性行政机构）和社会团体等有关组织（包括 NGO）以及公民向人民法院提起公益诉讼。

三、禁止就业歧视

（一）禁止性别歧视

《就业促进法》第二十七条规定："国家保障妇女享有与男子平等的劳动权利。用人单位招用人员，除国家规定的不适合妇女的工种或者岗位外，不得以性别为由拒绝录用妇女或者提高对妇女的录用标准。用人单位录用女职工，不得在劳动合同中规定限制女职工结婚、生育的内容。”据此，用人单位招用女职工时有两个义务。

第一，用人单位招用人员，除国家规定的不适合妇女的工种或者岗位外，不得以性别为由拒绝录用妇女或者提高对妇女的录用标准。《劳动法》第十三条也规定：妇女享有与男子平等的权利。在录用职工时，除国家规定的不适合妇女的工种或者岗位外，不得以性别为由拒绝录用妇女或者提高对妇女的录用标准。依据国务院《女职工劳动保护特别规定》，“女职工禁忌从事的劳动范围”包括：①矿山井下作业；②体力劳动强度分级标准中规定的第四级体力劳动强度的作业；③每小时负重 6 次以上、每次负重超过 20 公斤的作业，或者间断负重、每次负重超过 25 公斤的作业。该规定还规定了女职工在经期、孕期、哺乳期禁忌从事的劳动范围。

第二，用人单位录用女职工，不得在劳动合同中规定限制女职工结婚、生育的内容。目前我国有些劳动合同中含有限制婚育条款（又称禁婚育条款），女职工结婚、生育即终止劳动合同。这些限制婚育条款违反妇女的基本人权，我国法律、法规均予以禁止。

（二）禁止民族歧视和对少数民族人员就业的特殊保障

《就业促进法》第二十八条规定：“各民族劳动者享有平等的劳动权利。用人单位招用人员，应当依法对少数民族劳动者给予适当照顾。”这里的“依法”主要是指依照《民族区域自治法》的有关规定。

①第二十二条规定，民族自治地方的自治机关录用工作人员的时候，对实行区域自治的民族和其他少数民族的人员应当给予适当的照顾。

②第二十三条规定，民族自治地方的企业、事业单位依照国家规定招收人员时，优先招收少数民族人员，并且可以从农村和牧区少数民族人口中招收。

③第六十七条规定，上级国家机关隶属的在民族自治地方的企业、事业单位依照国家规定招收人员时，优先招收当地少数民族人员。

国务院《关于进一步贯彻实施（中华人民共和国民族区域自治法）若干问题的通知》还规定，在民族自治地方兴办的企业，要尽可能多地招收少数民族人员，招收少数民族人员的比例应根据不同企业的具体情况，由民族自治地方与企业商定。民族自治地方每年编制内的干部和职工自然减员、缺额及国家当年新增用人指标由民族自治地方通过考核予以补充，对少数民族人员优先录用。上级政府在每年下达的农业户口转非农业户口计划中，划出一定指标用于民族自治地方在农牧民中招收少数民族职工。

（三）禁止残疾歧视和对残疾人就业的特殊保障

《就业促进法》第二十九条规定：“国家保障残疾人的劳动权利。各级人民政府应当对残疾人就业统筹规划，为残疾人创造就业条件。用人单位招用人员，不得歧视残疾人。”

这设定了用人单位不得歧视残疾人的义务。

为了切实保障残疾人的劳动权益，我国《残疾人保障法》还规定国家必须采取积极措施，促进残疾人就业平等权的实现。《残疾人保障法》第三十条规定，国家保障残疾人劳动的权利。各级人民政府应当对残疾人劳动就业统筹规划，为残疾人创造劳动就业条件。第三十一条规定，残疾人劳动就业，实行集中与分散相结合的方针，采取优惠政策和扶持保护措施，通过多渠道、多层次、多种形式，使残疾人劳动就业逐步普及、稳定、合理。国家采取的积极措施具体包括以下三方面。

1. 残疾人的集中安置

集中就业是指残疾人在各类福利企业和盲人按摩医疗等单位劳动就业。《残疾人保障法》第三十二条规定，政府和社会举办残疾人福利企业、盲人按摩机构和其他福利性单位，集中安排残疾人就业。第三十六条规定，国家对安排残疾人就业达到、超过规定比例或者集中安排残疾人就业的用人单位和从事个体经营的残疾人，依法给予税收优惠，并在生产、经营、技术、资金、物资、场地等方面给予扶持。政府采购，在同等条件下应当优先购买残疾人福利性单位的产品或者服务。

2. 分散吸收残疾人就业

《残疾人保障法》第三十三条规定，国家实行按比例安排残疾人就业制度。国家机关、社会团体、企业、事业单位、民办非企业单位应当按照规定的比例安排残疾人就业，并为其选择适当的工种和岗位。达不到规定比例的，按照国家有关规定履行保障残疾人就业义务。国家鼓励用人单位超过规定比例安排残疾人就业，残疾人就业的具体办法由国务院规定。

3. 鼓励、帮助残疾人自愿组织起来从业或者个体开业

《残疾人保障法》第三十四条规定，国家鼓励和扶持残疾人自主择业、自主创业。第三十五条规定，地方各级人民政府和农村基层组织，应当组织和扶持农村残疾人从事种植业、养殖业、手工业和其他形式的生产劳动。第三十六条规定，国家对从事个体经营的残疾人，免除行政事业性收费。

为了实现实质平等，我国的行政法规还规定了用人单位积极作为的扶持义务。国务院《残疾人就业条例》第二章专门规定了“用人单位的责任”：用人单位应当按照一定比例安排残疾人就业，并为其提供适当的工种、岗位。用人单位安排残疾人就业的比例不得低于本单位在职职工总数的1.5%。具体比例由省、自治区、直辖市人民政府根据本地区的实际情况规定。用人单位安排残疾人就业达不到其所在地省、自治区、直辖市人民政府规定比例的，应当缴纳残疾人就业保障金。集中使用残疾人的用人单位中从事全日制工作的残疾人职工，应当占本单位在职职工总数的25%以上。这些规定为残疾人的就业提供了有力的法律保障。

（四）禁止健康歧视

《就业促进法》第三十条规定：用人单位招用人员，不得以是传染病病原携带者为由拒绝录用。但是，经医学鉴定传染病病原携带者在治愈前或者排除传染嫌疑前，不得从事法律、行政法规和国务院卫生行政部门规定禁止从事的易使传染病扩散的工作。

目前对传染病病原携带者的就业歧视（学理上又称健康歧视）主要是指乙肝歧视。尽管权威的医学专家已经明确指出：除了少数特殊行业外，慢性乙型肝炎病毒携带者可照常参加工作，但是许多单位在录用过程中仍通过设置一定的体检标准来限制乙肝病毒携带者的录用。

一方面，传染病病原携带者平等享有同正常人一样的劳动权利，用人单位招用人员时，一般不得以求职者是传染病病原携带者为由拒绝录用。劳动和社会保障部《就业服务与就业管理规定》第十九条第二款规定：用人单位招用人员，除国家法律、行政法规和国务院卫生行政部门规定禁止乙肝病原携带者从事的工作外，不得强行将乙肝病毒血清学指标作为体检标准。用人单位违反该规定的，由劳动保障行政部门责令改正，并可处以1000元以下的罚款；对当事人造成损害的，应当承担赔偿责任。

另一方面，在法定情形下也有例外，传染病病原携带者就业受到限制。这种情形就是：经医学鉴定传染病病原携带者在治愈前或者排除传染嫌疑前，不得从事法律、行政法规和国务院卫生行政部门规定禁止从事的易使传染病扩散的工作。这里要求必须“经医学鉴定”才能认定传染病病原携带者是否治愈或者排除传染嫌疑，从而才能决定是否限制传染病病原携带者的就业权利。根据《食品安全法》《公共场所卫生管理条例》《化妆品卫生监督条例》等法律、法规，传染病病原携带者禁止从事的易使传染病扩散的工作主要有以下几类：①食品生产经营中从事接触直接入口食品的工作；②饮用水的生产、管理、供应等工作；③在公共场所从事直接为顾客服务的工作；④托幼机构的保育、教育等工作；⑤美容、整容等工作；⑥直接从事化妆品生产的工作；⑦其他与人群接触密切的工作。除了这些法定情形外，传染病病原携带者从事其他工作都不应当受到限制，否则即构成歧视。

（五）禁止户籍歧视

《就业促进法》第三十一条规定：“农村劳动者进城就业享有与城镇劳动者平等的劳动权利，不得对农村劳动者进城就业设置歧视性限制。”

目前我国的户籍制度上仍存在着农业户口和非农户口的区别。随着产业结构的调整和城市化进程的推进，大量的农业劳动者向城镇转移，但这部分人口在城镇就业时受到很多限制，随着构建社会主义和谐社会进程的推进，这些限制性文件已逐步被废止，农村劳动者进城就业的歧视性限制在法律上逐步得到消除。

第四节　职业介绍与就业服务

一、职业介绍

（一）职业介绍的概念

职业介绍是指国家指定的有关部门和机构依法为劳动者和用人单位提供沟通和咨询，从而促进劳动者就业和用人单位招工的一种就业中介服务。职业介绍是促进劳动力供求双方实现双向选择和劳动力进行市场流动的重要环节，也是政府采取的有效的就业服务措施之一。

（二）职业介绍机构的设立条件

职业介绍机构一般称职业介绍所，是依法设立的、从事职业介绍工作的专门机构。我国《劳动法》第十一条规定："地方各级人民政府应当采取措施，发展多种类型的职业介绍机构，提供就业服务。"为此，劳动部颁布了《职业介绍规定》，对我国职业介绍所的开办条件、程序及其职责等做了规定。我国目前除劳动保障部门开办的职业介绍所外，还有非劳动保障部门开办的职业介绍所以及公民个人开办的职业介绍所，但是，无论是何种性质的职业介绍机构，其设立均必须符合以下条件：第一，有固定的交流场所和设施；第二，有必要的资金；第三，有相应的组织机构和章程；第四，有明确的业务范围；第五，有一定数量的专职工作人员；第六，法律、法规规定的其他条件。

（三）职业介绍服务的内容

职业介绍是就业服务体系的一个组成部分，开展职业介绍工作，在我国现阶段具有极其重要的意义。我国的社会主义市场经济不仅需要生产资料、技术、金融等市场，而且也需要职业介绍市场，运用市场机制调节劳动力的供求，促进用人单位和求职者沟通联系、相互选择，为充分开发和合理配置劳动力资源服务。根据《职业介绍服务规程》的规定，职业介绍机构服务的内容有信息服务、咨询服务、指导服务、介绍服务、委托服务、管理服务等。这些类型的服务包括：有关劳动力市场信息收集、信息交流与信息发布；就业政策法规及服务咨询、职业培训信息咨询、求职和用人咨询、个人开业咨询和企业劳动人事管理咨询；职业能力测试评估、职业分析评价、职业生涯设计、求职及用人观念和方法指导；求职和用人面谈、介绍就业和推荐用人、举办招工洽谈会、引导劳动力流动就业；受用人单位委托组织招聘，受求职人员委托存放档案，以及受劳动行政部门委托办理劳动合同鉴证及有关职业培训和社会保险事务；就业登记、单位用人备案、职业介绍服务中的争议处理、协助进行劳动力市场监督检查、协助组织和管理劳动者流动就业等。这些职业介绍服务为我国市场经济条件下劳动力资源的供给、配置起到积极的作用。

（四）职业介绍服务的程序

求职人员和用人单位进入职业介绍机构以后，一般根据以下基本程序提供服务。

1. 接待登记

求职人员和用人单位到职业介绍机构求职和招聘人员，职业介绍工作人员应要求他们进行就业登记或用人登记。随后，根据他们的不同情况确定服务形式，并引导他们进入相应服务程序。

2. 提供信息

通过电视屏幕、计算机或广播等设备，以及广告、报纸、手册或卡片等书面材料，向求职人员和用人单位提供用人和求职信息及其他劳动力市场信息。提供的信息主要包含：岗位空缺信息；劳动力供给信息；职业培训信息；职业供求分析预测信息；相关就业服务项目；劳动就业政策法规；其他劳动力市场信息。

3. 求职和用人面谈

求职和用人面谈分为初次面谈和再次面谈、初次面谈主要是了解基本需求，确定服务形式，介绍就业和推荐用人，或推荐相关服务项目；再次面谈主要是深入了解并研究服务需求，调整服务形式，再次介绍就业和推荐用人，或推荐相关服务项目。

求职面谈的基本程序如下。

（1）收集信息

了解求职人员求职意愿和其他相关情况。

（2）确定需求

根据了解的基本情况，确定求职人员的服务需求，明确职业介绍机构应承担的义务和求职人员应开展的活动，向求职人员提出迅速和有效实现就业的建议。

（3）介绍就业

如有适合的空缺岗位，要安排求职人员与用人单位面谈；否则，待有适合的空缺岗位时，及时与求职人员和用人单位联系，迅速介绍就业；若本辖区内没有适合的空缺岗位，应与求职人员协商，向其他地区的职业介绍机构推荐。

（4）推荐相关服务

在求职人员不能直接通过配置实现就业，或本地和其他地区没有合适的空缺岗位时，应根据该求职人员具体情况和要求，向其建议接受求职指导，参加就业训练、生产自救或其他就业服务项目。

（5）再次面谈

对接受相关服务，或经三次推荐用人仍不能填补的岗位空缺，应及时与用人单位再次面谈，重新开展相应的服务。

4. 职业指导

职业指导分为求职指导和用人指导。其主要任务为：提供职业咨询，开发职业潜力；引导调整就业观念和用人观念；指导设计职业生涯，提高求职和招聘技巧。

二、就业服务

（一）就业服务法概述

就业服务，是指就业服务主体为劳动者实现就业和用人单位招用劳动者提供的社会服务。它是劳动力市场运行机制和国家劳动政策实施体系的一个重要组成部分。具体来说，应从以下几个方面来理解就业服务。

第一，就业服务的提供者是专门的就业服务主体。该就业服务主体既可以是公共就业服务机构，也可以是私立就业服务机构；既可以是营利性服务机构，也可以是非营利性服务机构。

第二，就业服务的服务对象是劳动者和用人单位，即劳动力的供求双方。

第三，就业服务的内容是提供各种社会服务。该服务与劳动行政部门所承担的管理职责是不一样的，主要目的在于建立和规范劳动力市场，促使劳动力与生产资料的结合，促进就业。就业服务的内容有核心内容和支持内容之分：核心内容把劳动力的供求双方匹配起来，支持内容包括正确评估劳动者的能力、开发劳动技能以及各种促进就业的项目，这些都是随着就业服务体系的发展不断增加的新内容。

第四，获得就业服务是劳动者的一项基本劳动权利。就业服务权是指劳动者享有获得职业指导、职业介绍等内容的就业服务的权利。就业服务权是劳动权的基本内容。在现代社会中，获得就业服务权是实现劳动权的前提。国家负有保护和协助实现的义务，必须为劳动者获得就业服务提供条件，保障劳动者的就业服务权，促进就业。

我国就业服务体系是随着就业体制的改革逐步发展起来的，起步比较晚；就业服务主体始终是以公共就业服务机构为主，其他服务机构为辅；就业服务内容从一开始就是以积极促进就业为目的，服务内容随着就业服务体系的发展不断完善，初步建立适合我国劳动力市场的就业服务体系；就业服务立法长期以来比较零散，以部门规章为主。

（二）就业服务法的内容

1. 公共就业服务体系

县级以上人民政府建立健全公共就业服务体系，设立公共就业服务机构，为劳动者免费提供下列服务：①就业政策、法规咨询；②职业供求信息、市场工资指导价位信息和职业培训信息发布；③职业指导和职业介绍；④对就业困难人员实施就业援助；⑤办理就业登记、失业登记等事务；⑥其他公共就业服务。公共就业服务机构应当不断提高服务的质量和效率，不得从事经营性活动。公共就业服务经费纳入同级财政预算。

地方各级人民政府和有关部门不得举办或者与他人联合举办经营性的职业中介机构。地方各级人民政府和有关部门、公共就业服务机构举办的招聘会，不得向劳动者收取费用。违反《就业促进法》的规定，地方各级人民政府和有关部门、公共就业服务机构举办经营性的职业中介机构，从事经营性职业中介活动，向劳动者收取费用的，由上级主管机关责令限期改正，将违法收取的费用退还劳动者，并对直接负责的主管人员和其他直接责任人员依法给予处分。

2. 人力资源市场信息服务体系

公共就业服务机构应当建立健全人力资源市场信息服务体系，完善职业供求信息、市场工资指导价位信息、职业培训信息、人力资源市场分析信息的发布制度，为劳动者求职择业、用人单位招用人员以及培训机构开展培训提供支持。

3. 就业服务的对象

我国的就业服务机构大都设在城镇，服务对象大多为城镇居民。《就业服务与就业管理规定》第六十三条规定："在法定劳动年龄内，有劳动能力，有就业要求，处于无业状态的城镇常住人员，可以到公共就业服务机构进行失业登记。其中，没有就业经历的城镇户籍人员，在户籍所在地登记；农村进城务工人员和其他非本地户籍人员在常住地稳定就业满 6 个月的，失业后可以在常住地登记。"该规定将农村进城务工人员和其他非本地户籍人员有条件地纳入失业登记的对象范围，是城乡统一的劳动力市场建设的重要一步。

第五节　就业服务的管理

一、就业服务法的概念和性质

就业管理法，即劳动力市场管理法，或称人力资源市场管理法，是调整国家行政机关在就业管理即劳动力市场管理过程中发生的社会关系的法律。

就业管理法调整社会关系所形成的是劳动行政法律关系。劳动行政法律关系是一种行政法律关系，具有行政法律关系的一般属性，因此，严格来说，就业管理法属于行政法。法律在对劳动行政关系进行调整时，既适用行政法的各项原则和基本制度，也适用劳动法的基本原则。

二、就业管理法的内容

（一）培育和完善人力资源市场

第一，县级以上人民政府培育和完善统一开放、竞争有序的人力资源市场，为劳动者就业提供服务。

第二，县级以上人民政府鼓励社会各方面依法开展就业服务活动，加强对公共就业服务和职业中介服务的指导和监督，逐步完善覆盖城乡的就业服务体系。

第三，县级以上人民政府加强人力资源市场信息网络及相关设施建设，建立健全人力资源市场信息服务体系，完善市场信息发布制度。

第四，县级以上地方人民政府对职业中介机构提供公益性就业服务的，按照规定给予补贴。国家鼓励社会各界为公益性就业服务提供捐赠、资助。

第五，县级以上人民政府和有关部门加强对职业中介机构的管理，鼓励其提高服务质量，发挥其在促进就业中的作用。

（二）对职业中介机构的管理

职业中介机构，是指由法人、其他组织和公民个人举办，为用人单位招用人员和劳动者求职提供中介服务以及其他相关服务的经营性组织。

第一，从事职业中介活动，应当遵循合法、诚实信用、公平、公开的原则。用人单位通过职业中介机构招用人员，应当如实向职业中介机构提供岗位需求信息。禁止任何组织或者个人利用职业中介活动侵害劳动者的合法权益。

第二，设立职业中介机构应当具备下列条件：有明确的章程和管理制度；有开展业务必备的固定场所、办公设施和一定数额的开办资金；有一定数量具备相应职业资格的专职工作人员；法律、法规规定的其他条件。

第三，设立职业中介机构，应依法办理行政许可。设立职业中介机构或其他机构开展职业中介活动，须经劳动保障行政部门批准，并获得职业中介许可证。经许可的职业中介机构，应向工商行政管理部门办理登记。未经依法许可和登记的机构，不得从事职业中介活动。未经许可和登记，擅自从事职业中介活动的，由劳动行政部门或者其他主管部门依法予以关闭；有违法所得的，没收违法所得，并处 1 万元以上 5 万元以下的罚款。国家对外商投资职业中介机构和向劳动者提供境外就业服务的职业中介机构另有规定的，依照其规定。

第四，依据《就业服务与就业管理规定》，职业中介机构应当在服务场所明示营业执照、职业中介许可证、服务项目、收费标准、监督机关名称和监督电话等，并接受劳动保障行政部门及其他有关部门的监督检查。未明示职业中介许可证、监督电话的，由劳动保障行政部门责令改正，并可处以 1000 元以下的罚款；未明示收费标准的，提请价格主管部门依据国家有关规定处罚；未明示营业执照的，提请工商行政管理部门依据国家有关规定处罚。

第五，依据《就业服务与就业管理规定》，职业中介机构提供职业中介服务不成功的，应当退还向劳动者收取的中介服务费；未退还的，由劳动保障行政部门责令改正，并可处以 1000 元以下的罚款。

第六，职业中介机构不得有下列行为：提供虚假就业信息；为无合法证照的用人单位提供职业中介服务；伪造、涂改、转让职业中介许可证；扣押劳动者的居民身份证和其他证件，或者向劳动者收取押金；其他违反法律、法规规定的行为。职业中介机构提供虚假就业信息，为无合法证照的用人单位提供职业中介服务，伪造、涂改、转让职业中介许可证的，由劳动行政部门或者其他主管部门责令改正；有违法所得的，没收违法所得，并处 1 万元以上 5 万元以下的罚款；情节严重的，吊销职业中介许可证。职业中介机构扣押劳动者居民身份证等证件的，由劳动行政部门责令限期退还劳动者，并依照《居民身份证法》等有关法律规定给予处罚。职业中介机构向劳动者收取押金的，由劳动行政部门责令限期退还劳动者，并以每人 500 元以上 2000 元以下的标准处以罚款。

第七，失业预警制度。县级以上人民政府建立失业预警制度，对可能出现的较大规模的失业，实施预防、调节和控制。

第八，劳动力调查统计制度和就业登记、失业登记制度。国家建立劳动力调查统计制度和就业登记、失业登记制度，开展劳动力资源和就业、失业状况调查统计，并公布调查统计结果。统计部门和劳动行政部门进行劳动力调查统计和就业、失业登记时，用人单位和个人应当如实提供调查统计和登记所需要的信息。

第九，全国人力资源市场信息网。县级以上劳动保障行政部门应当按照信息化建设统一要求，逐步实现全国人力资源市场信息联网。其中，城市应当按照劳动保障数据中心建设的要求，实现网络和数据资源的集中和共享；省、自治区应当建立人力资源市场信息网省级监测中心，对辖区内人力资源市场信息进行监测；人力资源和社会保障部设立人力资源市场信息网全国监测中心，对全国人力资源市场信息进行监测和分析。

三、招工制度

（一）招工制度的概念

招工制度是指法律规定的用人单位从社会上招收劳动力、招收员工所应遵守的规则、办法等。招工制度不是一成不变的，它与社会政治经济形式密切相连，也与用工形式密切相联系。在计划经济年代，我国一直实行由国家“统包统配”和“内招”的招工制度，与之相对应的是固定工制；在市场经济年代，我国实行由企业直接面向社会招用工人的招工制度，与之相对应的是劳动合同制。

（二）招工的原则

根据法律法规的有关规定，用人单位招收工人应遵守以下原则。

第一，公开招聘原则。用人单位应把招考单位、种类、数量，报考的资格、条件，考试的方法、科目和时间，均面向社会告知，公开进行。一方面给予社会上的人才以公平竞争的机会，达到广招人才的目的；另一方面使招聘工作置于社会的公开监督之下，防止不正之风。

第二，公开竞争原则。通过考试竞争和考核鉴别确定人员的优劣和人选的取舍。为了达到竞争的目的，一要动员、吸引较多的人报考，二要严格考核程序和手段，科学地录取人选，防止“拉关系”“走后门”“裙带风”，通过激烈而公平的竞争，选择优秀人才。

第三，平等原则。对所有报考者一视同仁，不得人为地制造各种不平等的限制或条件（如性别歧视）和各种不平等的优先优惠政策，努力为社会上的有志之士提供平等竞争的机会，不拘一格地选拔、录用各方面的优秀人才。

第四，级能原则。人的能量有大小，本领有高低，工作有难易，要求有区别。招聘工作，不一定要最优秀的，而应量才录用，做到人尽其才、用其所长、职得其人，这样才能持久、高效地发挥人力资源的作用。

第五，全面原则。对报考人员从品德、知识、能力、智力、心理、过去工作的经验和业绩进行全面考试、考核和考察。因为一个人能否胜任某项工作或者发展前途如何，是由其多方面因素决定的，特别是非智力因素对其将来的作为起着决定性作用。

第六，择优原则。择优是招聘的根本目的和要求。只有坚持这个原则，才能广揽人才、选贤任能，为单位引进或为各个岗位选择最合适的人员。为此，应采取科学的考试考核方法，精心比较，谨慎筛选，特别是要依法办事，杜绝不正之风。

（三）招工的途径

用人单位招用员工可自主选择招工的途径，在实践中用人单位招工的途径主要有以下几方面。

第一，高校招聘。查找全国各相关本科、高职高专名录（重点是有与公司需求人才专业对口的学校），促进校企合作；在学校官网发布公司起草的招聘公告；公司派人在学校宣传栏上张贴招聘海报，办招聘会等。

第二，通过大众传播媒介刊播招工信息进行招聘。可查找业务人才及技术人才网站，在论坛发布招聘信息，搜索人才，在免费信息平台发布招聘广告。

第三，参加各地举行的各类招聘会。

第四，通过职业介绍所介绍招工。

（四）招工的程序

根据有关法律法规的规定，用人单位招收劳动者应当遵守以下程序。

第一，公开公布招工信息。通过大众传播媒介发布招工信息，内容应包括用人单位的性质、地址、招工人数、工种、条件、用工形式、工作期限、劳动保障、福利待遇和劳动保护等。

第二，劳动者自愿报名，劳动者在报名时，一般需要带身份证、学历证、资格证、操作证等。

第三，考核录用。用人单位根据劳动者报名的情况可组织考核，考核内容一般包括专业技能、品行操守、健康状况等，形式包括笔试或面试，用人单位可根据考核情况择优录用，并从录用之日起，按照《劳动合同法》的规定与劳动者签订劳动合同。

（五）招工的规则

用人单位招工，除按一定程序进行外，还要遵守法律规定，不得违法招工。根据《劳动力市场管理规定》，用人单位招工应该遵守以下规则。

第一，用人单位在招工过程中不能做的行为包括：不得提供虚假信息；不得招收无合法证件的人员；不得向求职者收取招聘费用；不得向被录取人员收取保证金和抵押金；不得扣压被录用人员的身份证等证件；不得以招用人员为名谋取不正当利益和进行其他非法活动；除国家规定不适合从事的工种或者岗位外，不得以性别、民族、种族为由拒绝录用或者提高录用标准。

第二，用人单位在招工过程中必须遵守的行为包括：招用国家规定持证上岗的技术工种的人员，应按照《招用技术工种从业人员规定》执行；跨省招用人员和招用外籍人员，按照国家有关规定办理；用人单位委托职业介绍机构招用人员时，应当出示单位介绍信、营业执照副本或其他法人登记文件、招用人员简章和经办人员身份证明；用人单位通过报刊、广播、电视等大众传播媒介发布招用人员广告，经当地劳动保障行政部门审核后，按国家有关规定办理。

（六）招收外国劳动者的特殊规定

随着我国经济的迅速壮大发展，在很多领域需要招收外国工程技术人员参与工作，为了规范外国人在我国的就业，劳动部、公安部、外交部、对外贸易经济合作部联合颁布了《外国人在中国就业管理规定》，对用人单位招收外国劳动者的条件和程序做了不同于招收本国劳动者的规定。

1. 招收外国劳动者的条件

招收外国人的岗位应具备的要求是：用人单位聘用外国人从事的岗位应是有特殊需要的、国内暂缺适当人选，且不违反国家有关规定的岗位。

外国劳动者在中国就业应具备的条件是：年满 18 周岁；具有相应的专业技能和工作经历；无犯罪记录；持有有效护照和身份证件。

2. 招收外国劳动者的程序

（1）申请

用人单位需填写聘用外国人就业申请表，并向劳动行政主管部门同级的行政主管部门提出申请，并提供法律规定的有关文件。

（2）领取许可证书

经行业主管部门批准后，用人单位到本单位注册地的省（自治区、直辖市）劳动行政部门或其授权的地、市级劳动行政部门办理核准手续。由省（自治区、直辖市）劳动行政部门或授权的地、市级劳动行政部门指定的专业机构负责签发外国人就业许可证。其中，外商投资企业聘请外国人，无须行业主管部门审批，可凭有关文件直接到劳动行政部门申领许可证书。

（3）办理就业证

用人单位在聘用的外国人入境后 5 日内，持许可证、与被聘用的外国人签订的劳动合同及其有效护照或能代替护照的证件，到原发证机关为外国人办理就业证，并填写外国人就业登记表。

四、下岗再就业

（一）下岗的概念与成因

下岗是与上岗相对应的概念，是指劳动力与劳动岗位相分离，劳动者与用人单位尚未解除劳动关系的状态。通常称处于下岗状态的人员为下岗人员。其法律规范为：劳动合同期限未满，由于企业的生产经营原因而下岗，但尚未与企业解除劳动关系、没有在社会上找到其他工作的人员。在过去很长一段时间，我国为了追求高就业率，国家对社会劳动力的就业实行包下来的政策，人为地消灭失业，这种违反劳动力与生产资料结合客观规律的资源配置方式，使企业人浮于事、隐性失业普遍。随着现代企业制度的建立以及企业用人自主权的落实，企业隐性失业的现象逐渐显性化。在优胜劣汰的市场竞争机制下，企业必须裁减冗员，轻装上阵，否则，就无法走出困境。当时我国社会保险机制还比较脆弱，无法承受企业富余职工一起进入社会带来的冲击力，国家必须找到既能减人增效又能保障富余职工基本生活的办法，于是下岗应运而生了，即职工离岗不离厂。由此可见，下岗是计划经济条件下实现的就业体制和就业政策在经济转轨过程中的必然反映，也是长期以来重复建设、盲目建设以及企业经营体制深层次矛盾多年积累的结果，要建立企业社会主义市场经济体制和现代企业制度，不可避免地要经历这样一个历史过程。

（二）下岗的条件与程序

1. 下岗的条件

根据劳动和社会保障部颁布的《关于加强国有企业下岗职工管理和再就业服务中心建设有关问题的通知》的规定，企业安排职工下岗，应坚持公开、公正的原则，同时必须是确因生产经营需要。有生产任务的企业，一般不安排下列人员下岗：配偶一方已经下岗的；离异或丧偶，抚养未成年人子女者；省、部级以上劳动模范；烈士遗属；现役军人的配偶；省（自治区、直辖市）人民政府确定的其他职工。

2. 下岗的程序

企业安排职工下岗应该按照以下程序进行。

第一，在职业领导集体研究的基础上，至少提前 15 天向工会和职工代表大会说明企业的经营情况以及职工下岗分流的意见。

第二，制订职工下岗及再就业的方案，主要内容包括：拟安排下岗的人数、实施步骤、建立再就业服务中心及促进再就业的措施，并征求工会和职工代表大会的意见。

第三，由企业填报职工下岗登记表，内容包括职工的基本情况、企业工会的意见。将该表报送地方劳动和社会保障部门或其委托的企业主管部门，由其核实、认定并备案。

第四，对符合下岗条件的职工，由当地劳动和社会保障部门通过所在企业再就业中心发放“下岗职工证明”，下岗职工都要进入企业的再就业服务中心。

第五，下岗职工凭“下岗职工证明”领取基本生活费和享受有关政策规定的服务和待遇。

3. 下岗职工的再就业

下岗职工再就业的问题已成为社会关注的焦点，能否妥善解决这一问题，关系到国有企业改革的成败，关系到社会稳定和社会主义政权的巩固。为此，国家将解决国有企业下岗职工基本生活保障和再就业的问题，列为当前和今后一个时期的主要任务。中共中央在关于切实做好国有企业下岗职工基本生活保障和再就业工作的通知中提出的任务、目标为：争取用 5 年左右的时间，初步建立适应社会主义经济体制要求的社会保障体系和就业机制。目前我国采取的促进下岗职工再就业的措施主要有以下几方面。

第一，建立下岗职工再就业服务机构。国家要求各地要自下而上地建立再就业服务中心组织体系，凡是有下岗职工的国有企业，都必须建立再就业服务中心或类似的机构，保证所有的下岗职工都能进入再就业服务中心再就业服务中心的职能之一就是组织下岗职工参加职业指导和职业培训，引导和帮助他们实现再就业。下岗职工在再就业服务中心的期限一般不超过三年，三年期满仍未再就业的，与企业解除劳动关系，按规定享受失业救济和社会救济。

第二，加大政策扶持力度，拓宽分流安置和再就业的渠道。例如，对下岗职工自谋职业的，要求工商、税务、城市建设等部门给予政策性优惠；要求国有商业银行设立小型信贷部，为劳动就业服务企业提供必要的贷款支持；有条件的地区，应设立专项资金，组织下岗职工参加市政道路建设、环境保护、植树造林等公共工程，为下岗职工提供更多的就业机会等。

第四章　劳动合同制度

第一节　劳动合同概述

一、劳动合同的含义

劳动合同是指劳动者与用人单位之间确立劳动关系，明确双方权利和义务的协议。订立和变更劳动合同，应当遵循平等自愿、协商一致的原则，不得违反法律、行政法规的规定。劳动合同依法订立即具有法律约束力，当事人必须履行劳动合同规定的义务。

劳动关系是指受劳动法调整的，在劳动者运用劳动能力、实现劳动过程中，劳动者与用人单位（劳动使用者）之间的社会劳动关系。由于我国就业竞争激烈的国情以及《劳动合同法》发展历史，劳动关系中用人单位与劳动者双方地位的不平等性，造成了事实劳动关系的存在。劳动合同是劳动关系建立、变更和终止的一种法律形式。根据《劳动合同法》第十条的规定，建立劳动关系的，应当及时订立书面劳动合同。已经建立劳动关系，但未同时订立书面劳动合同的，应当自用工之日起一个月内订立书面劳动合同。用人单位与劳动者在用工前订立劳动合同的，劳动关系自用工之日起建立。因此，劳动关系包括了劳动合同关系和事实劳动关系两种形态。

根据《劳动法》第十六条第一款规定，劳动合同是劳动者与用工单位之间确立劳动关系，明确双方权利和义务的协议。根据这个协议，劳动者加入企业、个体经济组织、事业组织、国家机关、社会团体等用人单位，成为该单位的一员，承担一定的工种、岗位或职务工作，并遵守所在单位的内部劳动规则和其他规章制度；用人单位应及时安排被录用的劳动者工作，按照劳动者提供劳动的数量和质量支付劳动报酬，并且根据劳动法律、法规规定和劳动合同的约定提供必要的劳动条件，保证劳动者享有劳动保护及社会保险、福利等权利和待遇。

二、劳动合同的特征

劳动合同是合同的一种，具有合同的一般特征，即合同是双方的法律行为，而不是单方的法律行为；合同是当事人之间的协议，只有当事人在平等自愿、协商一致的基础上达成一致时，合同才成立；合同是合法行为，不能是违法行为，合同一经签订，就具有法律约束力。劳动合同除具有上述一般特征外，还有其自身的基本特征：

第一，劳动合同的主体是特定的。必须一方是具有法人资格的用人单位或能独立承担民事责任的经济组织或个人；另一方是具有劳动权利能力和劳动行为能力的劳动者。

第二，劳动者和用人单位在履行劳动合同的过程中，存在着管理关系，即劳动者一方必须加入到用人单位一方中去，成为该单位的一名职工，接受用人单位的管理并依法取得劳动报酬。

第三，劳动合同具有诺成、有偿、双务合同的特征。劳动者与用人单位就劳动合同条款内容达成一致意见，劳动合同即成立。用人单位根据劳动者劳动的数量和质量给付劳动报酬，不能无偿使用劳动力。劳动者与用人单位均享有一定的权利并履行相应的义务。

第四，劳动合同内容具有劳动权利和义务的统一性和对应性。没有只享受劳动权利而不履行劳动义务的，也没有只履行劳动义务而不享受劳动权利的。一方的劳动权利是另一方的劳动义务，反之亦然。

第五，劳动合同的性质决定了劳动合同的内容以法定为多、为主，以商定为少、为辅，即劳动合同的许多内容必须遵守国家的法律规定，如工资、保险、保护、安全生产等，而当事人之间对合同内容的协商余地较小。

第六，在特定条件下，劳动合同往往涉及第三人的物质利益，即劳动合同内容往往不仅限于当事人的权利和义务，有时还需涉及劳动者的直系亲属在一定条件下享受的物质帮助权。如劳动者死亡后的遗属待遇等。

三、劳动合同的主体

劳动合同的主体即劳动法律关系当事人包括劳动者和用人单位。劳动合同的主体与其他合同关系的主体不同：其一，劳动合同的主体是由法律规定的，具有特定性，不具有法律资格的公民与不具有用工权的组织不能签订劳动合同；其二，劳动合同签订后，其主体之间具有行政隶属性，劳动者必须依法服从用人单位的行政管理。

（一）需要签订劳动合同的劳动者对象

按照全面实行劳动合同制度的改革要求，需要签订劳动合同的对象包括：新招用的劳动者、原有的固定工以及原固定工身份的特殊人员所谓原固定工身份的特殊人员，是指根据劳动部关于全面实行劳动合同制的通知和贯彻劳动法若干问题的意见规定的以下人员：①存在着劳动关系而没能履行劳动义务的特殊人员。例如，用人单位的“富余人员”“放长假”的职工，长期被外单位借用的人员、带薪上学人员，请长期病假人员、停薪留职人员，被派到合资、参股单位人员；②企业、事业单位的党委书记、厂长或经理、工会主席等。

（二）需要签订劳动合同的用人单位

根据劳动法律、法规的规定，需要与劳动者签订劳动合同的用人单位包括：中国境内的企业法人，个体、合伙制非法人经济组织；国家机关、事业组织和社会团体；特殊类型经济组织，如租赁经营（生产）、承包经营（生产）的企业等。

四、劳动合同的作用

（一）劳动合同是建立劳动关系的基本形式

以劳动合同作为建立劳动关系的基本形式是世界各国的普遍做法。这是由于劳动过程是非常复杂的也是千变万化的，不同行业、不同单位的合同劳动者在劳动过程中的权利义务各不相同，国家法律法规只能对共性问题做出规定，不可能对当事人的具体权利义务做出规定，这就要求签订劳动合同明确权利义务。

（二）劳动合同是促进劳动力资源合理配置的重要手段

用人单位可以根据经营或工作需要确定录用劳动者的条件和方式、数量，并且通过签订不同类型、不同期限的劳动合同，发挥劳动者的特长，合理使用劳动力。

（三）劳动合同有利于避免或减少劳动争议

劳动合同明确规定劳动者和用人单位的权利义务，这既是对合同主体双方的保障又是一种约束，有助于提高双方履行合同的自觉性，促使双方正确行使权利，严格履行义务。因为劳动合同的订立和履行有利于避免或减少劳动争议的发生，有利于稳定劳动关系。

第二节　劳动合同的种类和内容

一、劳动合同的种类

按照合同期限的不同劳动合同分为：有固定期限、无固定期限和以完成一定工作为期限的劳动合同。

（一）有固定期限的劳动合同

有固定期限的劳动合同，又称定期劳动合同，是劳动合同双方当事人明确约定合同有效的起始日期和终止日期的劳动合同。期限届满，合同即告终止。双方当事人可根据生产、工作的需要确定劳动合同的期限。为保护劳动者的身体健康，《劳动法》规定，从事矿山井下以及其他有害身体健康的工种、岗位工作的农民工，实行定期轮换制度，合同期限最长不得超过 8 年。有固定期限的劳动合同适用范围比较广泛，灵活性较强。

（二）无固定期限的劳动合同

无固定期限的劳动合同，又称不定期劳动合同，是劳动合同双方当事人只约定合同的起始日期，不约定其终止日期的劳动合同。对于无固定期限的劳动合同只要不出现法律、法规或合同约定的可以变更、解除、终止劳动合同的情况，双方当事人就不得擅自变更、解除、终止劳动关系。按照平等自愿、协商一致的原则，用人单位和劳动者只要达成一致，无论是初次就业的，还是由固定工转制的，都可以签订无固定期限的劳动合同。我国劳动法规定在下列情形中，应当签订无固定期限的劳动合同：劳动者在同一用人单位连续工作满 10 年以上，当事人双方同意续延劳动合同的；工作年限较长，且距法定退休年龄 10 年以内的；复员、转业军人初次就业的；法律、法规规定的其他情形。

法律规定无固定期限劳动合同签订条件的目的在于保护劳动者的“黄金年龄”。用人单位应当与劳动者签订无固定期限劳动合同而未签订的，人民法院可以视为双方之间存在无固定期限劳动合同关系，并以原劳动合同确定双方的权利义务关系。无固定期限的劳动合同不得将法定解除条件约定为终止条件，以规避解除劳动合同时用人单位依法应承担的支付劳动者经济补偿金的义务。

（三）以完成一定工作为期限的劳动合同

以完成一定工作为期限的劳动合同，是指劳动合同双方当事人将完成某项工作或工程作为合同有效期限的劳动合同。合同中不明确约定合同的起止日期，以某项工作或工程完工之日为合同终止之时。它一般适用于建筑业，临时性、季节性的工作或由于其工作性质可以采取此种合同期限的工作岗位。

二、劳动合同的内容

劳动者在与用人单位签订劳动合同时，应注意劳动合同的各项条款。《劳动法》规定，劳动合同应当以书面形式订立，包括必备条款和约定条款两类。

（一）劳动合同的必备条款

《劳动法》第十九条规定了劳动合同的法定形式是书面形式，其必备条款有 7 项。

1. 劳动合同期限

法律规定合同期限分为三种：有固定期限，如 1 年期限、3 年期限等均属这一种；无固定期限，合同期限没有具体时间约定，只约定终止合同的条件，无特殊情况，这种期限的合同应存续到劳动者到达退休年龄；以完成一定工作为期限，例如，劳务公司外派一员工去另外一公司工作，两个公司签订了劳务合同，劳务公司与外派员工签订的劳动合同期限是以劳务合同的解除或终止而终止，这种合同期限就属于以完成一定工作为期限的种类。用人单位与劳动者在协商选择合同期限时，应根据双方的实际情况和需要来约定。

2. 工作内容

在这一必备条款中，双方可以约定工作数量、质量，劳动者的工作岗位等内容。在约定工作岗位时可以约定较宽泛的岗位概念，也可以另外签一个短期的岗位协议作为劳动合同的附件，还可以约定在何种条件下可以变更岗位条款，等。掌握这种订立劳动合同的技巧，可以避免工作岗位约定过死，因变更岗位条款协商不一致而发生的争议。

3. 劳动保护和劳动条件

在这方面可以约定工作时间和休息休假的规定，各项劳动安全与卫生的措施，对女工和未成年工的劳动保护措施与制度，以及用人单位为不同岗位劳动者提供的劳动、工作的必要条件等。

4. 劳动报酬

此必备条款可以约定劳动者的标准工资、加班加点工资、奖金、津贴、补贴的数额及支付时间、支付方式等。

5. 劳动纪律

此条款应当将用人单位制定的规章制度约定进来，可采取将内部规章制度印制成册，作为合同附件的形式加以简要约定。

6. 劳动合同终止的条件

这一必备条款一般是在无固定期限的劳动合同中约定，因这类合同没有终止的时限。但其他期限种类的合同也可以约定。需注意的是，双方当事人不得将法律规定的可以解除合同的条件约定为终止合同的条件，以避免出现用人单位应当在解除合同时支付经济补偿金而改为终止合同不予支付经济补偿金的情况。

7. 违反劳动合同的责任

一般约定两种违约责任形式：第一种是一方违约赔偿给对方造成经济损失，即赔偿损失的方式；第二种是约定违约金的计算方法，采用违约金方式应当注意根据职工一方承受能力来约定具体金额，避免出现显失公平的情形。违约，不是指一般性的违约，而是指严重违约，致使劳动合同无法继续履行，如职工违约离职，单位违法解除劳动者合同等。

（二）约定条款

按照法律规定，用人单位与劳动者订立的劳动合同除上述7项必须具备的条款内容外，还可以协商约定其他的内容，一般简称为协商条款或约定条款，其实称为随机条款似乎更准确，因为必备条款的内容也是需要双方当事人协商、约定的。

这类约定条款的内容，是在国家法律规定不明确，或者国家尚无法律规定的情况下，用人单位与劳动者根据双方的实际情况协商约定的一些随机性的条款。劳动行政部门印制的劳动合同样本，一般都将必备条款写得很具体，同时留出一定的空白地由双方随机约定一些内容。例如，可以约定试用期、保守用人单位商业秘密的事项、用人单位内部的一些福利待遇、房屋分配或购置等内容。

随着劳动合同制的实施，人们的法律意识、合同观念会越来越强，劳动合同中的约定条款的内容会越来越多。这是改变劳动合同千篇一律的状况，提高合同质量的一个重要体现。

1. 保守商业秘密条款

商业秘密是指不能从公开渠道直接获取的，能为权利人带来经济利益、具有实用性，并需权利人采取保密措施的信息。该信息必须全部具备上述 3 个特点，方能称为商业秘密。作为用人单位应特别注意对自己认为属于商业秘密的信息和资料采取切实可行的保密措施。比如，用内部规章制度对保密的范围、内容、岗位、人员、措施等加以明确，也就是制定保密制度；用协议书的形式与有关单位和职工约定保守秘密的权利与义务。只有如此，才能在发生争议之后，依法保护自己的合法利益。

劳动合同就是用人单位与劳动者的一种协议书，可以在其中约定商业秘密的内容。按照规定，可以约定在劳动合同终止前或该职工提出解除劳动合同后的一定时间内（不超过 6 个月），调整其工作岗位，变更劳动合同的相关内容；也可以约定用人单位对掌握商业秘密的职工规定在终止或解除劳动合同后的一定期限内（不超过 3 年），不得到生产同类产品或经营同类业务且有竞争关系的其他用人单位任职，也不得自己生产与原单位有竞争关系的同类产品或经营同类业务，但用人单位应当给予该职工一定数额的经济补偿。

2. 试用期条款

试用期是用人单位与劳动者建立劳动关系后为相互了解、选择而约定的考察期，一般情况下适用于初次就业或再次就业时改变劳动岗位或工种的劳动者。因此，在试用期内劳动者若被证明不符合录用条件，用人单位可随时解除合同。

签订劳动合同既可不约定试用期，也可约定试用期。但约定的试用期最长不得超过 6 个月。劳动合同期限在 3 个月以上不满 1 年的，试用期不得超过 1 个月；劳动合同期限在 1 年以上不满 3 年的，试用期不得超过 2 个月；3 年以上的固定期限和无固定期限的劳动合同，试用期不得超过 6 个月。试用期包括在劳动合同期限中。非全日制劳动合同，不得约定试用期，以完成一定工作任务为期限的劳动合同或者合同期限不满 3 个月的，不得约定试用期限。

第三节 劳动合同的订立和续订

一、劳动合同的订立

（一）劳动合同的订立原则

《劳动合同法》第三条规定，订立劳动合同应当遵守如下原则。

1. 合法原则

劳动合同必须依法以书面形式订立。做到主体合法、内容合法、形式合法、程序合法。只有合法的劳动合同才能产生相应的法律效力。任何一方面不合法的劳动合同，都是无效合同，不受法律承认和保护。

2. 协商一致原则

在合法的前提下，劳动合同的订立必须是劳动者与用人单位双方协商一致的结果，是双方“合意”的表现，不能是单方意思表示的结果。

3. 合同主体地位平等原则

在劳动合同的订立过程中，当事人双方的法律地位是平等的。劳动者与用人单位不因为各自性质的不同而处于不平等地位，任何一方不得对他方进行胁迫或强制命令，严禁用人单位对劳动者横加限制或强迫命令的情况。只有真正做到地位平等，才能使所订立的劳动合同具有公正性。

4. 等价有偿原则

劳动合同明确双方在劳动关系中的地位和作用，劳动合同是一种双务有偿合同，劳动者承担和完成用人单位分配的劳动任务，用人单位付给劳动者一定的报酬，并负责劳动者的保险金额。

（二）劳动合同的注意事项

1. 普通员工签订劳动合同时的注意事项

（1）劳动合同签订的时间

自用工之日起一个月内订立书面劳动合同即可，否则用人单位须向劳动者支付双倍工资。自用工之日起超过一年未与劳动者签订书面劳动合同的，视为双方已经形成无固定期限劳动合同。

（2）劳动合同的期限

劳动合同的期限有三种：有固定期限的劳动合同、无固定期限的劳动合同和以完成一定工作为期限的劳动合同。所以用人单位与劳动者在签订劳动合同时要根据双方的需求来协商确定劳动合同的期限。同时，如果有约定试用期，试用期是包含在劳动合同期限内的，若劳动合同仅约定试用期的，试用期不成立，该期限为劳动合同期限。以完成一定工作为期限的劳动合同或者劳动合同期限不满 3 个月的，依照劳动合同法规定该情形不得约定试用期。

（3）对非全日制用工的注意事项

①非全日制劳动者在同一用人单位一般平均每日工作时间不超过 4 小时，每周工作时间累计不超过 24 小时。②非全日制用工不得约定试用期。③非全日制用工小时计酬标准不得低于最低小时工资标准。④非全日制用工劳动报酬结算支付周期最长不得超过 15 日。⑤用人单位必须为劳动者缴纳工伤保险，否则发生工伤事故则要承担相关责任。

2. 高级管理人员签订劳动合同时的注意事项

（1）聘任和解聘的问题

对于高级管理人员的聘任和解聘不同于一般的劳动者，主要是由《公司法》等法律专门规定的，如依照公司法规定未经用人单位董事会的决议，用人单位是无权直接聘任或解聘高级管理人员的。所以在签订劳动合同时要规定明确，以便和普通员工的劳动合同区别开来。

（2）加班费问题

对于高级管理人员来说，其工作性质是与普通劳动者不同的。在实务中，经常会有公司的高级管理人员离职以后，向公司要求给付加班费的问题，但在司法实务中，高级管理人员索要加班费一般得不到支持。所以用人单位在签订劳动合同时应注意解决这个问题。

（3）保密条款

由于高级管理人员会接触到用人单位的商业秘密，所以为了防止高级管理人员将商业秘密泄露给他人而损害用人单位的利益，就需要在劳动合同中增加保密条款，劳动合同中的保密条款一般是进行原则性规定，最好能单独签订相应的保密协议，并且对违反保密条款时应承担的责任做好约定。

（4）竞业限制条款

竞业限制是用人单位对劳动者在用工时或终止、解除劳动合同后的一定期限内不得经营同类业务或在与本单位有竞争关系的其他用人单位任职，也不得自己生产与原单位有竞争关系的同类产品或经营同类业务。为了更好地保护用人单位的利益，在与高级管理人员签订的劳动合同中根据实际情况添加竞业限制条款。

二、劳动合同的续订

（一）劳动合同续订的含义

劳动合同续订是指劳动合同期限届满后，劳动者和用人单位继续延长劳动合同有效期的法律行为，即原有的劳动合同在有效期届满后仍然存续一段期限。在该期限内，劳动者和用人单位继续享受和承担原劳动合同存在时完全相同或者基本相同的权利义务。劳动合同续订的要求和劳动合同订立一样，应该坚持平等自愿、协商一致的原则，不应该违反国家法律法规的规定。

（二）劳动合同续订与劳动合同订立的区别

劳动合同续订与劳动合同订立的区别主要有以下几个方面。

1. 劳动合同续订的情形不同

劳动合同续订是在劳动合同双方当事人已经相互了解的情况下进行的，因而不需要约定试用期；而劳动合同订立是在劳动合同双方当事人相互不了解的情况下进行的，因而需要约定试用期。

2. 劳动合同续订的基础不同

劳动合同续订的基础是劳动者和用人单位订立的原劳动合同，而劳动合同订立则缺乏已经存在的劳动合同作为参考。

3. 劳动合同续订的权利义务已经确定

劳动合同续订时，双方当事人的权利义务已经确定，其权利义务是原劳动合同的延续；而劳动合同订立是在双方当事人权利义务不确定的情况下进行的。

（三）劳动合同续订情形

1. 劳动合同续订的情形和规定

劳动合同续订可以有法定的情形，也可以有劳动合同约定的情形。例如，我国《劳动合同法》规定，劳动合同续订的情形主要有以下几种：①劳动合同期限届满后，劳动者和用人单位经过协商，续订劳动合同的；②职工在规定的医疗期、孕期、产期或者哺乳期内，若劳动合同期限届满，则应顺延至医疗期、孕期、产期或者哺乳期届满。

又如，《北京市劳动合同规定》中规定，用人单位与劳动者续订劳动合同时，还应该遵守以下几个方面的规定：①劳动合同期限届满前，用人单位欲与劳动者续订劳动合同，应该提前 30 日向劳动者发出同意续订劳动合同意向书，征求劳动者意见，征得劳动者同意后，才能续订合同。②劳动者若患有职业病或者因工负伤并被确认达到伤残等级，要求续订劳动合同的，用人单位应该与其续订合同。③劳动者若在用人单位连续工作满 10 年以上，在续订劳动合同时，其要求续订无固定期限劳动合同的，用人单位应当与其续订无固定期限劳动合同。④劳动合同期满后，用人单位不想续订劳动合同，但是未能与劳动者办理终止劳动合同手续，形成事实劳动关系的，视为延续劳动合同，用人单位应当与劳动者续订劳动合同。双方就续订劳动合同期限协商不能达成一致意见的，续订劳动合同的期限从双方签字之日起，不得少于 1 年。⑤用人单位与劳动者续订劳动合同，无论期限多长，都不得约定试用期。

2. 劳动合同不得续订的情形和规定

只有在特殊情况下，法律法规才做出不得续订劳动合同的规定。例如，我国劳动法律法规也对不得续订劳动合同的情形做出了规定。《劳动部、公安部、外交部、对外贸易合作部关于外国人在中国就业管理的规定》中规定，已满 5 年的外国人劳动合同不得续订；以完成一定工作（工程）为期限的劳动合同，不存在续订的必要。

（四）劳动合同续订的程序

劳动合同续订需要经过以下程序。

1. 发出续订劳动合同意向书，征求劳动者的意见

如果用人单位需要续订劳动合同，应当在劳动合同期限届满前的一定期限内通知劳动者，征求劳动者的意见。

2. 双方当事人协商一致

用人单位发出续订劳动合同的意向书后，如果劳动者不愿意续订劳动合同，劳动合同就无法续订；同样，如果劳动者提出续订劳动合同的意向后，用人单位不愿意续订劳动合同，劳动合同就无法续订。只有在双方当事人协商一致后，劳动合同才能续订。

3. 签订续订劳动合同的协议书

劳动者和用人单位协商一致后，可以签订续订劳动合同协议书。

4. 鉴证或者备案

经过鉴证或者备案的劳动合同续订后，需要到劳动行政主管部门办理劳动合同鉴证或者备案的手续。

（五）劳动合同续订的条件

从广义上讲，劳动合同续订属于合同的订立行为，因此原则上应以合同订立的要件来确定劳动合同续订的条件。合同订立的核心要件是双方当事人就合同的内容达成合意，从程序上讲要经过要约和承诺的过程。劳动合同的续订，最重要的条件也是当事人达成意思的一致，即用人单位和劳动者都愿意按原合同约定的内容继续履行。实质上，劳动合同之所以得以续订，反映了通过原劳动合同的履行，用人单位和劳动者对对方都比较满意，用人单位认为劳动者的工作表现优良，给单位创造了不错的效益，而劳动者对于单位提供的劳动条件、待遇也能够接受和满意，双方的关系比较融洽。相反，如果用人单位和劳动者都对对方不满意，则肯定无法就劳动合同的续订达成合意。只要有一方不同意续订合同，另一方就不得强迫其续订合同。劳动合同续订的合意主要是针对续延劳动合同的期限而言，劳动合同的其他内容不需要当事人重新做出合意。这就是劳动合同续订与订立新的劳动合同的区别。

从劳动合同类型的角度看，并不是所有的劳动合同都能续订。劳动合同根据期限可以分为有固定期限的劳动合同、以完成一定工作为期限的合同和无固定期限的劳动合同。以完成一定工作为期限的合同不可续订，无固定期限的劳动合同不需要续订，可以续订的劳动合同仅限于有固定期限的劳动合同，并且也不是所有的定期劳动合同都可以续订。根据原劳动部《关于贯彻执行〈中华人民共和国劳动法〉若干问题的意见》第二十一条的规定，从事矿山井下及在其他有害身体健康的工种、岗位工作的农民工，实行定期轮换制度，劳动合同期限最长不超过 8 年。如果农民轮换工的原订合同期限不足 8 年，合同期满续订合同时，期限不得超过 8 年；已满 8 年的，不得再续订劳动合同。另外，根据《劳动部、公安部、外交部、对外贸易经济合作部关于外国人在中国就业管理的规定》，外国人在我国订立劳动合同的最长期限为 5 年，就业许可证期限已满的外国人不得续订劳动合同。另外，劳动合同的续订必须在劳动合同到期前完成，于合同到期时生效。如果劳动合同已经到期终止，原合同当事人再协商订立合同，则不再是劳动合同的续订，而是订立一个新的劳动合同。

1. 劳动合同的当然续订

在特定条件下，劳动合同当然续订，不需要用人单位和劳动者合意的存在。《劳动合同法》第四十五条规定："劳动合同期满，有本法第四十二条规定情形之一的，劳动合同应当续延至相应的情形消失时终止。但是，本法第四十二条第二项规定丧失或者部分丧失劳动能力劳动者的劳动合同的终止，按照国家有关工伤保险的规定执行。"第四十二条规定："劳动者有下列情形之一的，用人单位不得依照本法第四十条、第四十一条的规定解除劳动合同：①从事接触职业病危害作业的劳动者未进行离岗前职业健康检查，或者疑似职业病病人在诊断或者医学观察期间的；②在本单位患职业病或者因工负伤并被确认丧失或者部分丧失劳动能力的；③患病或者非因工负伤，在规定的医疗期内的；④女职工在孕期、产期、哺乳期的；⑤在本单位连续工作满十五年，且距法定退休年龄不足五年的；⑥法律、行政法规规定的其他情形。"根据上述条文的规定，当劳动者具有《劳动合同法》第四十二条规定的情形之一时，即使劳动合同到期，劳动合同也并不终止，而是自动续期，不需要当事人达成续订合同的合意，合同自动续延到上述情形消失时终止。《劳动合同法》第四十二条规定的主要是一些劳动者处于特殊困难时期的情形，在这些特殊时期，劳动者的处境比较艰难，如果其在这段时期丢掉工作，既是对其精神上的巨大打击，又给其带来了巨大的经济压力，生存可能都存在问题，这无异于雪上加霜。基于保护劳动者的思想，劳动合同到期时劳动者陷于困境的，劳动合同自动续延，一直到劳动者走出困境时止，这无疑是一种充满人文关怀的合理的规定。此外，按照《劳动部关于实行劳动合同制度若干问题的意见》的规定，有固定期限的劳动合同期满后，因用人单位方面的原因未办理终止或续订手续而形成事实劳动关系的，视为续订劳动合同，用人单位应及时与劳动者协商办理续订劳动合同手续。

2. 无固定期限劳动合同的续订

在特定条件下劳动者可以与用人单位续订无固定期限的劳动合同，而用人单位有续订的义务。无固定期限劳动合同，是指用人单位与劳动者约定无合同终止时间的劳动合同。无固定期限的劳动合同有利于维护劳动者职业的稳定，防止失业，因此是劳动者最愿意接受的合同形式，也是国家保护劳动者的重要手段之一。无固定期限劳动合同的签订需要符合一定的条件，其可以因用人单位和劳动者就无固定期限劳动合同的签订达成一致意见而成立，在一定条件下，劳动者也可以单方提出签订无固定期限劳动合同的请求，用人单位应当接受劳动者的请求。

《劳动法》第二十条第二款规定："劳动者在同一用人单位连续工作满十年以上，当事人双方同意续延劳动合同的，如果劳动者提出订立无固定限期的劳动合同，应当订立无固定限期的劳动合同。"根据上述规定，无固定期限劳动合同续订的条件主要有三个：①劳动者在同一用人单位连续工作满十年以上。②双方当事人都同意续延劳动合同，即劳动合同即将到期时用人单位和劳动者都有延续双方关系的意向。如果用人单位不同意续订劳动合同，则原劳动合同到期终止。③劳动者提出订立无固定限期的劳动合同。必须由劳动者自己主动提出签订无固定期限劳动合同的请求，如果劳动者自己只要求续订定期的劳动合同，则无固定期限劳动合同不能成立。此外，《最高人民法院关于审理劳动争议案件适用法律若干问题的解释》第十六条第二款规定："根据《劳动法》第二十条之规定，用人单位应当与劳动者签订无固定期限劳动合同而未签订的，人民法院可以视为双方之间存在无固定期限劳动合同关系，并以原劳动合同确定双方的权利义务关系。"上述规定存在一定的问题，使得在实务操作中，劳动者要求订立无固定期限合同的主张遇到很大的阻碍。按照《劳动法》第二十条的规定，必须是先有用人单位和劳动者同意续订合同的合意，之后劳动者单方提出续订无固定期限合同的要求，随后用人单位必须接受该请求。但是用人单位意识到这一点，完全可以从一开始就不同意续订劳动合同，那么无固定期限合同就无从订立了。用人单位为了避免与劳动者签订无固定期限劳动合同，常常恶意阻碍续订条件的成就，比如在劳动者工作满十年之前，想方设法把劳动者赶走。所以劳动者要与用人单位续订无固定期限的劳动合同往往很难，其结果往往是彻底丢掉了工作。这种状况对于那些为了用人单位利益而辛苦了大半辈子的劳动者来说是不公平的。

《劳动合同法》的颁布在一定程度上使上述问题得以解决，其中第十四条规定：“无固定期限劳动合同，是指用人单位与劳动者约定无确定终止时间的劳动合同。用人单位与劳动者协商一致，可以订立无固定期限劳动合同。有下列情形之一，劳动者提出或者同意续订、订立劳动合同的，除劳动者提出订立固定期限劳动合同外，应当订立无固定期限劳动合同：①劳动者在该用人单位连续工作满十年的；②用人单位初次实行劳动合同制度或者国有企业改制重新订立劳动合同时，劳动者在该用人单位连续工作满十年且距法定退休年龄不足十年的；③连续订立两次固定期限劳动合同，且劳动者没有本法第三十九条和第四十条第一项、第二项规定的情形，续订劳动合同的。用人单位自用工之日起满一年不与劳动者订立书面劳动合同的，视为用人单位与劳动者已订立无固定期限劳动合同。”根据该条规定，无固定期限劳动合同不但可以因双方当事人的协商一致而成立，而且在具备上述三种情形之一、劳动者单方提出续订劳动合同时，用人单位必须与劳动者签订无固定期限的劳动合同。《劳动合同法》不再要求无固定期限劳动合同的续订必须有用人单位同意续订合同作为前提条件，限制了用人单位的权利，而加强了对劳动者利益的保护。

特别值得注意的是，《劳动合同法》第十四条规定：“用人单位自用工之日起满一年不与劳动者订立书面劳动合同的，视为用人单位与劳动者已订立无固定期限劳动合同。”这一条的立法目的很明显，即督促用人单位尽快同劳动者订立劳动合同。这一规定在《劳动合同法》制定过程中曾引起极大争议，特别是遭到用人单位的反对，该条一度在审议稿中被删除，但最终被确立。该条规定有利于保护劳动者的利益，用人单位如果怠于同劳动者订立劳动合同，反倒会成立无固定期限劳动合同，用人单位想辞退劳动者将十分困难，而劳动者得到了一份更稳定的工作。

（六）劳动合同续订的实务操作问题

1. 劳动合同续订工作中的不良现象及危害

实践中，很多企业把与劳动者续订劳动合同视为一种负担，企业不愿为长期的合同所束缚，劳动合同续订存在着短期化的现象，多数企业是一年一次同劳动者续订合同，为企业可以选择不续订合同打下伏笔。续订无固定期限劳动合同的问题尤其敏感，很多企业非常抵触同劳动者续订无固定期限劳动合同，把这视为企业甩不掉的包袱，因此想方设法逃避同劳动者续订无固定期限合同。对于即将到达十年工作期的劳动者，企业可能想尽办法将其辞退，或者采取其他手段恶意阻止续订无固定期限劳动合同条件的成就，比如威胁员工，告知其要在企业继续工作，必须终止原劳动合同，转出档案关系，由企业重新与之签订劳务协议，并一年一签，员工身份由原来的正式工转为“一年制”临时工。这是我国劳动合同法实施前，企业在续订劳动合同方面存在的普遍现象。

企业在劳动合同续订工作中的不良做法和消极态度危害是巨大的，不仅是对劳动者而言，对企业本身也是如此。这必将导致员工对从事的工作不信任，危机感强，不能安心工作，甚至消极怠工，影响了企业的经济效益和生产经营秩序，形成恶性循环。企业人力资源的规划不能长远，“捡了芝麻，却丢了西瓜”，企业自身利益受到很大损失，失去了持续稳定发展的活力，加重了社会的就业负担，直接导致部分个人或家庭的生活质量下降。严重的还会影响部分地区的社会稳定。

2. 用人单位应积极对待劳动合同续订，加强合同续订管理

劳动合同续订是企业人力资源管理的重要方面，企业应当提高对于劳动合同续订工作的重视程度，加强对劳动合同续订工作的管理，以积极而不是抵触的态度面对。

企业应加强对员工劳动合同续订的管理工作，使其制度化、规范化；应做好员工合同期限的统计工作，对于合同即将到期的员工，应当提前做好续订合同的准备工作；要与员工进行沟通交流，征求员工的意见，平稳地做好合同的续订工作。续订劳动合同，企业应考虑员工在原合同期限内的业绩、表现、工作技能和态度等综合因素。一般来说，企业也不是必须同劳动者续订合同，可以择优选择。对于企业的一些关键性人才，尤其应及时做好劳动合同的续订工作，为企业留住优秀的人才，最好为这些人提供较长的合同期限。对于合同即将到期，之前业绩和表现不是太好的员工，企业不希望继续雇用的，应当及时地终止劳动合同，办理相关手续，否则，合同到期企业既不同劳动者续订又不办理终止手续，视为以原劳动合同的条件续订合同。

企业处理劳动合同续订问题必须依法进行，不得违反劳动法律法规的规定。特别是对于符合续订无固定期限劳动合同条件的，企业不应打压、逃避和拒绝，应配合劳动者做好续订工作。对于处于特殊时期的劳动者，如发生工伤、正处于孕期或者哺乳期内，符合劳动法律规范规定的劳动合同期限自动顺延条件的，企业不得终止与这些劳动者的劳动合同。另外，续订劳动合同时，企业不得再与劳动者约定试用期。

用人单位与职工续订劳动合同应主动听取工会意见，依靠工会组织做好工作。行集体合同制度的企业，要将续订劳动合同纳入集体协商的内容。

3. 劳动合同续订的程序和后果

劳动合同的续订必须遵守一定的程序。一般包括：第一，当事人就劳动合同的续订签订书面协议；第二，原劳动合同在签订书面协议后经过鉴证、备案或者其他程序的，续订合同的协议也要办理同样手续。劳动合同续订的法律后果是使原本即将到期终止的劳动合同因此得以延续。续订后的劳动合同，当事人双方的权利义务同原合同中规定的权利义务相同。

在实践中续订劳动合同的一般做法是：劳动合同期限届满前，用人单位应提前将《续订劳动合同意向通知书》送达劳动者。劳动者接到通知后，与用人单位进行协商。经双方协商一致同意续订劳动合同的，应当订立书面协议，一般称为《劳动合同续订书》。如果原劳动合同经过鉴证、备案或者其他程序的，续订合同的协议也要办理同样手续。这些手续应在合同期限届满前办理。劳动合同续订后，用人单位和劳动者应当按照原劳动合同约定的权利义务履行。

第四节 劳动合同的履行和变更

一、劳动合同的履行

（一）履行的含义

劳动合同的履行是指劳动合同双方当事人按照劳动合同的约定履行各自义务、实现各自权益的行为。

（二）履行的原则

1. 全面履行原则

劳动合同的全面履行要求劳动合同的当事人双方必须按照合同约定的时间、期限、地点，用约定的方式，按质、按量全部履行自己承担的义务，既不能只履行部分义务而将其他义务置之不理，也不得擅自变更合同，更不得任意不履行合同或者解除合同。对于用人单位而言，必须按照合同的约定向劳动者提供适当的工作场所和劳动安全卫生条件、相关工作岗位，并按照约定的金额和支付方式按时向劳动者支付劳动报酬；对于劳动者而言，必须遵守用人单位的规章制度和劳动纪律，认真履行自己的劳动职责，并且亲自完成劳动合同约定的工作任务。

2. 依合同履行原则

劳动合同的全面履行要求劳动合同主体必须亲自履行劳动合同。因为劳动关系是具有人身性质的社会关系，劳动合同是特定主体间的合同。劳动者选择用人单位，是基于自身经济、个人发展等各方面利益关系的需要；而用人单位之所以选择该劳动者也是由于其具备用人单位所需要的基本素质和要求。劳动关系确立后劳动者不允许将应由自己完成的工作交由第三方代办，用人单位也不能将应由自己对劳动者承担的义务转嫁给第三方承担，未经劳动者同意不能随意变更劳动者的工作性质、岗位，更不能擅自将劳动者调到其他用人单位工作。

劳动合同的全面履行，还需要劳动合同双方当事人之间相互理解和配合，相互协作履行。

（三）用人单位在劳动合同履行中的义务

1. 及时、足额支付劳动报酬

劳动报酬是劳动者为用人单位提供劳动而获得的各种报酬。劳动者一方只要在用人单位的安排下按照约定完成一定的工作量，劳动者就有权要求按劳动取得报酬。劳动者通过自己的劳动获得劳动报酬，再用其所获得的劳动报酬来购买自己和家人所需要的消费品，才能维持和发展自己的劳动力和供养自己的家人，从而实现劳动力的再生产。劳动报酬不仅是劳动者及其家属有力的生活保障，也是社会对其劳动的承认和评价。

《劳动合同法》第三十条第一款规定了用人单位应当按照劳动合同约定和国家规定向劳动者及时足额支付劳动报酬的问题。首先，结合各种灵活多变的用工形式，允许用人单位和劳动者双方在法律允许的范围内对劳动报酬的金额、支付时间、支付方式等进行平等协商，在劳动合同中约定一种对当事人而言更切合实际的劳动报酬制度。同时，用人单位向劳动者发放劳动报酬还要遵守国家有关规定。

（1）最低工资制度

用人单位支付劳动者的工资不得低于当地的最低工资标准。最低工资是指劳动者在法定工作时间或依法签订的劳动合同约定的工作时间内提供了正常劳动的前提下，用人单位依法应支付的最低劳动报酬。所谓正常劳动，是指劳动者按依法签订的劳动合同约定，在法定工作时间或劳动合同约定的工作时间内从事的劳动。劳动者依法享受带薪年休假、探亲假、婚丧假、生育（产）假、节育手术假等国家规定的假期间，以及法定工作时间内依法参加社会活动期间，视为提供了正常劳动。

在劳动者提供正常劳动的情况下，用人单位应支付给劳动者的工资在剔除下列各项以后，不得低于当地最低工资标准：延长工作时间工资；中班、夜班、高温、低温、井下、有毒有害等特殊工作环境、条件下的津贴；法律、法规和国家规定的劳动者福利待遇等。

（2）工资应当以货币形式发放

根据《劳动法》第五十条和《工资支付暂行规定》，工资应当以货币形式支付，应当以法定货币支付，经批准可以外币支付的除外，不得以发放实物或有价证券等形式代替货币支付。

（3）劳动者的加班费也是其劳动报酬的一个重要组成部分

用人单位要严格按照劳动法的有关规定支付劳动者加班费。第三十一条规定不得强迫或者变相强迫劳动者加班。用人单位不得安排未成年工、怀孕女职工和哺乳未满 12 个月婴儿的女职工在正常工作日以外加班。

第三十条第二款对用人单位拖欠或者未足额发放劳动报酬的，劳动者可以依法向当地人民法院申请支付令。对用人单位拖欠劳动者工资，尤其是拖欠农民工工资问题，做了这样的规定。基于劳动者尤其是农民工的弱者地位，为了保护劳动者特别是农民工的合法权益，规定了支付令制度，给劳动者以快捷的司法救济手段。根据民事诉讼法的有关规定，劳动者与用人单位之间没有其他债务纠纷且支付令能够送达用人单位的，劳动者可以向有管辖权的基层人民法院申请支付令。劳动者在申请书中应当写明请求给付劳动报酬的金额和所根据的事实、证据；劳动者提出申请后，人民法院应当在五日内通知其是否受理；人民法院受理申请后，经审查劳动者提供的事实、证据，对工资债权债务关系明确、合法的，应当在受理之日起十五日内向用人单位发出支付令；人民法院经审查认为劳动者的申请不成立的，可以裁定予以驳回；用人单位应当自收到支付令之日起十五日内清偿债务，或者向人民法院提出书面异议；用人单位在前款规定期间不提出异议又不履行支付令的，劳动者可以向人民法院申请强制执行；人民法院收到用人单位提出的书面异议后，应当裁定终结支付令这一督促程序，支付令自行失效，劳动者可以依据有关法律的规定提出调解、仲裁或者起诉。

2. 提供劳动安全卫生保护

在劳动生产过程中，存在着各种不安全、不卫生因素，如不采取措施对劳动者加以保护，就会危害劳动者的生命安全和身体健康，妨碍生产的正常进行。因此，我国严格保护劳动者在履行劳动合同、进行生产劳动过程中的劳动安全卫生权利。在建筑物、工作场所和通道的安全技术条件、机器设备的安全条件、电器设备的安全装置、锅炉和压力容器的安全设施、建筑工程的安全技术条件、矿山安全技术条件等方面我国都制定了大量的法律、法规、规程和标准，对用人单位提出了严格的义务性要求，用人单位必须遵照执行，切实保护劳动者的安全卫生权利。

目前，有些用人单位特别是私营企业、外商投资企业，存在片面追求经济效益，忽视安全生产，甚至强令劳动者违章冒险作业，严重危及了劳动者的生命安全和身体健康。我国劳动法和工会法等有关法律明确规定了劳动者对用人单位管理人员违章指挥、强令冒险作业有权拒绝执行，在危及生命安全时，劳动者有权紧急撤离现场。这是在劳动安全卫生权利受到侵害，生命健康权受到威胁时，法律赋予劳动者的紧急处置权。劳动合同法第三十二条又进一步规定，劳动者拒绝执行用人单位管理人员违章指挥、强令冒险作业的行为不构成违反劳动合同的行为，并且赋予了劳动者对危害生命安全和身体健康的劳动条件对用人单位提出批评、检举和控告的权利。用人单位不得因为劳动者行使了上述权利，对劳动者进行打击报复，否则将依法承担法律责任。

二、劳动合同的变更

（一）含义

劳动合同的变更是指劳动合同双方当事人依据法律规定或约定，对劳动合同内容进行修改或者补充的法律行为。

劳动合同变更是在用人单位的客观情况发生极大变化，有必要对当事人的权利义务加以调整的情况下发生的。其可以发生在劳动合同订立后但尚未履行时，也可以发生在履行过程中。从用人单位方面来说，由于转产、调整生产结构或经营目标等客观原因，需要对产品、经营方式等进行相应调整时，劳动者的岗位也有可能做相应的调整；从劳动者方面来说，由于劳动者身体健康、劳动能力、职业技能等方面的原因，在不能适应原工作岗位的情况下，也可以要求对其岗位加以调整。

（二）变更的原则

劳动法规定，变更劳动合同，应当遵循平等自愿、协商一致的原则，不得违反法律、行政法规的规定。

（三）变更的情形

1. 登记事项的变更

用人单位变更名称、法定代表人、主要负责人或者投资人等事项，不影响合同的履行。

2. 合并、分立

用人单位发生合并或分立等情况，原劳动合同继续有效，劳动合同由承继其权利和义务的用人单位继续履行。

根据劳动合同法第四十条第三项的规定，劳动合同订立时所依据的客观情况发生重大变化，致使劳动合同无法履行，经用人单位与劳动者协商，未能就变更劳动合同内容达成协议的，用人单位在提前三十日以书面形式通知劳动者本人或者额外支付劳动者一个月工资的，可以解除劳动合同。由此可以确定，劳动合同订立时所依据的客观情况发生重大变化，是劳动合同变更的一个重要事由。而所谓劳动合同订立时所依据的客观情况发生重大变化，是指以下几种情形。

（1）订立劳动合同所依据的法律、法规已经修改或者废止

劳动合同的签订和履行必须以不得违反法律、法规的规定为前提。如果合同签订时所依据的法律、法规发生修改或废止，合同如果不变更，就可能出现与法律、法规不相符甚至是违反法律、法规的情况，导致合同因违法而无效。因此，根据法律、法规的变化而变更劳动合同的相关内容是必要而且是必需的。

（2）用人单位方面的原因

用人单位经上级主管部门批准或者根据市场变化决定转产、调整生产任务或者生产经营项目等。用人单位的生产经营不是一成不变的，而是根据上级主管部门批准或者根据市场变化可能会经常调整自己的经营策略和产品结构，这就不可避免地发生转产、调整生产任务或者生产经营项目的情况。在这种情况下，有些工种、产品生产岗位就可能因此而撤销或者为其他新的工种、岗位所替代，原劳动合同就可能因签订条件的改变而发生变更。

（3）劳动者方面的原因

如劳动者的身体健康状况发生变化、劳动能力部分丧失、所在岗位与其职业技能不相适应、职业技能提高了一定等级等，造成原劳动合同不能履行或者如果继续履行原合同规定的义务对劳动者明显不公平。

（4）客观方面的原因

这种客观原因的出现使得当事人原来在劳动合同中约定的权利义务的履行成为不必要或者不可能。这时应当允许当事人对劳动合同有关内容进行变更。一是由于不可抗力的发生，使得原来合同的履行成为不可能或者失去意义。不可抗力是指当事人所不能预见、不能避免并不能克服的客观情况，如自然灾害、意外事故、战争等。二是由于物价大幅度上涨等客观经济情况变化致使劳动合同的履行会花费太大代价而失去经济上的价值。这是民法的情势变更原则在劳动合同履行中的运用。

（四）合同变更的形式

劳动变更可能是基于各种各样的原因，比如用人单位经营情况的变化、劳动者身体状况的变化、不可抗力发生、国家政策调整等，但无论何种原因，劳动合同变更的方式只有一种，即当事人协商一致。当事人协商不成的，劳动合同应当继续履行，但法律、法规另有规定的除外。如果就变更不能协商一致，那么即变更未成，劳动合同应继续履行，这是通常情况，但个别情况下，可以解除劳动合同，比如《劳动法》第二十六条规定，劳动合同订立时所依据的客观情况发生重大变化，致使原劳动合同无法履行，经当事人协商不能就变更劳动合同达成协议的，用人单位可以解除劳动合同，但应当提前三十日以书面形式通知劳动者本人。

第五节　劳动合同的解除和终止

一、劳动合同的解除

劳动合同的解除包括双方解除和单方解除。双方解除是当事人双方为了消灭原有的合同而订立的新合同，即解除合同。单方解除是指当事人一方通过行使法定解除权或者约定解除权而使合同的效力消灭。

（一）劳动者与用人单位双方协商一致解除劳动合同

《劳动法》第二十四条规定，经劳动合同当事人协商一致，劳动合同可以解除。

（二）劳动者单方解除劳动合同

根据《中华人民共和国劳动合同法实施条例》第十八条规定，具有下列情形之一的：①劳动者与用人单位协商一致的；②劳动者提前30日以书面形式通知用人单位的；③劳动者在试用期内提前3日通知用人单位的；④用人单位未按照劳动合同约定提供劳动保护或者劳动条件的；⑤用人单位未及时足额支付劳动报酬的；⑥用人单位未依法为劳动者缴纳社会保险费的；⑦用人单位的规章制度违反法律、法规的规定，损害劳动者权益的；⑧用人单位以欺诈、胁迫的手段或者乘人之危，使劳动者在违背真实意思的情况下订立或者变更劳动合同的；⑨用人单位在劳动合同中免除自己的法定责任、排除劳动者权利的；⑩用人单位违反法律、行政法规强制性规定的；⑪用人单位以暴力、威胁或者非法限制人身自由的手段强迫劳动者劳动的；⑫用人单位违章指挥、强令冒险作业危及劳动者人身安全的；⑬法律、行政法规规定劳动者可以解除劳动合同的其他情形。

（三）用人单位可以单方解除劳动合同的情形

根据《中华人民共和国劳动合同法实施条例》第十九条规定，有下列情形之一的，依照劳动合同法规定的条件、程序，用人单位可以与劳动者解除固定期限劳动合同、无固定期限劳动合同或者以完成一定工作任务为期限的劳动合同：①用人单位与劳动者协商一致的；②劳动者在试用期间被证明不符合录用条件的；③劳动者严重违反用人单位的规章制度的；④劳动者严重失职，营私舞弊，给用人单位造成重大损害的；⑤劳动者同时与其他用人单位建立劳动关系，给完成本单位的工作任务造成严重影响，或者经用人单位提出，拒不改正的；⑥劳动者以欺诈、胁迫的手段或者乘人之危，使用人单位在违背真实意思的情况下订立或者变更劳动合同的；⑦劳动者被依法追究刑事责任的；⑧劳动者患病或者非因工负伤，在规定的医疗期满后不能从事原工作，也不能从事由用人单位另行安排的工作的；⑨劳动者不能胜任工作，经过培训或者调整工作岗位，仍不能胜任工作的；⑩劳动合同订立时所依据的客观情况发生重大变化，致使劳动合同无法履行，经用人单位与劳动者协商，未能就变更劳动合同内容达成协议的；⑪用人单位依照企业破产法规定进行重整的；⑫用人单位生产经营发生严重困难的；⑬企业转产、重大技术革新或者经营方式调整，经变更劳动合同后，仍需裁减人员的；⑭其他因劳动合同订立时所依据的客观经济情况发生重大变化，致使劳动合同无法履行的。

为了充分保障劳动者的合法权益，根据《劳动合同法》第四十二条规定，劳动者有下列情形之一的，用人单位不得依照本法第四十条、第四十一条的规定解除劳动合同：①从事接触职业病危害作业的劳动者未进行离岗前职业健康检查，或者疑似职业病病人在诊断或者医学观察期间的；②在本单位患职业病或者因工负伤并被确认丧失或者部分丧失劳动能力的；③患病或者非因工负伤，在规定的医疗期内的；④女职工在孕期、产期、哺乳期的；⑤在本单位连续工作满十五年，且距法定退休年龄不足五年的；⑥法律、行政法规规定的其他情形。

二、劳动合同的终止

劳动合同的终止是指劳动合同双方当事人的权利义务因履行完毕而归于消灭，劳动合同关系不复存在，劳动合同对用人单位和劳动者双方不再具有法律约束力。

（一）终止的情形

第一，劳动合同期满。这主要适用于固定期限劳动合同和以完成一定工作任务为期限的劳动合同两种情形。

实践中，对于劳动合同期满后，劳动者仍在原用人单位工作，原用人单位未表示异议的，但也未办理终止或者续订劳动合同的，该如何处理？对此，劳动部在《关于实行劳动合同制度若干问题的通知》中规定，有固定期限的劳动合同期满后，因用人单位方面的原因未办理终止或续订手续而形成事实劳动关系的，视为续订劳动合同。用人单位应及时与劳动者协商合同期限，办理续订手续。因此给劳动者造成损失的，该用人单位应当依法承担赔偿责任。最高人民法院在关于审理劳动争议案件适用法律若干问题的解释中规定，劳动合同期满后，劳动者仍在原用人单位工作，原用人单位未表示异议的，视为双方同意以原条件继续履行劳动合同。一方提出终止劳动关系的，人民法院应当支持。上述规定和司法解释有其合理性，但对劳动者的保护显然弱了一点。根据劳动合同法，期满后劳动者可以得到进一步的保护。期满后，劳动合同自然终止，原劳动合同消灭。如果劳动者仍在原用人单位工作，用人单位未表示异议的，应视为一个新劳动合同的开始。劳动合同法实施后，劳动者要增强劳动合同意识，立刻提出续订劳动合同。考虑到用人单位续签劳动合同的实际情况，以及在这种情形下劳动者也有一定责任，所以可依照本法第十条的规定，在前一劳动合同终止之后劳动者提供劳动的第一天起一个月内订立书面劳动合同，否则用人单位就要承担本法第八十二条的法律责任，至于后一劳动合同的内容，除期限外，应视为与原劳动合同一致。

第二，劳动者开始依法享受基本养老保险待遇。一是已退休，二是个人缴费年限累计满 15 年或者个人缴费和视同缴费年限累计满 15 年。

第三，劳动者死亡，或者被人民法院宣告死亡或者宣告失踪。

第四，用人单位被依法宣告破产。

第五，用人单位被吊销营业执照、责令关闭、撤销或者用人单位决定提前解散。

所谓吊销营业执照，是指剥夺被处罚用人单位已经取得的营业执照，使其丧失继续从事生产或者经营的资格。所谓责令关闭，是指行为人违反了法律、行政法规的规定，被行政机关做出了停止生产或者经营的处罚决定，从而停止生产或者经营。所谓被撤销，是指由行政机关撤销有瑕疵的公司登记。用人单位被依法吊销营业执照、责令关闭或者被撤销，已经不能进行生产或者经营，应当解散，以该用人单位为一方的劳动合同终止。所谓用人单位提前解散，是指在股东会或者股东大会决议解散，或者公司合并或者分立需要解散，或者持有公司全部股东表决权百分之十以上的股东，请求人民法院解散公司的情形下，用人单位提前于公司章程规定的公司终止时间而解散公司的。

第六，法律、行政法规规定的其他情形。

（二）终止的例外情形

一般情况下，劳动合同期满就应终止，劳动关系因此结束，但为了保障某些特殊人群的权益，平衡劳动关系双方的权利义务关系，更大限度地体现法律的公平公正，在某些特定的情况下，尽管劳动合同已经届满，但法律仍然禁止即行终止劳动合同，而应等到上述特殊情况消失时才可以终止劳动合同，这就是通常所说的例外情形。具有劳动合同法第四十二条情形之一的，应当续延至相应的情形消失时终止。

工伤职工应当依照伤残等级的不同享受相关的工伤待遇。劳动合同到期终止与否，也因伤残等级的不同而有所不同。具体来说，工伤职工伤残等级为一至四级的，应当保留劳动关系，退出工作岗位，享受相关待遇；伤残等级为五到六级的，原则上保留劳动关系，由用人单位安排适当工作，但是，如果工伤职工本人提出终止劳动关系的，由用人单位支付一次性工伤医疗补助金和伤残就业补助金；伤残等级为七到十级的，劳动合同期满终止，由用人单位支付一次性工伤医疗补助金和伤残就业补助金。

三、劳动合同解除和终止的经济补偿

（一）含义

经济补偿是劳动合同依法解除或者终止后，用人单位依法向劳动者支付的补偿劳动者因失去就业岗位所遭受的经济损失的费用。

（二）性质

对劳动合同中经济补偿的性质争议较大。有的人认为，经济补偿是违约责任，用人单位提前单方解除劳动合同就要承担违约责任，支付经济补偿。因此，经济补偿是对用人单位的一种惩罚。有的人认为，经济补偿是一种国家要求用人单位承担的社会责任。国家要求用人单位解除或者终止劳动合同时，支付一定经济补偿，以帮助劳动者在失业阶段维持基本生活，不至于生活水平急剧下降。这种社会责任国家承担得多一点，用人单位支付的经济补偿就少一点；国家承担得少一点，用人单位支付的经济补偿就多一点。有的人认为，经济补偿是对劳动者以往为用人单位做出贡献的补偿，是对劳动者过去劳动内容和成果的肯定。劳动者对用人单位的贡献不完全体现在用人单位支付给劳动者的劳动报酬中，用人单位的经营效益持续发展能力和资产的积累都有劳动者的贡献。笔者比较认同第二种观点，经济补偿是一种企业承担社会责任的主要方式之一，在我国失业保险制度建立健全过程中，经济补偿可以有效缓解失业者的焦虑情绪和生活实际困难，维护社会稳定，形成社会互助的良好社会氛围；经济补偿不同于经济赔偿，不是一种惩罚手段。

另外，经济补偿是国家调节劳动关系的一种经济手段，引导用人单位长期使用劳动者，谨慎行使解除权利和终止权利。劳动法规定，用人单位单方解除劳动合同，依法支付经济补偿。用人单位为了减少成本，避免支付经济补偿，就不会随意解除劳动合同，从而达到稳定劳动关系的目的。劳动合同法基本延续了劳动法关于用人单位单方解除劳动合同支付经济补偿的规定，同时增加规定劳动合同期满，满足一定条件的，用人单位依法支付经济补偿。这一增加规定有利于解决劳动合同短期化的问题，实践中，劳动合同一年一签的情况比较普遍，用人单位为了规避关于解除劳动合同支付经济补偿的规定，通过签订短期劳动合同，待劳动合同终止时，再结束劳动关系。劳动合同法通过规定劳动合同终止，用人单位依法支付经济补偿，可以起到遏制劳动合同短期化趋势，防止用人单位钻法律的空子，按照企业实际需求，签订劳动合同。

（三）经济补偿的范围

从解除来看，除了劳动者主动协商解除、劳动者单方无过错解除和用人单位单方过错解除外，用人单位都应支付经济补偿。

第一，除用人单位维持或者提高劳动合同约定条件续订劳动合同，劳动者不同意续订的情形外，依照本法第四十四条第一项规定终止固定期限劳动合同的。根据这个规定，劳动合同期满，用人单位同意续订劳动合同，且维持或者劳动合同约定条件，劳动者不同意续订的，劳动合同终止，用人单位不支付经济补偿；如果用人单位同意续订劳动合同，但降低劳动合同约定条件，劳动者不同意续订的，劳动合同终止，用人单位应当支付经济补偿；如果用人单位不同意续订，无论劳动者是否同意续订，劳动合同终止，用人单位应当支付经济补偿。这条争议比较大。有人认为，有些用人单位利用劳动者的青春期，在固定期限劳动合同终止时，不再续订劳动合同，劳动者的年龄和身体对再次求职已有很大影响，此时用人单位给予一定的经济补偿是合理的。有些劳动者在同一用人单位工作较长时间，这些劳动者的劳动合同到期终止不给经济补偿不合情理。为平衡劳动者与用人单位的权利义务，劳动合同法在保留劳动合同期满终止给经济补偿的规定外，也做了一定限制。

第二，依照劳动合同法第四十四条第四项、第五项规定终止劳动合同的。

第三，法律、行政法规规定的其他情形。

（四）补偿的标准

经济补偿按照劳动者在本单位工作的年限，每满一年支付一个月工资的标准向劳动者支付。六个月以上不满一年的，按一年计算；不满六个月的，向劳动者支付半个月工资的经济补偿。

此做法比以往的做法更为细化了。劳动部颁布的违反和解除劳动合同的经济补偿办法，规定了计算经济补偿时，不满一年发给相当于一个月工资的经济补偿金。工作时间不满一年的，按一年的标准发给经济补偿金。在修改过程中，有的意见提出，为适应生产需求，有些企业每年招用许多季节工和临时工，这些人员一般工作期限较短，只工作几个月，却按一年支付经济补偿，加大了用人单位的负担，建议细化标准。因此，本条以六个月为界限，分别支付一个月和半个月工资为经济补偿。对高收入人群的工作年限和月工资基数做了限制。劳动者月工资高于用人单位所在直辖市、设区的市级人民政府公布的上年度职工月平均工资的三倍的，用人单位向其支付经济补偿的标准按职工月平均工资三倍的数额支付，向其支付经济补偿的年限最高不超过十二年。

这里所说的月工资是指劳动者在劳动合同解除或终止前十二个月的平均工资。

第六节　劳动合同的违约和赔偿

一、劳动合同的违约

违约责任的承担方式可以约定两种形式：第一种是赔偿损失的方法，即约定由违约一方赔偿给对方造成的经济损失；第二种是约定违约金，采用这种方式应当注意根据职工一方承受能力来约定具体金额，不要出现显失公平的情形。另外，所谓违约，不是一般性的违约，而是指比较严重的违约，造成劳动合同无法继续履行，如职工违约离职，单位违法解除劳动者合同等。

（一）用人单位的违约责任

根据《劳动合同法》第八十七条规定，用人单位违反本法规定解除或者终止劳动合同的，应当依照本法第四十七条规定的经济补偿标准的二倍向劳动者支付赔偿金。

（二）劳动者的违约责任

根据《中华人民共和国劳动合同法实施条例》第二十六条规定，用人单位与劳动者约定了服务期，劳动者依照劳动合同法第三十八条的规定解除劳动合同的，不属于违反服务期的约定，用人单位不得要求劳动者支付违约金。

有下列情形之一，用人单位与劳动者解除约定服务期的劳动合同的，劳动者应当按照劳动合同的约定向用人单位支付违约金：①劳动者严重违反用人单位的规章制度的；②劳动者严重失职，营私舞弊，给用人单位造成重大损害的；③劳动者同时与其他用人单位建立劳动关系，对完成本单位的工作任务造成严重影响，或者经用人单位提出，拒不改正的；④劳动者以欺诈、胁迫的手段或者乘人之危，使用人单位在违背真实意思的情况下订立或者变更劳动合同的；⑤劳动者被依法追究刑事责任的。

二、劳动合同的赔偿

《劳动合同法实施条例》第六条规定，用人单位未与劳动者签订劳动合同，最长应支付 11 个月双倍工资，用工之日起满一年还未签订劳动合同，视为双方已订立无固定期限劳动合同。《劳动合同法》第四十八条规定，用人单位违反本法规定解除或者终止劳动合同，如果劳动者不要求继续履行劳动合同或者劳动合同已经不能继续履行的，用人单位应当支付赔偿金。从法条来看具体分为两类。

（一）员工拒签劳动合同

自用工之日起一个月内，经用人单位书面通知后，员工拒绝与用人单位签订劳动合同的，用人单位可以书面通知劳动者终止劳动关系，且用人单位无须对劳动者进行任何赔偿，但是应当依法向劳动者支付其实际工作时间的劳动报酬。

（二）用人单位拒签劳动合同

第一，用人单位拒绝与劳动者签订劳动合同的，用人单位应当赔偿劳动者双倍工资。

第二，用人单位自用工之日起满一年不与劳动者订立书面劳动合同的，视为用人单位与劳动者已订立无固定期限劳动合同。此时用人单位不与劳动者订立无固定期限劳动合同的，应当自订立无固定期限劳动合同之日起向劳动者每月支付二倍的工资。

第三，用人单位拒绝与劳动者订立劳动合同，后将劳动者辞退的，应当赔偿劳动者经济补偿金，若属于违法辞退，则需要向劳动者支付经济赔偿金。

第五章　工作时间与休息时间制度

第一节　工作时间制度

一、工作时间概述

工作时间，是指依国家法律规定劳动者完成其本职工作的时间。工作时间一般以小时为计算单位，包括一昼夜内工作的小时数（工作日）和一周之内工作的天数和小时数（工作周）。

工作时间，作为一个法律的范畴，既包括劳动者实际工作的时间，也包括劳动者某些非实际工作的时间。非实际工作时间包括：①生产或工作前从事必要的准备和工作结束时的整理时间；②因用人单位的原因造成的等待工作任务的时间；③参加与工作有直接联系并有法定义务性质的职业培训、教育时间；④连续性有害于健康工作的间隙时间；⑤女职工哺乳的往返途中时间、孕期检查时间以及未成年工工作中适当的工间休息时间、定期进行健康检查占用的时间等；⑥法律规定的其他属于工作时间的非实际工作时间。例如，劳动者依法参加社会活动的时间。在我国，依法参加社会活动是指：行使选举权；当选代表，出席政府、党派、工会、青年团、妇女联合会等组织召开的会议；担任人民法庭的人民陪审员、证明人、辩护人；出席劳动模范、先进工作者大会；《工会法》规定的不脱产工会基层委员会委员因工会活动占用的生产时间等。

《劳动法》上的工作时间的最显著特点是其具有基准性。“基准”的含义是“最低的标准”。作为法定最低标准的工作时间，具有相对强行法性质，在违反强行法之规定而有利于劳动者时仍然有效，只有在不利于劳动者时为无效。这意味着对于法律所规定的工作时间是最高工作时间，用人单位不得突破上限标准，但用人单位可根据自己生产经营的具体情况，确立低于最高工作时间的工作时间制度。集体合同、劳动合同，以及用人单位规章制度（雇佣规则）的有关工作时间规定，凡高于最高工作时间一律无效。这一点，很多国家在立法时予以明确规定。

二、我国现行工作时间立法的基本内容

关于工作时间的立法，是我国劳动法的重要内容之一。根据我国《劳动法》《关于修

改〈国务院关于职工工作时间的规定〉的规定》和相关法律法规的规定，我国现行的工作时间制度主要分为以下几种。

（一）标准工时

标准工时，是由国家法律规定，在正常情况下，一般职工最高的从事工作的时间。标准工时制是其他特殊工时制度的计算依据和参照标准。《劳动法》第三十六条和《国务院关于职工工作时间的规定》确定了我国的标准工时制有两项基本内容：①劳动者每日工作时间不超过 8 小时，每周工作时间不超过 40 小时。这两项标准应同时遵守，即每日既不得超过 8 小时，每周又不得超过 40 小时。②每周至少休息一日。即用人单位必须保证劳动者每周至少有一次 24 小时不间断的休息。

我国的标准工时立法随着我国社会经济的发展、就业状况的变化有逐步缩短的趋势。在相当长时期，我国一直实行每日工作 8 小时，每周工作 48 小时即每周工作 6 天的标准工作时间。《劳动法》颁布以后，根据该法第三十六条的规定，国家实行劳动者每日工作时间不超过 8 小时，平均每周工作时间不超过 44 小时的工时制度。

（二）特殊工时

特殊工时是标准工时的对称，指特定工作岗位上的劳动者适用的工作时间。《劳动法》第三十九条规定，企业因生产特点不能实行本法第三十六条规定的工时的，报劳动行政部门批准，可以实行其他工作和休息办法。国务院《关于修改〈国务院关于职工工作时间的规定〉的规定》第四至五条有同样的规定。特殊工时包括缩短工时、不定时工作时间、计件工作时间和综合计算工作时间等。

1. 缩短工作时间

缩短工作时间，是指由法律直接规定对特殊岗位上的劳动者实行的短于标准工时的工作时间。国务院《关于职工工作时间的规定》第四条规定：“在特殊条件下从事劳动和有特殊情况，需要适当缩短工作时间的，按照国家有关规定执行。”目前我国缩短工作时间的劳动有以下几种：

第一，从事矿山、井下、高山、高温、低温、有毒有害、特别繁重或过度紧张的劳动的职工，实行每日工作少于 8 小时的工作时间。比如纺织业普遍实行四班三运转制度；矿山井下实行四班六小时工作制；化工行业从事有毒作业的工人实行“三工一休”制，即工作 3 天休息 1 天，每天工作时间为 6 ～ 7 小时，并定期轮流脱离接触 1 个半月至 2 个月。还有冶炼、森林采伐和装卸搬运等行业的繁重体力劳动者，根据本行业的特点，实行了各种形式的缩短工时制。

第二，从事夜班工作的劳动者，实行缩短工作时间。夜班工作时间一般是指从本日 22 时至次日 6 时的时间。从事夜班工作的劳动者，夜班工作时间一般应比日班工作时间少 1 小时。

第三，在哺乳期工作的女职工，实行缩短工作时间。根据国务院颁布的《女职工劳动保护特别规定》第九条的规定，对哺乳未满 1 周岁婴儿的女职工，用人单位不得延长劳动时间或者安排夜班劳动。用人单位应当在每天的劳动时间内为哺乳期女职工安排 1 小时哺乳时间；女职工生育多胞胎的，每多哺乳 1 个婴儿每天增加 1 小时哺乳时间。女职工每班劳动时间内的两次哺乳时间，可以合并使用。哺乳时间和在本单位内哺乳往返途中的时间，算作劳动时间。

第四，未成年工和怀孕女工。未成年人应实行少于 8 小时的工作时间。怀孕 7 个月以上的女职工，在劳动时间内应当安排一定的休息时间。

第五，其他依法可以缩短工作日工作制的职工。除上述法定的因在特殊条件下从事劳动和特殊情况下的职工可以实行缩短工作时间工作制外，其他需要缩短工时的用人单位，在依法履行审批手续后，也可以实行缩短工作时间制。

2. 不定时工作时间

不定时工作时间，是指由于生产特点、工作特殊需要或职责范围的关系决定其工作时间无法按标准工作时间衡量的劳动者的工作时间。不定时工作时间的基本特点是劳动者每日没有固定工作时数的限制，有时长于标准工作日，有时短于标准工作日。根据原劳动部《关于企业实行不定时工作制和综合计算工时工作制的审批办法》的规定，不定时工作时间一般适用于以下工作人员：①企业中的高级管理人员、外勤人员、推销人员、部分值班人员和其他因工作无法按标准工作时间衡量的职工；②企业中的长途运输人员、出租汽车司机和铁路、港口、仓库的部分装卸人员及因工作性质特殊，需要机动作业的职工；③其他因生产特点、工作特殊需要或职责范围的关系，适合实行不定时工作制的职工，如技术工作人员等。

用人单位要实行不定时工作时间，应按程序办理审批手续，未办理审批手续实行不定时工作时间，其行为是不合法的，不能发生不定时工作时间的效力。审批权限是：中央直属企业实行不定时工作制等其他工作和休息办法的，经国务院行业主管部门审核，报国务院劳动行政部门批准。地方企业实行不定时工作制等其他工作和休息办法的审批办法，由各省、自治区、直辖市人民政府劳动行政部门制定，报国务院劳动行政部门备案。

实行不定时工作时间的劳动者，不受《劳动法》关于日延长工作时间标准和月延长工作时间标准的限制。实行不定时工作时间的人员的工作时间长于标准工作时间的，超出部分也不算延长工作时间，也不给予报酬；短于标准工作时间的，也不扣发劳动报酬。但是，不定时工作时间并不意味着对工作时间毫无限制。由于其工作的特殊性，用人单位合理确定劳动定额或其他考核标准就显然十分重要。一般而言，用人单位仍应以标准工作时间作为确定依据。鉴于每个用人单位的情况不同，用人单位可依据实际情况进行研究，并按有关法定的审批手续报批后，在保障职工身体健康并充分听取职工意见的基础上，采用集中工作、集中休息、轮休调休、弹性工作时间等适当方式，确保职工的休息休假权利和生产、工作任务的完成。

3. 综合计算工作时间

综合计算工作时间是针对因工作性质特殊、需连续作业或受季节及自然条件限制的企业的部分职工，不以日为基本单位计算劳动时间，而以周、月、季或年为周期综合计算劳动时间。

实行综合计算工作时间的，劳动者在综合计算周期内的工作时间应与实行标准工时的劳动者在同一周期内的总工作时间相当，即与标准工时乘以计算周期的天数所得的结果大致相同。根据原劳动部《关于企业实行不定时工作制和综合计算工时工作制的审批办法》的规定，企业对符合下列条件之一的职工，可以实行综合计算工时工作制：①交通、铁路、邮电、水运、航空、渔业等行业中因工作性质特殊，需连续作业的职工；②地质及资源勘探、建筑、制盐、制糖、旅游等受季节和自然条件限制的行业的部分职工；③其他适合实行综合计算工时工作制的职工。

用人单位要实行综合计算工作时间工作制，应按程序办理审批手续，未办理审批手续实行综合计算工作时间，其行为是不合法的，不能发生综合计算工作时间的效力。审批权限是：中央直属企业实行综合计算工时工作制等其他工作和休息办法的，经国务院行业主管部门审核，报国务院劳动行政部门批准。地方企业实行综合计算工时工作制等其他工作和休息办法的审批办法，由各省、自治区、直辖市人民政府劳动行政部门制定，报国务院劳动行政部门备案。

鉴于每个用人单位的情况不同，用人单位可依据实际情况进行研究，并按有关法定的审批手续报批后，在保障职工身体健康并充分听取职工意见的基础上，采用集中工作、集中休息、轮休调休、弹性工作时间等适当方式。确保职工的休息休假权利和生产、工作任务的完成。

4. 计件工作时间

计件工作时间是指以劳动者完成一定劳动定额为标准的工作时间。根据《劳动法》第三十七条的规定，对实行计件工作的劳动者，用人单位应当根据本法第三十六条规定的工时制度合理确定其劳动定额和计件报酬标准。这一规定意味着，实行计件工作的劳动者，用人单位应当根据一般劳动者在一个标准工作日和一个标准工作周的工作时间内能够完成的计件数量为标准，确定劳动者日或周的劳动定额。这样就使劳动者完成劳动定额的劳动时间与法定的标准工作时间保持一致。由此可见，计件工作时间实际上是标准工作时间的特殊转化形式。实行计件工作时间的劳动者，在 8 小时工作时间内完成了当日的劳动定额，则可以把剩余时间作为休息时间，也可以多做定额以取得相应的延长时间的劳动报酬，如果劳动者未能在 8 小时内完成定额，则可以在 8 小时外用以完成规定的劳动定额，但不能得到延长时间的劳动报酬。

5. 其他工作时间

《劳动法》第三十九条规定：“企业因生产特点不能实行本法第三十六条、第三十八条规定的，经劳动行政部门批准，可以实行其他工作和休息办法。”《关于修改〈国务院关于职工工作时间的规定〉的规定》也规定，因工作性质或者生产特点的限制，不能实行8小时工作日或40小时工作周的，按国家有关规定，可以实行其他工作和休息办法。

第二节　休息时间制度

一、休息时间的概念

休息时间是与工作时间相对而言的，休息时间是劳动者按法律规定不必从事生产和工作，而由自己自由支配的时间。换言之，工作时间之外的时间都属于休息时间（广义的休息时间）。它包括狭义的休息时间（劳动者的工作日内的休息时间、工作日之间的休息时间和工作周之间的休息时间）和休假两种。因此，广义的休息时间又被称为“休息休假”。

休息时间的规定主要是最低休息时间的规定，即规定休息时间的下限。以此为基础，用人单位可以自行增加休假时间。

与工作时间一样，劳动法上的休息时间的最显著特点是具有基准性。这意味着基于法律所规定的休息时间是最低休息时间，用人单位不得突破其下限，但用人单位可根据自己生产经营的具体情况，自行增加休假时间。集体合同、劳动合同，以及用人单位规章制度（雇佣规则）的有关休息时间的规定，凡低于最低休息时间者一律无效。

二、我国休息时间的种类

休息时间的种类，可以分为狭义的休息时间和休假两种。

（一）休息时间（狭义）

1. 工作日内的间歇休息时间

工作日内的间歇休息时间，是指劳动者用膳和工间休息的时间。依据劳动者生理规律和习惯，劳动者应在工作4小时后有一次间歇休息时间。间歇时间的长短因工作岗位和工作性质的不同而有所不同，但最短不得少于半小时，一般为1～2小时。有些单位实行工间操制度，即在上午和下午各4小时的工作时间中间规定20分钟的休息时间，一般在工作两小时后开始，这种工间操时间与间歇时间不同，其被计入工作时间。

2. 工作日之间的休息时间

工作日之间的休息时间，是指劳动者在一个工作日结束至下一个工作日开始之间的休息时间。《劳动法》规定了工作日之间的休息时间。这种规定具体表现为劳动者每日工作时间不得超过 8 小时。实行轮班制的企业，其班次必须平均轮换，并且不得使劳动者连续工作两个工作日。

3. 工作周之间的休息时间

工作周之间的休息时间，又被称为公休假，是指劳动者在连续工作一周后应当享有的休息时间。国家机关、事业单位实行统一的工作时间，星期六和星期日为周休息日。企业和不能实行统一的工作时间的事业单位，可以根据实际情况灵活安排周休息日。但劳动者在一个工作周内，至少应当有一整日以上的休息时间。

（二）休假

1. 法定节假日

法定节假日是指劳动者用于欢度节日，开展纪念、庆祝活动的休息时间。各国对法定节假日的规定不一，体现了各国政治、经济、文化背景的差异。

2. 年休假

年休假是国家根据劳动者工作年限和劳动的繁重紧张程度每年给予的一定期间的带薪连续休假。

国务院颁布了《职工带薪年休假条例》，确立了我国带薪年休假的现行制度，具体包括主体范围、条件与假期、效力与待遇、保障与救济。人力资源和社会保障部的《企业职工带薪年休假实施办法》又进一步作了实施规定。根据《职工带薪年休假规定》规定，机关、团体、企业、事业单位、民办非企业单位、有雇工的个体工商户的职工在同一单位连续工作 1 年以上的，享受带薪年休假。单位应当保证职工享受年休假。职工在年休假期间享受与正常工作期间相同的工资收入。

《职工带薪年休假规定》具体规定了年休假天数：职工累计工作已满 1 年不满 10 年的，年休假为 5 天；已满 10 年不满 20 年的，年休假为 10 天；已满 20 年的，年休假为 15 天。法定休假日、休息日不计入年休假假期。

职工有下列情形之一的，不享受当年的年休假：职工依法享受寒暑假，其休假天数多于年休假天数的；职工请事假累计 20 天以上且单位按照规定不扣工资的；累计工作满 1 年不满 10 年的职工，请病假累计 2 个月以上的；累计工作满 10 年不满 20 年的职工，请病假累计 3 个月以上的；累计工作满 20 年以上的职工，请病假累计 4 个月以上的。

单位根据生产、工作的具体情况，并考虑职工本人意愿，统筹安排职工年休假。年休假在 1 个年度内可以集中安排，也可以分段安排，一般不跨年度安排。单位因生产、工作特点确有必要跨年度安排职工年休假的，可以跨 1 个年度安排。单位确因工作需要不能安排职工休年休假的，经职工本人同意，可以不安排职工休年休假。对职工应休未休的年休假天数，单位应当按照该职工日工资收入的 300% 支付年休假工资报酬。

3. 探亲假

探亲假，是指与父母或配偶分居两地的职工，在一定期限内所享受的一定期限的带薪假期。主要包括以下具体内容。

（1）享受探亲假的条件

凡在国家机关、人民团体和全民所有制企业、事业单位工作满一年的固定职工，与配偶不住在一起，又不能在公休假日团聚的，可以享受探望配偶的待遇；与父亲、母亲都不住在一起，又不能在公休假日团聚的，可以享受探望父母的待遇。但是，职工与父亲或母亲一方能够在公休假日团聚的，不能享受探望父母的待遇。其中，“不能在公休假日团聚”是指不能利用公休假日在家居住一夜和休息半个白天；其中所称“父母”，包括自幼抚养职工长大现在由职工供养的亲属，不包括公婆、岳父母。

集体所有制企业、事业单位职工的探亲待遇，由各省、自治区、直辖市人民政府根据地区的实际情况自行规定。

（2）探亲假期

探亲假期，是指职工与配偶、父母团聚的时间。具体规定包括：①职工探望配偶，每年给予一方探亲假一次，假期为 30 天。②未婚职工探望父母，原则上每年给假一次，假期为 20 天，如果因工作需要，本单位当年不能给予假期，或者职工自愿两年探亲一次的，可以两年给假一次，假期为 45 天。③已婚职工探望父母，每 4 年给假一次，假期为 20 天。④凡实行休假制度的职工，如学校的教职工，应在休假期间探亲；如果休假期较短，可由本单位适当安排，补足其探亲假的天数。⑤探亲假期是指职工与配偶、父、母团聚的时间，另外，根据实际需要给予路程假。上述假期均包括公休假日和法定节日。

（3）探亲假期间待遇

职工在探亲假期间待遇包括以下两项：一是工资待遇。职工在规定的探亲假期和路程假期内，按照本人的标准工资发给工资。二是探亲路费的报销。职工探望配偶和未婚职工探望父母的往返路费，由所在单位负担。已婚职工探望父母的往返路费，在本人月标准工资 30% 以内的，由本人自理，超过部分由所在单位负担，具体车船费标准和报销项目包括：①乘火车的，不分职级，一律报硬席座位费。年满 50 周岁以上并连续乘车 48 小时以上的，可报硬席卧铺费。②乘轮船的，报四等舱位（或比该舱高一级舱位）费。③乘长途公共汽车及其他民用交通工具的，凭据按实报销。④探亲途中的市内交通费，按起止站的直线公共电车、汽车、轮渡费凭据报销。⑤职工探亲不得报销飞机票，因故乘坐飞机的，按直线车船报销。⑥途中转车、转船等，每转一次，可凭据报销一天的普通床位住宿费。汽车夜间停驶或遇到意外交通事故等待恢复需住宿的，可凭据报销住宿费。

4. 其他休假

主要有婚丧假、产假等。

第三节　限制延长工作时间

一、延长工作时间的概念

延长工作时间是指超过法律规定的工作时间长度的工作时间。《工资支付暂行规定》第十三条规定，劳动者在完成劳动定额或规定的工作任务后，在法定标准工作时间以外工作的；实行计件工资的劳动者，在完成计件定额任务后，由用人单位安排延长工作时间的，才是延长工作时间。在实践中将延长工作时间称为加班和加点。有时将加班加点统称为加班。劳动者在法定休假日和公休日进行工作，称作加班；超过日标准工作时间进行工作，称为加点，即提前上班或推迟下班。

由于延长工作时间是相对特定的工作时间和休息时间而言的，所以只有标准工作日、缩短工作日才存在延长工作时间，不定时工作日则不存在延长工作时间。在综合计算工时工作制下，如果综合计算的结果是平均日（或周）工作时间超过标准工作时间的，其超出部分应视为延长工作时间，工作日正好是法定节假日的也应视为延长工作时间。

《劳动法》对于工作时间和休息时间的规定具有强制效力，在一般情况下不得违反。在法定的特殊情形下可以延长工作时间，但国家对延长工作时间实行严格限制，目的是限制工作时间在休息时间中的延伸。

二、延长工作时间的限制措施

从整体上看，国家有关延长工作时间的规定，其立足点在于限制，防止滥用。我国《劳动法》第四十三条明确规定："用人单位不得违反本法规定延长劳动者的工作时间。"为了规范和限制用人单位延长工作时间，我国劳动法律、法规规定了如下限制措施。

（一）延长工作时间适用人员的限制

《劳动法》《女职工劳动保护规定》以及《未成年人保护法》规定，禁止安排未成年工、怀孕7个月以上的女工和哺乳未满周岁婴儿的女工加班加点。以上人员不但不应参加加班加点，相反还应缩短工作时间。

（二）延长工作时间条件、程序的限制

《劳动法》第四十一条规定："用人单位由于生产经营需要，经与工会和劳动者协商后可以延长工作时间。"即用人单位延长工作时间不是随意的，必须符合一定的条件、程序：一是由于生产经营需要。"生产经营需要"主要是指生产任务禁忌中断，必须连续生

产、运输或者经营，以及如果不如期完成生产经营任务，就会影响企业的经济效益等情形，但《劳动法》未明确规定“生产经营需要”的具体情形。在实践中，有必要由集体合同约定，或者由用人单位与工会共同确定“生产经营需要”的具体范围。二是必须与工会协商。用人单位认为需要延长工作时间的，必须把延长工作时间的理由、人数、时间长短等向工会说明，征得工会的同意。三是必须与劳动者协商。只有在劳动者同意的情况下才可以进行，用人单位不得强迫劳动者延长工作时间。用人单位未与工会和劳动者协商，强迫劳动者延长工作时间的，依法承担法律责任。

（三）延长工作时间长度上的限制

《劳动法》第四十一条还规定：用人单位延长工作时间，一般每日不得超过 1 小时；因特殊原因需要延长工作时间的，在保障劳动者身体健康的条件下延长工作时间每日不得超过 3 小时，但每月不得超过 36 小时，否则依法承担法律责任。

（四）延长工作时间报酬上的限制

我国法律法规还通过要求用人单位必须支付劳动者较高的延长工作时间的劳动报酬来限制用人单位延长工作时间。

根据《劳动法》第四十四条及《工资支付暂行规定》第十三条的规定，用人单位应按下列标准支付延长工作时间的报酬：（1）用人单位依法安排劳动者在日法定标准工作时间以外延长工作时间的，按照不低于劳动合同规定的劳动者本人小时工资标准的 150% 支付劳动者工资；（2）用人单位依法安排劳动者在休息日工作，而又不能安排补休的，按照不低于劳动合同规定的劳动者本人日或小时工资标准的 200% 支付劳动者工资；（3）用人单位依法安排劳动者在法定休假期节日工作的，按照不低于劳动合同规定的劳动者本人日或小时工资标准的 300% 支付劳动者工资。

实行计件工资的劳动者，在完成计件定额任务后，由用人单位安排延长工作时间的，应根据上述规定的原则，分别按照不低于其本人法定工作时间计件单价的 150%、200%、300% 支付其工资。

实行综合计算工时工作制的，综合计算周期内的总实际工作时间不应超过总法定标准工作时间，超过部分视为延长工作时间并按规定支付不低于工资 150% 的劳动报酬，其中，法定休假日安排职工工作的，要支付不低于职工工资 300% 的劳动报酬。

三、限制延长工作时间的例外规定

限制延长工作时间的例外规定，是指在法定的特殊情况下，用人单位无须与工会和劳动者协商就可以安排延长工作时间，并且加班加点的时间也不受每日不超过 1 小时或 3 小时，每月合计不超过 36 小时的限制。根据《劳动法》和《关于修改〈国务院关于职工工作时间的规定〉的规定》及其《实施办法》的规定，限制延长工作时间的例外规定是：①发生自然灾害、事故或者因其他原因，使人民的安全健康和国家资财遭到严重威胁，需要紧急处理的；②生产设备、交通运输线路、公共设施发生故障，影响生产和公共利益，必须及时抢修的；③必须利用法定节日或公休日的停产期间进行设备检修、保养的；④国家机关、事业单位未完成国家紧急任务或完成上级安排的其他紧急任务，以及商业、供销企业在旺季完成收购、运输、加工农副产品紧急任务的；⑤为完成国防紧急任务，或者完成上级在国家计划外安排的其他紧急生产任务的；⑥法律、行政法规规定的其他特殊情况。

第六章　工资法律制度

第一节　工资概述

一、工资的概念和特征

工资，又称为薪水、薪金、薪酬等，是劳动者在劳动关系中通过给付劳动力所获得的由雇主按照一定的标准和形式所支付的购买劳动力的对价。作为劳动法的基本概念之一，工资是全部劳动关系中的核心之核心。在社会经济生活当中，工资问题与劳动者、雇主以及社会都有着十分密切的联系。从劳动者角度说，工资是劳动者生存权得以实现的最主要依托；对雇主而言，其是生产成本的重要组成部分；对社会来说，工资体现一个社会的发展、繁荣和稳定。

工资具有以下几个方面的特征：①依托劳动关系。工资是基于劳动者与用人单位之间的劳动关系而产生的。②确定依据的多样性。工资的确定依据是劳动基准法的规定，集体合同、劳动合同的约定。劳动基准法的工资标准即强制性的基准工资，集体合同、劳动合同的工资标准即为“意思自治”的约定工资。③工资支付方式的法定性。国家对工资的支付方式有相关的基准制度。④工资体现了公法、私法的融合关系。约定工资，体现着私法上的债权债务关系，基准工资是国家立法对私法上的约定工资进行的一系列的刚性规制，因此，工资又体现着公法关系。

二、工资形式

工资形式是计量劳动和支付工资的形式。在符合国家法律要求的前提下，工资具体采取什么形式，属于雇主工资分配权范畴，由雇主根据自身发展状况、追求目标以及劳工的劳动差别等情况进行自主选择。我国现行的工资形式主要有计时工资、计件工资两种基本形式和奖金、津贴两种辅助形式，另外，在一定范围内还实行年薪制。当然随着市场经济的深入发展，企业工资形式越来越多样化，如年终奖、年终双薪、绩效工资等，浮动性、间接性给付以及预留性给付在劳动者劳动报酬构成中所占的比例越来越大。

（一）基本工资形式

1. 计时工资

计时工资是按照单位时间工资率（计时工资标准）和工作时间支付劳动者个人工资的一种形式，可见，单位时间工资标准和工作时间是决定计时工资数量的两个因素。计时工资可以分为月工资、周工资、日工资、小时工资等类型。计时工资以时间为计算单位，操作简单易行，容易确定，适用面广，任何用人单位和工种均可适用，但工资报酬无法完全和劳动的数量和质量相挂钩。

2. 计件工资

计件工资是指按照劳动者完成的合格产品的数量和预先规定的计件单位计算工资的形式。其核心是计件单价，即生产某一产品或完成某一单位工作的应得工资额。计件单价预先确定，劳动者劳动成果的不同直接影响工资数量的差别。计件工资以劳动成果计算，能够使劳动成果与劳动报酬直接联系起来，较为准确地反映和肯定劳动贡献差别，更好地体现了按劳分配的原则，具有鼓励和刺激劳动的作用；但确定成果必须统计数量和检定质量，容易因追求数量而忽视质量，甚至影响安全生产。计件工资的适用范围不具有普遍性，只能适用于具备一定条件的企业和岗位。

（二）辅助工资形式

1. 奖金

奖金是指支付给劳动者的超额劳动或增收节支实绩所支付的奖励性报酬，是对有效超额拉动的奖励。奖金通过其激励功能的发挥，可以调动劳动者的生产积极性，更好地体现按劳分配的原则。按照不同的标准，可以对奖金进行不同的分类：奖金有多种类型，可分为月度奖金、季度奖金和年度奖金；经常性奖金和一次性奖金；集体奖金和个人奖金；综合奖金和单项奖金（如超产奖、安全奖、节约奖等）。目前很多用人单位把奖金作为经济性发放超额工资的一种方式，适用奖金必须确定奖励的条件和奖励的标准。奖金发放的条件一般由用人单位内部劳动规则或集体合同规定，一般在规则或合同中都要明确劳动定额，只有超过定额才能获得奖金；同时奖励的标准也需要明确、具体、可操作并且应予以公示。

2. 津贴和补贴

津贴是指补偿劳动者在特殊条件下的额外劳动消耗和额外生活支出的工资补充形式。它的性质主要表现在对额外劳动消耗和生活支出的一种补偿，在我国的工资构成中发挥着补偿的功能。从另一个角度看，由于津贴对于特殊的工作岗位和工作条件进行了补偿，可以提高人们从事这类工作的意愿，促使更多的人加入艰苦条件的工作行列，因此，它也具有一定程度上协调人力资源的合理布局的作用。

依据津贴的设置目的和所起的作用，可以将我国现行的津贴分为以下几大类：①为补偿劳动者额外劳动消耗而设置的津贴，如高空作业津贴、高温津贴、夜班津贴；②为补偿职工特殊劳动和生活费额外支出的双重性而设置的津贴，如林区津贴、山区津贴、驻岛津贴、艰苦气象站津贴、船员津贴、外勤工作津贴、铁路乘务津贴，以及为鼓励职工到艰苦地方去工作而设置的津贴等；③为保障职工身体健康而设置的津贴，如对从事粉尘、高压、有毒有害气体、接触放射性物质和从事潜水作业等工作发放的保健津贴、医疗卫生津贴等；④为激励职工钻研技术，努力工作而设置的津贴，如科研津贴、优秀运动员津贴、体育津贴等；⑤为维护社会所需要的工作的正常进行而设置的津贴，如环卫工人、物资回收工人所享有的津贴等；⑥为补偿职工的特殊贡献而设置的奖励性津贴，如对做出突出贡献的专家、学者和科技人员的政府特殊津贴等。

补贴是为了保障劳动者的工资水平不受特殊因素的影响而支付给劳动者的劳动报酬，属于一种临时性的工资辅助，目的是保障劳动者的生活免受较大的冲击，如为了保证职工工资水平不受物价上涨或变动的影响而支付的各种补贴，如煤价补贴、房贴、水电贴等。补贴与劳动者的劳动没有直接关系，其发放根据主要是国家有关政策规定。

（三）年薪

年薪，是指根据用人单位的生产经营规模和业绩来确定，以企业财务年度为时间单位所支付的工资收入。在国外，它一般适用于企业高级职员。我国开始在国有企业推行年薪制，劳动和社会保障部发布的《进一步深入企业内部分配制度改革指导意见》中进一步指出，要在具备条件的企业积极试行董事长、总经理年薪制。年薪作为一种特殊的工资形式，除了适用对象特殊之外，即适用于在企业中实际行使经营权并对经济效益负有职责的人员，即企业的经营者；年薪的构成也比较特殊，除了包括作为一般意义劳动力支出之补偿的基本劳动报酬外，还应包括与行使经营权和承担经营责任从而对企业经济效益起关键性作用相对应的利润分享收入。

三、工资的基本职能

工资的基本职能包括以下内容。

（一）分配职能

工资是劳动者个人消费分配的基本社会形式，劳动者所得工资额也就是社会分配给劳动者的个人消费品的份额。由全体劳动者辛勤创造的社会财富，应该按照按劳分配的原则，公平、合理地分配给每一个劳动者。在社会财富尚未极大丰富、无法实现按需分配的前提下，发挥工资的分配职能对实现社会财富的分配具有重要的意义。

（二）保障职能

工资作为劳动者的主要生活来源，首要作用在于保障劳动者本人及其家庭的基本生活需要。工资对劳动者基本生活的保障，促进社会个体发展有着重要意义；作为劳动者个人及家庭生存和发展的物质基础，工资的及时、足额的发放，能够在保障劳动关系稳定的基础之上，进一步促进社会的和谐发展。

（三）激励作用

工资是劳动力价值的货币体现，是对劳动者所提供劳动的一种评价尺度和手段。工资水平的公平合理并不断地提高，是对劳动力价值的充分肯定，能够增强劳动者的劳动积极性，激励自主创造力的提升，提高劳动技能和专业水平，为经济发展注入活力。

（四）杠杆作用

工资是国家用来进行宏观经济调节的经济杠杆，对劳动力总体布局、人力资源市场、国民收入分配、产业结构调整等都有直接或间接的调节作用。从劳动力总体布局来看，工资作为一种市场价格信号，其水平差异和调整变化，必然会成为影响劳动力资源配置的重要杠杆；劳动力资源的流动与配置方向，一般都倾向于由工资水平低的地区或行业流向工资水平较高的地区或行业，可见其受工资水平的影响较大。

四、工资基准

（一）工资基准的概念

工资基准是指由国家立法规定的，用人单位在核算和支付劳动者工资时所应遵守的最低标准。内容包括最低工资制度、工资保障制度以及其他工资基准制度。工资基准是劳动基准的重要组成部分。劳动基准是劳动者在劳动关系中享有的劳动条件的法定最低标准，具有法律的强制性，它集中体现了劳动立法的要求及价值取向，是国家对劳动合同的签订与履行进行监督管理的法律制度。

（二）工资基准与工资指导线

工资指导线制度是在社会主义市场经济体制下，国家对企业工资分配进行宏观调控的一种制度。《劳动法》规定：“用人单位根据本单位的生产经营特点和经济效益，依法自主确定本单位的工资分配方式和工资水平。”同时又规定：“工资水平在经济发展的基础上逐步提高。国家对工资总量实行宏观调控。”可见，企业确定的工资水平不仅要与企业自身效益增长水平相适应，还必须与整个社会经济发展水平相适应。这就需要政府通过某种形式来对企业工资水平的确定进行宏观调控和指导。在这样一个背景下，我国参考借鉴了新加坡等国的有益经验，制定和实施了工资指导线制度。工资指导线制度主要是由有关地区根据立法规定的基本原则，结合国家对企业工资分配的总体调控政策，综合考虑本地区当年经济增长、物价水平、人力资源市场状况及上年企业工资水平等因素，科学、合理地确定的。

（三）工资基准与工资自决、工资集体协商

企业享有包括工资分配自主权在内的生产经营自主权。企业工资自决是企业根据自身的生产经营特点、经济效益以及劳动者的劳动技能和贡献等因素所确定的适合自身情况的工资分配方式和工资水平。《劳动法》第四十七条规定："用人单位根据本单位的生产经营特点和经济效益，依法自主确定本单位的工资分配方式和工资水平。"虽然工资自决是企业经营自主权的一项重要内容，但企业在决定工资水平时绝对不能低于法定的最低标准。《劳动法》第四十八条规定："国家实行最低工资保障制度。最低工资的具体标准由省、自治区、直辖市人民政府规定，报国务院备案。用人单位支付劳动者的工资不得低于当地最低工资标准。"而工资集体协商是指职工代表与企业代表依法就企业内部工资分配制度、工资分配形式、工资收入水平等事项进行平等协商，在协商一致的基础上签订工资协议的行为。《劳动合同法》第五十一条规定："企业职工一方与用人单位通过平等协商，可以就劳动报酬、工作时间、休息休假、劳动安全卫生、保险福利等事项订立集体合同。"工资集体协商有利于协调劳动关系，在企业和劳动者的法律意识和法制水平不高，人力资源市场供大于求，劳动者难以实现充分就业等前提下，通过工资集体协商制约企业工资自决权的行使，以保障劳动者劳动报酬权利的充分实现就显得格外重要。因此，必须在确立企业工资自决的同时确立和推行工资集体协商制度。但职工代表与企业代表必须依法进行协商，所确定的工资标准同样不能低于法定最低标准。《劳动合同法》第五十五条规定："集体合同中劳动报酬和劳动条件等标准不得低于当地人民政府规定的最低标准；用人单位与劳动者订立的劳动合同中的劳动报酬和劳动条件等标准不得低于集体合同规定的标准。"可见，工资基准是工资自决和集体协商的基础和标准。值得强调的是，工资自决权除了受到工资基准、集体合同的约束之外，还必须经过法定的程序和方式听取工会和职工代表的意见，在协商的基础上由用人单位来确定。《劳动合同法》第四条规定："用人单位在制定、修改或者决定有关劳动报酬、工作时间、休息休假、劳动安全卫生、保险福利、职工培训、劳动纪律以及劳动定额等直接涉及劳动者切身利益的规章制度或者重大事项时，应当经职工代表大会或者全体职工讨论，提出方案和意见，与工会或者职工代表平等协商确定。"

第二节 最低工资制度

一、最低工资概述

最低工资制度是以保障劳动者及其家庭成员基本生活需要而建立的法律制度，主要通过确定和强制推行最低工资标准来实现。最低工资，是指劳动者在法定工作时间或依法签订的劳动合同约定的工作时间之内提供了正常劳动的条件下，由用人单位在最低限度内应当支付的足以维持劳动者及其平均供养人口基本生活需要的劳动报酬，即工资的法定最低限额。可见，最低工资需要有三个条件：首先，劳动者在法定工作时间或依法签订的劳动合同约定的工作时间之内提供了正常劳动。在这里“正常劳动”是指劳动者按依法签订的劳动合同的约定，在法定工作时间或劳动合同约定的工作时间内从事的劳动。劳动者在依法享受带薪年休假、探亲假、婚丧假、生育（产）假、节育手术假等国家规定的假期内，以及法定工作时间内依法参加社会活动，视为提供了正常劳动，并适用最低工资保障的规定。其次，最低工资标准是由政府直接确定的，不能由劳动关系双方当事人自主协商。原劳动和社会保障部的《最低工资规定》及《劳动法》第四十八条就规定：“国家实行最低工资保障制度。最低工资的具体标准由省、自治区、直辖市人民政府规定，报国务院备案。”最后，最低工资是劳动者获得工资的底线，只要劳动者提供了正常劳动，用人单位向劳动者支付的工资数额就不得少于法定最低工资标准。否则，约定无效，并按最低工资标准执行。

最低工资是由法律所允许的劳动报酬项目所组成。一般说来，只要劳动者在法定工作时间或劳动合同约定的工作时间内从事劳动得到的实际劳动报酬都应当作为最低工资的组成部分，包括基本工资、奖金、津贴、补贴等。根据《最低工资规定》第十二条的规定和原劳动部《关于实施最低工资保障制度的通知》中的规定，以下劳动收入不属于最低工资范畴：加班加点工资；中班、夜班、低温、井下、有毒有害特殊工作环境、条件下的津贴；法律、法规和国家规定的劳动者福利待遇等（福利待遇在现阶段主要包括：企业对职工进行培训的费用；因执行国家有关劳动安全卫生方面的规定而发放给职工的防护用品及企业自身的各项用品；职工所得的计划生育补贴、特别困难补贴等；因住房改革发给职工的住房补贴；企业为职工交纳的社会保险费等）；用人单位通过贴补伙食、住房等支付给劳动者的非货币性收入；劳动者所得的非经常性奖金，如竞赛奖、体育奖、合理化建议奖。

最低工资制度是一项重要的劳动法律制度，是建立我国人力资源市场的基本条件。由于劳资双方利益追求的不同，以及人力资源市场的供求状况等因素的影响，必然会导致自由市场中的工资水平存在下降的可能。这就需要国家建立制度来保障劳动者的劳动报酬权的实现。最低工资制度作为国家干预分配的一项制度，既是对劳资双方契约自由的一定限制，又是对市场调节工资缺陷的弥补，更是对劳动者弱势地位的救济。而且，能保证人力资源市场的健康运行，以维护劳动者及其家庭的基本生活需要。另一方面，最低工资标准的确立，可以确保市场中的企业成本付出基本平衡，减少为了获取竞争优势而随意压低工资的动机，能够在一定程度上促进公平竞争。

二、最低工资标准的确定

最低工资标准是单位劳动时间的最低工资数额，是支付工资时不得低于的法定下限，以满足劳工的最低生活需要。一般采用月最低工资标准和小时最低工资标准两种形式，分别适用于全日制就业劳动者和非全日制就业劳动者。确定最低工资标准主要有两种模式：一是由国家立法直接规定统一的最低工资标准供所有地区和行业使用；二是国家立法不直接规定统一的标准，而只规定确定最低工资标准的原则和具体规则，同时授权各地区确定自己区域内的最低工资标准。我国目前采取的就是这种模式。主要是在我国现阶段，各地区经济发展和生活水平差异较大，无法实行全国统一的最低工资标准，只能由各地区根据自己的具体情况予以确定，因此，《劳动法》第四十八条规定："最低工资的具体标准由省、自治区、直辖市人民政府规定，报国务院备案。"《最低工资规定》第七条进一步规定，省、自治区、直辖市范围内的不同行政区域可以有不同的最低工资标准。

（一）工资标准的确定程序

依据《劳动法》《最低工资规定》，最低工资标准的确定，实行三方民主协商原则，即在国务院劳动行政主管部门指导下，由省级人民政府劳动行政主管部门会同同级工会、企业家协会研究确定。具体程序为：最低工资标准的确定和调整方案，由省、自治区、直辖市人民政府人力资源和社会保障行政部门会同同级工会、企业联合会或企业家协会研究拟订，并将拟订的方案报送人力资源和社会保障部。方案内容包括最低工资确定和调整的依据、适用范围、拟订标准和说明；人力资源和社会保障部在收到拟订方案后，应征求全国总工会、中国企业联合会或企业家协会的意见。人力资源和社会保障部对方案可以提出修订意见，若在方案收到后 14 日内未提出修订意见的，视为同意；省、自治区、直辖市人力资源和社会保障行政部门应将本地区最低工资标准方案报省、自治区、直辖市人民政府批准，并在批准后 7 日内在当地政府公报上和至少一种全地区性报纸上发布；省、自治区、直辖市人力资源和社会保障行政部门应在发布后 10 日内将最低工资标准报人力资源和社会保障部。

（二）最低工资标准的确定因素

国际劳工组织《特别参照发展中国家情况确定最低工资公约》对确定最低工资标准所应依据和考虑的因素有两点规定：①工人及其家庭的必需品，需考虑该国的一般工资水平、生活费、社会保障津贴，以及其他社会阶层的相应生活标准；②经济因素，包括经济发展的要求，生产率水平，获得和维持高水平就业的需要。这两点规定基本上为各国最低工资立法所接受，但关于制约最低工资标准之要素，各国立法规定却不尽相同。

我国《劳动法》第四十九条以及《最低工资规定》规定，最低工资标准的确定和调整应综合考虑的因素主要包括以下几个方面。

1. 劳动者本人及平均赡养人口的最低生活费用

实行最低工资保障的直接目的就是确保劳动者所得工资足以维持基本生活需要。因此，最低工资标准不应低于劳动者本人的最低生活费用及其所平均赡养人口的最低生活费用。确定劳动者本人最低生活费用时，应依据特定地区劳动者的平均最低标准加以确定。“最低生活费用”从组成项目上来看，应是劳动者本人及平均赡养人口为维持最低生活需要而必须支付的费用，包括衣、食、住、行等方面所需的最低费用。

2. 社会平均工资水平

最低工资标准应低于社会平均工资水平，但应高于职业保险金、社会救济金标准。在两者之间为最低工资找一个平衡点，国际上，一般最低工资标准相当于平均工资的40% ~ 60%。

3. 劳动生产率

不同地区、不同行业之间的劳动生产率不同，在单位劳动时间对社会的劳动贡献存在差别，即意味着各地区、各行业用人单位对支付最低工资的平均承受能力不一样，因此，最低工资标准可以有所不同。

4. 就业状况

就业状况同劳动者的劳动收入和生活负担有关，并且影响劳动者的最低工资需求，与整个部门和地区的工资水平有一定的关系。最低工资标准应当有利于促进更多人实现就业。

5. 地区之间经济发展水平的差异

我国幅员辽阔，各地区之间经济发展水平不平衡，在经济发展不同的地区，最低工资标准也应有适当的地区差异。

6. 地区职工生活费用价格指数

在最低工资标准发布实施后，如果上述因素发生变化或者本地区职工生活费用价格指数累计变动较大时，应当适时进行调整，但每年不得超过一次。

7. 职工个人缴纳的社会保险费和住房公积金因素

我国立法要求，为保障职工基本生活和保证社会保险费征缴工作顺利进行，各地在制定和调整最低工资标准时，应考虑职工个人缴纳社会保险费因素。

另外，在确定和调整小时最低工资标准时，应在颁布的月最低工资标准的基础上，考虑本单位应缴纳的基本养老费和基本医疗保险费因素，同时还应适当考虑非全日制劳动者在工作稳定性、劳动强度和劳动条件、福利等方面与全日制就业人员之间的差异。

（三）最低工资标准的测算办法

确定最低工资标准的具体测算方法，国际上通用的有比重法、恩格尔系数法、累加法、超必需品剔除法、平均数法、生活状况分析法、分类综合计算法八种。根据我国《劳动法》以及《最低工资规定》，我国目前确定的关于最低工资标准的测算办法有两种。

1. 比重法

即根据城镇居民家计调查资料，确定一定比例的最低人均收入户为贫困户，统计出贫困户的人均生活费用支出水平，乘以每一就业者的赡养系数，再加上一个调整数。

2. 恩格尔系数法

即根据国家营养学会提供的年度标准食谱及标准食物摄取量，结合标准食物的市场价格，计算出最低食物支出标准，除以恩格尔系数，得出最低生活费用标准，再乘以每一就业者的赡养系数，再加上一个调整数。

以上方法计算出月最低工资标准后，再考虑职工个人缴纳社会保险费、住房公积金、职工平均工资水平、社会救济金和失业保险金标准、就业状况、经济发展水平等进行必要的修正。

（四）最低工资标准的调整

最低工资标准并非一成不变，如确定最低工资标准的各项因素发生了变化，或本地区职工生活费用价格指数累计变动较大时，应当适当调整，这样才能发挥其应有的保障功能。最低工资每两年至少调整一次，调整的权限、方式、程序、公布的办法按照确定时的规定进行。

三、最低工资的适用范围

最低工资标准是强行性的标准，不允许随意变通和规避。最低工资的适用范围一般涉及最低工资适用的劳动者范围、期限范围和劳动种类范围三方面内容。

（一）最低工资适用的劳动者范围

最低工资适用的劳动者范围，即哪些劳动者应当受到最低工资制度的保障。按照国际劳工组织第 131 号公约和第 135 号公约的要求，发展中国家把雇佣条件理应予以保护的各种产业都纳入最低工资标准的保护范围，尽可能小地限制不适用最低工资标准的产业范围。根据《劳动法》第二条和《最低工资规定》第二条，凡在中华人民共和国境内的企业、民办非企业单位、有雇工的个体工商户和与之形成劳动关系的劳动者，国家机关、事业单位、社会团体和与之建立劳动合同关系的劳动者，均应适用最低工资标准。

依据法律法规，被排除在最低工资适用范围之外的劳动者主要有：①国家公务人员和参照公务员法管理的事业单位的职工，这些人员以政府为雇主，工资是由国家直接规定并支付，工资水平远高于维护期基本生活的水平，因此，不存在最低工资保障的需要。②某些公益团体（如宗教机构、慈善机构）的职员，这类机构的职员从事公益事业往往不是以获取报酬为目的，也不适用最低工资保护。③农民，我国农村目前主要实行以家庭为单位的联产承包责任制，农业劳动多以家庭的组织形式进行，通常不存在工资发放问题，因此，既不属于《劳动法》调整的范围，更不应纳入最低工资保障的对象范围。④军人，由于依法具有服兵役义务的性质，也不适用最低工资保障制度。⑤学徒工、假期临时就业的学生。学徒工在学徒期间无法提供正常劳动，勤工俭学的学生主要任务是学习，一般无供养责任，因此，也无须给予最低工资保障。⑥残疾人，各国对残疾人劳动者是否纳入最低工资保障范围的规定不同，但一般认为其劳动能力低下，如实行最低工资保障，就有可能使用人单位在同等条件下倾向于雇佣身体和精神正常者，从而增加其就业的难度。但从我国劳动立法的规定来看，只要残疾人劳动者和我国劳动法适用范围内的用工主体建立了劳动关系，就应当适用最低工资保护。这对于保障残疾人、保障劳动者本人及其赡养人口的最低生活需要具有比其他正常劳动者更重要的意义。

（二）最低工资适用的时间范围

最低工资适用的时间范围，是指劳动者在哪些时间内从事劳动，才能享受最低工资制度的保障。按照《最低工资规定》，劳动者享受最低工资保障的时间范围，应是在法定的劳动时间或依法签订的劳动合同约定的时间之内。按照这一标准，下述几种情形不适用最低工资保护：①劳动者在法定的劳动时间或依法签订的劳动合同约定的时间之内有迟到、早退、旷工等违纪行为；②劳动者在下岗待业期间；③劳动者患病或非因工负伤治疗期间，在规定的医疗期内由企业按不能低于最低工资标准的 80% 的标准支付其病假工资或疾病救济费；④处于非带薪假期间，如事假等；⑤离岗培训期间，如果是经企业或用人方同意或者派往培训学习，应当享有最低工资保障权。

（三）最低工资适用的劳动种类范围

最低工资适用的劳动种类范围，是指劳动者在法定劳动时间内或依法签订的劳动合同约定的时间之内，提供哪些种类的劳动有权享受最低工资保障。根据世界各国通行惯例和我国《最低工资规定》，劳动者只有在法定劳动时间内或依法签订的劳动合同约定的工作时间内，提供了正常劳动的，才有权享受最低工资保障。同时，劳动者因探亲、婚丧假、生育（产）假、带薪年休假等按国家规定的休假期间，以及依法参加国家和社会活动，视为提供了正常劳动，适用最低工资保障规定。劳动者在法定工作时间或依法签订的劳动合同约定的工作时间内未提供正常劳动。如果不是由于本人原因造成的，用人单位也应当按照不低于最低工资标准的要求向劳动者支付工资。

四、最低工资的计算和支付

（一）最低工资的计算

计算最低工资，应当严格按照国家有关规定进行。目前，我国计算最低工资应剔除下列各项：①延长工作时间工资；②中班、夜班、高温、井下、有毒有害等特殊工作环境、条件下的津贴；③法律、法规和国家规定的劳动者福利待遇等。另外，以货币形式支付的住房和用人单位支付的伙食补贴也不应包括在最低工资范围内。

（二）最低工资的支付

根据《劳动法》第四十八条第二款和《最低工资规定》，在劳动者提供了正常劳动的情况下，用人单位支付给劳动者的工资在剔除上述各项后不得低于当地最低工资标准。实行计件工资或提成工资等工资形式的用人单位，在科学合理地确定劳动定额的基础上，其支付劳动者的工资不得低于相应的最低工资标准。

根据《劳动部关于贯彻执行〈中华人民共和国劳动法〉若干问题的意见》，劳动者与用人单位形成或建立劳动关系后，试用、熟练、见习期间，在法定工作时间内提供了正常劳动，其所在的用人单位应当支付其不低于最低工资标准的工资。因劳动者本人原因给用人单位造成经济损失的，用人单位可按照劳动合同的约定要求赔偿经济损失并可从劳动者本人的工资中扣除。若扣除后的剩余工资部分低于当地月最低工资标准，则按照最低工资标准执行。《劳动合同法》第二十条规定："劳动者在试用期的工资不得低于本单位相同岗位最低档工资或者劳动合同约定工资的80%，并不得低于用人单位所在地的最低工资标准。最低工资应当以货币形式支付，不得以实物或有价证券形式替代货币支付。"

第三节　工资保障制度

我国工资保障法律制度的基本内容包括工资水平保障制度、工资支付保障制度两方面内容。

一、工资水平保障制度

工资水平保障制度是为了保障劳动者的实际工资水平不下降，并在现有基础之上不断提高做出的制度设计，它决定了劳动者能够获得工资数额的多少，也体现着国家一定时期内生产力发展水平的高低。实际工资是劳动者所得货币工资所能够买到的生活资料和服务的数量。工资作为分配个人消费品的主要形式，实际工资对劳动者的生活最具有意义。保障实际工资水平，就是要处理好工资与物价的关系，一方面力求把物价上升控制在较温和的程度之内，即力求避免物价剧烈的、较大幅度的上升；另一方面力求使劳动者的货币工资以至少不低于物价上涨的幅度上升，并尽可能使劳动者的货币工资的增长率大于物价的上涨率。这正是劳动法中实际工资的保障问题。可见，实际工资保障较之最低工资保障和工资支付保障，对劳动者提供了更高水平的保护。

在西方国家，处理工资与物价的关系的法定方式主要是劳资双方的工资谈判和工资物价指数化，即物价随着生活消费品价格指数增加而提高。在我国，处理工资与物价关系的基本方式有：①工资调整。即国家在大幅度调价的同时，进行工资普调，以弥补劳动者因调价而受到的实际工资损失。②物价补贴。在劳动法意义上，仅指在大幅度调价的同时，通过财政支出或企业支出渠道，以货币形式向劳动者发放补贴。它可以是根据物价总水平的上涨幅度及居民生活费指数上涨幅度等因素给予补贴。这两种方式都是在物价主要由国家调整的条件下所采用的。而按市场经济的要求，物价变动应由市场调节，这就大大增加了采用上述两种方式的局限性。我国试行工资谈判制度，这种方式灵活性较大，能够适应市场经济的波动，同时也有利于发挥劳动者和企业双方对物价上涨和工资增长的相互制约作用。但我国目前集体合同制尚不完备，作为劳动者利益代表的工会组织缺乏独立地位和谈判实力，在国家还没有一套完整的指导、协调工资谈判的机制的前提下，要想真正发挥工资集体谈判的作用存在难度。这就需要通过不断完善我国集体劳动关系的协调机制，以实现劳动者的各项权益。

二、工资支付保障制度

工资支付是用人单位在劳动者有效地完成本职工作任务的前提下，依法或按照劳动合同的约定向劳动者支付劳动报酬的法律行为。工资支付一方面可以清偿工资给付债务，协调劳动关系；另一方面可以通过切实工资支付，实现工资的生活保障功能。工资支付保障制度，是对职工获得全部应得工资及其所得工资支配权的保障。我国《劳动法》《工资支付暂行规定》以及《对〈工资支付暂行规定〉有关问题的补充规定》等有关规定，都有关于工资支付保障的规则。工资支付保障主要包括工资的一般支付保障、特殊情况下的工资支付保障、工资支付的资金来源保障等。

（一）工资支付的一般规则

1. 货币支付规则

工资应当以法定货币形式支付给劳动者本人，不得以实物及有价证券替代货币支付。我国法律一律要求工资支付必须以货币形式，凸显基准法的强行性的特点，也是确保劳动者工资受领的便利与安全。

2. 直接支付规则

该规则要求用人单位应将工资直接支付给劳动者本人，不能随意支付给其他人。但当劳动者本人因故不能领取工资时，可由其亲属或委托他人代领。用人单位可委托银行代发工资。被派遣劳动者工资可由派遣单位直接支付，也可由派遣单位委托用工单位支付。

3. 定期支付规则

工资必须在用人单位与劳动者约定的日期支付。如遇节假日或休息日，则应提前在最近的工作日支付。工资至少每月支付一次，实行周、日、小时工资制的可按周、日、小时支付工资。但非全日制用工工资支付结算周期最长不超过 15 天。对完成一次性临时劳动或某项具体工作的劳动者，用人单位应按协议在完成劳动任务后即行支付；劳动关系依法解除或终止时，用人单位应在解除或终止劳动关系时一次性付清工资。

4. 足额支付规则

即法定或约定应当支付给劳动者的工资项目和工资额，必须全部支付，不得克扣或无故拖欠。“克扣”系指用人单位无正当理由扣减劳动者应得工资（即在劳动者已提供正常劳动的前提下用人单位按劳动合同规定的标准应当支付给劳动者的全部劳动报酬）；而“无故拖欠”系指用人单位无正当理由超过规定付薪时间未支付劳动者工资。

5. 严禁非法克扣或拖欠劳动者工资规则

为了保护劳动者的合法权益，工资支付必须遵循足额支付的规则，不得无故克扣或拖欠，根据《劳动法》、原劳动部的《工资支付暂行规定》《对〈工资支付暂行规定〉有关问题的补充规定》等，用人单位不得克扣或拖欠劳动者的工资。但在法律有明确规定的情况下，用人单位可依法扣减或拖欠劳动者工资，即只有在法定允许扣减或拖欠工资的情况下，才可以扣减或拖欠工资。

依据法律规定，允许扣除劳动者工资的情形包括：①用人单位代扣代缴的个人所得税。②用人单位代扣代缴的应由劳动者个人负担的各项社会保险费用。③法院判决、裁定中要求代扣的抚养费、赡养费。④因劳动者本人原因给用人单位造成经济损失的，用人单位可按照劳动合同的约定要求赔偿损失；经济损失的赔偿，可从劳动者本人的工资中扣除，但每月扣除的部分不得超过劳动者当月工资的 20%；若扣除后的剩余工资部分低于当地月最低工资标准，则按最低工资标准支付。⑤其他法定可以扣除的情形。

依照法律规定，允许用人单位减发工资的情形包括：①国家法律、法规中有明确规定的；②依法签订的劳动合同中有明确规定的；③用人单位依法制定并经职代会批准的厂规、厂纪中有明确规定的；④企业工资总额与经济效益相联系，经济效益下浮时，工资必须下浮的（但支付给劳动者的工资不得低于当地的最低工资标准）；⑤因劳动者请事假等相应减发工资。

用人单位应当依法及时支付劳动者的报酬，不得没有正当理由超出付薪时间不支付劳动者工资。按照《工资支付暂行规定》的补充规定，下列情形不属于拖欠工资：①用人单位遇到非人力所能抗拒的自然灾害、战争等原因，无法按时支付工资；②用人单位确因生产经营困难，资金周转受到影响，在征得本单位工会同意后可暂时延期支付劳动者工资，延期时间的最长期限可由省、自治区、直辖市劳动行政部门根据当地情况确定。其他情况下拖欠工资均属无故拖欠。

6. 违反工资支付规则的处理。

（1）《劳动保障监察条例》的规定

根据国务院发布的《劳动保障监察条例》第二十六条的规定，用人单位有克扣或者无故拖欠劳动者工资报酬、支付劳动者的工资低于当地最低工资标准等行为之一的，由劳动保障行政部门分别责令限期支付劳动者的工资报酬、劳动者低于当地最低工资标准的差额；逾期不支付的，责令用人单位按照应付金额 50% 以上 1 倍以下的标准计算向劳动者加付赔偿金。

（2）《刑法修正案（八）》的规定

《刑法修正案（八）》第四十一条（作为《刑法》第二百七十六条之一内容）增设了“拒不支付劳动报酬罪”，规定：“以转移财产、逃匿等方法逃避支付劳动者的劳动报酬或者有能力支付而不支付劳动者的劳动报酬，数额较大，经政府有关部门责令支付仍不支付的，处 3 年以下有期徒刑或者拘役，并处或者单处罚金；造成严重后果的，处 3 年以上 7 年以下有期徒刑，并处罚金。单位犯前款罪的，对单位判处罚金，并对其直接负责的主管人员和其他直接责任人员，依照前款的规定处罚。有前两款行为，尚未造成严重后果，在提起公诉前支付劳动者的劳动报酬，并依法承担相应赔偿责任的，可以减轻或者免除处罚。”加大了对恶意欠薪行为的打击力度。

（3）《关于审理拒不支付劳动报酬刑事案件适用法律若干问题的解释》的规定

最高人民法院发布了《关于审理拒不支付劳动报酬刑事案件适用法律若干问题的解释》（以下简称《解释》），针对拒不支付劳动报酬罪所涉及的术语界定、定罪量刑标准、单位犯罪等问题，进一步明确了相关刑事案件的法律适用标准，对于切实维护劳动者合法权益和社会公平正义，促进社会和谐具有重要意义。《解释》共 9 条，主要包括以下内容：明确了“劳动者的劳动报酬”的具体含义；明确了“以转移财产、逃匿等方法逃避支付劳动者的劳动报酬”的认定标准；明确了“经政府有关部门责令支付仍不支付”的认定标准，特别对行为人逃匿情形下“经政府有关部门责令支付”的内涵做了规定，以便于司法实务操作；明确了拒不支付劳动报酬罪的定罪量刑标准，对“数额较大”“造成严重后果”的认定标准做了解释；明确了拒不支付劳动报酬罪的从宽处罚情形，以最大限度地发挥刑法的威慑和教育功能，充分维护劳动者权益；明确了拒不支付劳动报酬罪的主体范围、单位犯罪等问题。

除了以上规则之外，我国劳动立法还对工资支付凭证做出了要求，目的是减少纠纷以及纠纷发生后便于查证。即用人单位必须书面记录支付劳动者工资的数额、时间、领取者的姓名以及签字，并保存两年以上备查。用人单位在支付工资时应向劳动者提供一份其个人的工资清单。

（二）特殊情况下的工资支付规则

特殊情况下的工资支付是指依照法律、法规规定或劳动合同约定在特殊时间内或者特殊工作情况下给劳动者的工资支付。我国现行的特殊情况下的工资支付规则如下。

1. 依法参加社会活动期间的工资支付

劳动者在法定工作时间依法参加社会活动期间，用人单位应视同其提供了正常劳动而支付工资。社会活动包括：①依法行使选举权和被选举权；②当选代表出席乡（镇）、区以上政府、党派、工会、青年团、妇女联合会等组织召开的会议；③出任人民法院证明人；④出席劳动模范、先进工作者大会；⑤《工会法》规定的不脱产工会基层委员会委员因工会活动占用的生产或工作时间；⑥其他依法参加的社会活动。

2. 法定休息期间的工资支付

用人单位根据实际需要安排劳动者在法定标准工作时间以外工作应当按照法定的标准向劳动者支付工资，即支付劳动者的加班加点工资。加班是指在法定节日、公休假日从事工作。加点是指在一个工作日内延长工作时间。根据《劳动法》第四十四条的规定，有下列情形之一的，用人单位应当按照下列标准支付高于劳动者正常工作时间工资的工资报酬：①在日法定标准工作时间安排劳动者延长工作时间的，支付不低于本人小时工资标准的 150% 的工资报酬；②休息日安排劳动者工作又不能安排补休的，支付不低于本人日工资或小时工资标准的 200% 的工资报酬；③法定休假日安排劳动者工作的，支付不低于本人日工资或小时工资标准的 300% 的工资报酬。

实行计件工资的劳动者，在完成计件定额任务后，由用人单位安排延长工作时间的，应根据上述规定的原则，分别按照不低于其本人法定工作时间计件单价的 150%、200%、300% 支付其工资。

经劳动行政部门批准实行综合计算工时工作制的，其综合计算工作时间超过法定标准工作时间的部分，应视为延长工作时间，并应按本规定支付劳动者延长工作时间的工资。

3. 法定休假期间的工资

劳动者的法定休假期间包括年休假、探亲假、婚丧假等。用人单位应按劳动合同约定的标准支付劳动者工资。

4. 停工、停产期间的工资

非因劳动者原因造成单位停工、停产在一个工资支付周期内的，用人单位应按劳动合同规定的标准支付劳动者工资。超过一个工资支付周期的，若劳动者提供了正常劳动，则支付给劳动者的劳动报酬不得低于当地的最低工资标准；若劳动者没有提供正常劳动，应按国家有关规定办理。

5. 关于特殊人员的工资支付规则

①劳动者受处分后的工资支付：劳动者受行政处分后仍在原单位工作（如留用察看、降级等）或受刑事处分后重新就业的，应主要由用人单位根据具体情况自主确定其工资报酬；劳动者受刑事处分期间，如收容审查、拘留（羁押）、缓刑、监外执行或劳动教养期间，其待遇按国家有关规定执行。②学徒工、熟练工、大中专毕业生在学徒期、熟练期、见习期、试用期及转正定级后的工资待遇由用人单位自主确定。③新就业复员军人的工资待遇由用人单位自主确定；分配到企业的军队转业干部的工资待遇，按国家有关规定执行。

（三）工资支付的资金来源保障

为了规范用人单位的用工行为，切实消除拖欠劳动者工资的行为，需要建立工资支付保障金制度，保障劳动者劳动报酬权的实现。目前我国工资支付资金来源保障主要由工资基金制度、工资保证金制度、欠薪支付保障制度等构成。

1. 工资基金制度

工资基金是国家要求用人单位依法设置的用于一定时期（通常为一年）给全体职工支付劳动报酬的专门货币基金。为了确保工资支付，各单位工资基金的提取、存储和使用由国家统一进行管理。按照现行的规定，工资基金管理主要措施有：①建立工资基金专户。用人单位要在银行开设工资基金专项户头，专项储存构成工资总额的所有工资基金，专户中的资金只能用作工资支付，不能挪作他用。②审批工资使用计划。各用人单位按年度、季度和分月编制工资基金使用计划，报国家有关部门审批或备案。用人单位必须按计划使用工资基金，不得串项挪用，也不能提前透支。③银行监督。银行有权对用人单位工资基金的支出使用实行监督。用人单位必须向银行报送工资总额计划、工效挂钩方案、工资总额基金和工资基金使用计划。由开户行据此监督用人单位工资基金的支出使用。人力资源和社会保障行政部门与银行还可通过向用人单位核发《工资基金管理手册》来加强对工资的管理。

2. 工资保证金制度

工资保证金制度是国家强制已有或易发工资违法行为的单位依法存入劳动行政部门指定的银行账户的，专门用于用人单位违法行为时支付工资及其赔偿金的资金。我国目前法律层面未有专门的规定，但许多地方已开始试点。在进行制度设计时可包括：工资保证金应限于已有或易发工资违法行为的用人单位，如建筑施工企业等；用人单位应按法定标准一次性存入工资保证金，该标准在全国统一标准出台之前，可由各地根据本地实际情况综合各种因素确定；已存入工资保证金的用人单位存在工资违法行为的，在责令限期改正无果的前提下，要承担支付工资和赔偿金的责任，不支付的，从其工资保证金中支付，再限期用人单位补足金额达到法定标准；法定期限内用人单位未发生工资违法行为，劳动行政部门应将工资保证金予以退还。

3. 欠薪支付保障制度

欠薪索赔优先权，是指劳动者依法享有的对欠薪单位就其欠薪优先索赔的权利。劳动报酬作为一种特定之债，无论从形式上所反映出来的人身属性与财产属性兼而有之的特性看，还是从实质定义上所反映出来的保障生存权实质平等的价值功能看，都需要确立劳动报酬权的优先权性质。或者说，劳动报酬权的性质决定了它必须具有优先权属性。我国关于劳动报酬权的优先权立法，散见于《中华人民共和国企业破产法》《中华人民共和国海商法》《中华人民共和国航空法》《中华人民共和国合伙企业法》《中华人民共和国个人独资企业法》《中华人民共和国公司法》《中华人民共和国民事诉讼法》等法律中。

欠薪保障基金制度。虽然我国《劳动法》等法律尚未对建立欠薪保障基金作出规定，但一些地方政府做了许多有益的尝试，出台了一系列的规定，如《深圳经济特区欠薪保障条例》《上海市小企业欠薪保障金收缴及使用实施细则》等。凡在工商行政管理部门登记注册、缴纳社会保险费的企业，均需缴纳一定的欠薪保障费，加上财政补贴、欠薪保障基金的合法利息以及接受的合法捐赠组成欠薪保障基金的资金，企业缴费后，如发生歇业、破产或业主逃匿等情况，因此而拖欠员工工资的，即可申请垫付欠薪。上述两件立法均属于地方性法规规章。这些地方的法律依据主要是地方性法规或者规章，效力等级具有局限性，因此，进一步明确欠薪保障基金制度的基本原则、设立专门的基金管理机构和监督机构、明确欠薪保障项目的支付和追偿等，需要在实践中进一步探索。

欠薪报告和欠薪预警制度。企业欠薪报告制度，是指企业发生拖欠职工工资情况后，必须向劳动保障部门填报《企业欠薪情况报告书》的制度。《企业欠薪情况报告书》内容包括以下几点：企业拖欠工资金额、人数及原因，企业偿还拖欠工资的计划、进度及保证措施等。欠薪预警保障制度是指政府通过法律、经济、行政等手段尤其是法律手段，对拖欠职工工资的用人单位发出警示，并强制其补发拖欠的工资，依法保护劳动者取得合法劳动报酬的权益的制度。用人单位接到预警通知后，应制定工资补发计划，提出切实可行的整改措施，明确补发时间，连同有关财务报表报送劳动保障行政部门备案。预警期由劳动保障行政部门根据用人单位情况确定，一般不超过 3 个月。预警期间，劳动保障行政部门定期进行抽查，进一步完善欠薪保障制度。

第七章　社会保险与职工福利

第一节　社会保险概述

一、含义

社会保险是指国家为了预防和分担年老、失业、疾病以及死亡等社会风险，实现社会安全，而强制社会多数成员参加的，具有所得重分配功能的非营利性的社会安全制度。社会保险计划由政府举办，强制某一群体将其收入的一部分作为社会保险税（费）形成社会保险基金，在满足一定条件的情况下，被保险人可从基金获得固定的收入或损失的补偿，它是一种再分配制度，目标是保证物质及劳动力的再生产和社会的稳定。社会保险的主要项目包括养老保险、医疗保险、失业保险、工伤保险、生育保险。社会保险是社会保障制度中的核心内容。

二、特征

（一）保障性

实施社会保险的根本目的，就是保障劳动者在其失去劳动能力之后的基本生活，从而维护社会的稳定。

（二）法定性

社会保险是由国家立法，强制实施的。保险待遇的享受者及其所在单位，双方都必须按照规定参加并缴纳社会保险基金，不能自愿。法定性是实现社会保险的组织保证，目的在于保障劳动者因暂时或永久丧失劳动能力以及失业时获得生活保险，安定社会秩序。

（三）互济性

社会保险是按照社会共担风险原则进行组织的。社会保险费用由社会统筹，建立社会保险基金。社会保险机构要用互助互济的办法统一调剂基金，支付保险金和提供服务，实行收入再分配，使参加社会保险的劳动者生活得到保障。

（四）福利性

社会保险不以营利为目的，它以最少的花费，解决最大的社会保障问题，属于社会福利性质。

（五）普遍性

社会保险实施范围广，一般在所有职工及其供养的直系亲属中实行。

三、保费的征集和计算方式

（一）计算

社会保险必须根据各种风险事故的发生概率，并按照给付标准事先估计的给付支出总额，求出被保险人所负担的一定比率，作为厘定保险费率的标准。而且，与商业保险不同，社会保险费率的计算，除风险因素外，还需要考虑更多的社会经济因素，求得公平合理的费率。

（二）征集方式

1. 比例保险费制

这种方式是以被保险人的工资收入为准，规定一定的百分比，从而计收保险费。社会保险的主要目的，是补偿被保险人遭遇风险事故期间所丧失的收入，以维持其最低水平的生活，因此必须参照其平时赖以为生的收入，一方面作为衡量给付的标准；另一方面又作为保费计算的根据。

以工资为基准的比例保险费制最大的缺陷是社会保险的负担直接与工资相联系，不管是雇主雇员双方负担社会保险费还是其中一方负担社会保险费，社会保险的负担都表现为劳动力成本的增加，其结果会导致资本排挤劳动，从而引起失业增加。

2. 均等保险费制

即不论被保险人或其雇主收入多少，一律计收同额的保险费。这一制度的优点是计算简便，易于普遍实施；而且采用此种方法征收保险费的国家，在其给付时，一般也采用均等制，具有收支一律平等的意义。但其缺陷是，低收入者与高收入者缴纳相同的保费，在负担能力方面明显不公平。

四、功能

近 100 多年来，社会保险制度的创立与发展，不仅使当时较为落后的德国迅速成为世界强国并始终维系着德国的强大，而且促使资本主义社会由野蛮时代进入文明时代，西方世界因这一制度消除了劳资之间的激烈对抗而先后步入持续繁荣与和谐时期，这主要是因为社会保险饱含着天然的社会主义因素，其功能无可替代。

客观而论，社会保险制度的主要功能如下。

（一）调节劳资双方的利益关系

众所周知，劳资之间的利益分歧是客观存在的，在资本主义的发展史上，资本的强势与劳动者的弱势是由利益分配格局的失衡造成的，劳资矛盾恶化甚至激烈对抗更是直接由于雇主不顾劳动者起码权益而唯利是图的必然结果，如劳动者只要年老、疾病、工伤等就会丧失收入来源，面临生存危机。通过建立社会保险制度，雇主必须承担起为劳动者参与各项社会保险缴费的法定义务，劳动者则可以通过参加社会保险来实现自己的权益，这种制度安排实际上照顾到了劳动者在特定情形下的诸多利益诉求，不仅是对劳资双方利益分配关系的有力调节，而且也是对整个社会公平与效率关系的有力调节。

（二）解除劳动者后顾之忧，增进劳动者福利

无论哪一种社会保险项目，客观上都是在解除劳动者的后顾之忧和增进劳动者的福利，让劳动者养老有保障、疾病医疗有保障、工伤有保障、失业有保障。因此，社会保险制度的建立，是劳动者福利权益实现的直接表现；社会保险制度的发展，则是劳动者福利权益的发展。

（三）维护社会稳定，促进社会和谐

由于社会保险有效地解除了劳动者的后顾之忧，劳资关系便由对抗走向妥协与合作。工业化国家早期尖锐对立的劳资关系与风起云涌的工人运动，因社会保险制度的确立而被化解。劳资关系的和谐与稳定，必然带来整个社会关系的和谐与稳定。因此，社会保险制度通过消化劳资对抗而直接促进并维系着整个社会的和谐发展。

（四）促进经济社会持续、健康、文明发展

一方面，社会保险因化解了劳资对立而让双方有了更多的、更直接的共同利益，劳资双赢构成了国家经济社会持续、健康发展的基础；另一方面，社会保险在维护劳动者福利权益的同时，有效地增强了劳动者的安全感与安全预期，同时还维护了劳动者的尊严，促进了男女平等，从而对社会文明的发展具有很强的牵引与促进作用。

（五）在互助共济中促进并维护着社会公平

社会保险依据的是大数法则，是参保人共同参与，并在雇主分担缴费义务与政府财政支持的条件下，相互分担风险，如年轻人为老年人做贡献，健康者为疾患者做贡献，就业者为失业者做贡献，安全者为工伤者做贡献，谁都是这一制度的贡献者，谁都有可能成为这一制度的受益者。正是这种互助共济的功能，不仅在很大程度上化解了劳动者个人的生

活风险，而且通过对参保人的收入补偿来保障其生活，促进并实现着社会公平，而社会保险制度的强制性特征又有效地避免了雇主与劳动者的逆向选择，确保了这一制度覆盖对象的公平权益。

此外，由于社会保险制度与收入关联，雇主与劳动者的缴费都与工资挂钩，养老金等待遇亦与劳动者的工资挂钩，从而在劳资之间、劳动者之间乃至于在全体国民之间具有较强的收入再分配功能。

社会保险制度的上述功能，决定了它作为与工业社会相适应并标志着当代社会文明进步的重大制度安排，在社会发展进程中所具有的不可替代性与重要性。

五、原则

从各国的实践来看，社会保险制度虽然在各国之间存在一些差异，但在制度建设中都普遍遵循如下基本原则。

（一）强制性原则

从社会保险产生之日起，所有国家的社会保险制度都是通过立法确立并强制实施的，这主要是基于它的制度特性与利益协调的需要。各国的社会保险制度都是在立法规范的条件下，借助行政与司法等公权来强制实施，覆盖范围内的雇主与劳动者，以及政府均必须依法承担自己的义务，雇主与劳动者均没有自由选择是否参保及缴费多少等权利。这种强制性保证了社会保险制度的公平性与互助共济性。

（二）公平性原则

各国社会保险都是维护劳动者权益、实现劳资利益与国民福利合理配置的重大制度安排，它因覆盖全体劳动者并能够惠及其家属而维护了人在发展过程中的公平。因此，在社会保险制度中，强调打破各种身份限制，公平地对待每个劳动者并确保其实现相应的社会保险权益。但各国社会保险制度的建设过程，其实是一个从不公平到公平渐进发展的进程，它通常都是从产业工人开始，然后再逐渐覆盖到农民及自由职业者。

（三）责任分担原则

社会保险制度强调责任分担，劳资双方分担缴费义务以及政府参与分担一定责任是各国社会保险制度通行的规则。在绝大多数建立社会保险制度的国家或地区，劳资双方通常各分担 50% 的缴费责任。政府在社会保险制度中，事实上承担着财政支持、行政监督与公共服务等三种责任。其中，政府的财政责任又包括两个方面：一是作为雇主为其工作人员参加社会保险承担缴费义务；二是作为政府采取补贴社会保险支出或者分担社会保险缴费，以及提供管理及运行经费等方式来承担公共财政惠及全民的责任。责任分担是社会保险制度得以持续发展的基本条件。

（四）权利义务相结合

社会保险制度强调参保人权利与义务相结合，不参保当然不能享受社会保险待遇，不缴费也通常不能享受社会保险待遇，因为社会保险基金是全体参保人的共同财产，只有履行了相应的义务才能享受相应的权益。坚持参保人个人权利义务相结合原则，正是缴费型社会保险制度有别于纳税型全民福利制度的重要区别，它要求全体参保人均有清晰的缴费记录与待遇给付对应关系，这构成了社会保险管理与经办中的实质内容。

（五）与经济发展水平相适应原则

社会保险是一种与收入关联的再分配手段，它必然要建立在相应的经济发展水平之上。一方面，工业化程度愈高，对社会保险的需求愈大，产业结构与就业结构的发展变化及其创造的经济发展水平，直接影响着社会保险制度的建设；另一方面，社会保险制度的实施，无一例外地需要有相应的财力支撑，制度建设中需要考虑到劳动者的客观需要，还要考虑到劳资双方的缴费承受能力，以及国家财政可能承受的扶持力度。当然，在我国现阶段，强调与经济发展水平相适应，应当是持续高速增长三十年的国民经济发展水平，而不能将我国的经济发展水平固化在十年前、二十年前甚至在改革开放初期的水平上。将经济增长逐渐通过社会保险等相关制度安排直接转化为国民福利，应当成为我国经济社会发展和构建社会主义和谐社会的重要取向。

（六）自成系统、自我发展、自我平衡原则

各国的社会保险制度（只要未演变成全民福利）通常都自成系统，它受政府主管部门监督，在接受政府财政支持的同时又与政府财政保持距离，通过专门的社会保险经办机构，追求自我发展、自我平衡。坚持自成系统、自我发展、自我平衡原则，就是为了持续落实劳资双方分担直接责任、落实参保人权利义务相结合、保持制度理性发展并避免成为政府负担。当然，养老保险因人口老龄化冲击与老年人分享国家发展成果的需要，各国政府多给予相应的补贴，但这并不改变社会保险制度自成系统、自我发展和追求自我平衡的本质属性。

六、社会保险和商业保险的区别

商业保险是指通过订立保险合同运营，以营利为目的的保险形式，由专门的保险企业经营。商业保险关系是由当事人自愿缔结的合同关系，投保人根据合同约定，向保险公司支付保险费，保险公司根据合同约定的可能发生的事故因其发生所造成的财产损失承担赔偿保险金责任，或者当被保险人死亡、伤残、疾病或达到约定的年龄、期限时承担给付保险金责任。

由于劳动者个体之间的收入差别较大，而社会保障则需要顾及众多群体的实际承受能

力，不可能拉大其间的差距，在一部分收入水平相对较高的人群里，在拥有了社会保障的前提下，可以根据自己的经济能力，选择适度的商业保险来补充自己的保障，使自己的健康、养老、意外保障更加充分。社会保险与商业保险的区别有如下几个方面。

（一）实施目的不同

社会保障是为社会成员提供必要的基本保障，不以营利为目的；商业保险则是保险公司的商业化运作，以获得利润为目的。

（二）实施方式不同

社会保险是根据国家立法强制实施；商业保险是遵循“契约自由”原则，由企业和个人自愿投保。

（三）实施主体和对象不同

社会保险由国家成立的专门性机构进行基金的筹集、管理及发放，其对象是法定范围内的社会成员；商业保险是由保险公司来经营管理的，被保险人可以是符合承保条件的任何人。

（四）保障水平不同

社会保险为被保险人提供的保障是最基本的，其水平高于社会贫困线，低于社会平均工资的 50%，保障程度较低；商业保险提供的保障水平完全取决于保险双方当事人的约定和投保人所缴保费的多少，只要符合投保条件并有一定的缴费能力，被保险人可以获得高水平的保障。

第二节　我国社会保险制度的发展

一、历史回顾

回顾我国社会保险制度改革所走过的历程，成就是有目共睹的。它主要体现在以下几个方面：

第一，劳动者依靠国家与单位的保险观念转变为接受责任分担。计划经济时代的劳动保险实际上是单位包办的单位保险，国有单位的长生不死、劳动者的铁饭碗和生老病死靠单位是三位一体的，单位几乎承担着保障职工及其家属基本生活的全部责任，这种单一责任主体的形成，不可避免地在人们的观念中打上单纯依靠单位提供各种保险待遇的烙印。社会保险制度改革以来，个人缴费成为新制度存在与发展的现实条件，劳动者开始承担与单位分担缴费的义务，再加上政府的必要补贴，责任分担的意识逐渐强化，现在已经被人们普遍接受，这应当是改革的首要成就。

第二，单位化的劳动保险制度基本实现了向社会化的社会保险制度转型。原有的劳动保险制度是单位包办、封闭运行的制度安排，经过二十多年的变革，现在已转变为由独立于企事业单位之外的公营机构经办、劳资分责、政府监管、社会化运行的社会保险制度。

第三，较好地化解了我国经济改革中的风险，维护了社会的基本稳定与国民经济的持续高速增长。假如没有养老保险制度改革，越来越多的劳动者退休后将因企业的倒闭、破产、兼并或者效益不良而领不到养老金；假如没有失业保险，每年数以百万计的失业工人将面临收入完全中断的风险；假如没有工伤保险，众多的工伤受害者将陷入生活困境；假如没有医疗保险改革，同样会有更多的人无处报销或者无法报销疾病医疗费用。因此，尽管国家在社会保险制度改革中付出的直接成本不多，但这一制度起到的作用却特别大。政府在社会保险制度改革中的投入，可以说是效益最大的投入。

第四，部分地实现了社会保险制度的创新。我国在基本养老保险制度中选择了社会统筹与个人账户相结合模式，这种独特的养老保险模式虽然因过早被采用并且没有相应的后备措施而留下了严重后遗症，但毕竟为世界养老保险制度的变革提供了一种新鲜的方案，等等。

上述成就的取得非常不易，因为世界上没有哪一个国家，能够对一套已经成熟并为亿万国民享有的劳动保险制度进行全方位的变革，因此，尽管改革并未完成，社会保险制度建设的任务还非常繁重，但我国社会保险制度以往的改革尤其是近十年的改革成就依然值得充分肯定。

二、立法前景

前已述及，世界各国的社会保险制度都是通过立法来确立的，先立法后实施是这一制度的内在要求。这主要是因为社会保险制度是消除劳动者后顾之忧和不确定风险而给人以安全感与安全预期的，这一制度主体各方的责任也只有通过立法机关的讨论才能实现合理分担，这一制度的公平性、强制性与可靠性更是需要通过上升到法律规范才能得到保证。政府作为社会保险制度责任主体的一方，可以主导这一制度，但不能包办这一制度，其制定的社会保险法规也不足以确立这一制度，其强制性不足以促使用人单位全部参与，公平性则因为政府也有自己的利益问题而可能导致失衡。因此，社会保险制度不通过立法机关的法律规范，便不可能走向定型与稳定。

从现阶段国家发展的客观需要、城乡居民的普遍呼声及社会保险领域中存在的问题出发，我国社会保险改革确实需要尽快通过立法规范来进入定型、稳定、可持续的发展阶段。改革面临的问题急切需要通过法律规范给予明确回答，社会保险制度的稳定性与可靠性需要通过立法来确立，社会保险责任分担机制亦只有通过立法机关的审议才能更为充分地兼顾各方的权利与责任。因此，制定社会保险法是确立社会保险制度的内在要求，是维护劳动者福利权益的必要保障，也是促进社会和谐的重要途径。

从各国社会保险立法实践来看，立法需要重点关注的问题包括：

第一，立法宗旨要突出维护劳动者福利权益、解除劳动者后顾之忧、促进社会公平与社会和谐。尽管社会保险制度创建初期具有被动性，但它也是通过解除劳动者的后顾之忧来实现调和劳资矛盾的政治目标的。第二次世界大战以后，世界各国建立社会保险制度不仅由被动应对工人阶级的反抗变为主动积极解除劳动者的后顾之忧，而且增进了社会公平与促使劳动者福利增长的色彩。因此，社会保险法实质上是劳动者的权益法、劳动者的福利法。立法中应当充分体现出国家建立这一制度的根本目的，在于解除劳动者的后顾之忧，创造并维护公平的竞争环境，同时明确运用强制手段加以实施，明确它是全体劳动者的一项福利权益，由国家、用人单位与劳动者分担责任。与劳动合同法必须保护劳资双方合法权益的宗旨相比，社会保险法才是真正专门维护劳动者权益并增进劳动者福利的法律。

第二，需要充分体现出社会保险制度的公平性与强制性。社会保险是为解除全体劳动者后顾之忧的制度安排，立法实践应当以促进并实现劳动者福利权益的社会公平为出发点，即使条件不成熟，也应当以缩小现实中的不公平为出发点。同时，社会保险制度为实现风险分散与财务稳定，也需要遵循大数法则，通过覆盖尽可能多的参保人来让风险在更大范围内分散，从而拒绝雇主或用人单位与劳动者的自由参与和逆向选择，这就要求必须采取强制手段来保障所有参保单位与参保人真正全部参加进来。因此，立法中必须明确相应的法律强制手段，包括赋予社会保险经办机构强制权、社会保险监督机构强制权以及司法机关的司法监督权。赋予社会保险经办机构、监管机构与司法机关必要的强制权，是确保社会保险制度良性运行与可持续发展的基本保证。

第三，要妥善解决社会保险制度适用范围或者覆盖面的问题。由选择性制度安排到普惠性制度，由重点人群到一般人群，是各国社会保险制度发展的必然。因此，在各国社会保险制度建设过程中，一开始往往并非覆盖全体劳动者的普惠性制度安排，而是面向受雇的产业工人的一种选择性制度安排。因此，任何社会保险立法都必定要明确这一制度的适用范围或者覆盖范围。一旦法律明确规范，覆盖范围内的用人单位与劳动者便必须参加，并依法缴纳社会保险费。因此，如何根据实际情况合理确定适用范围，是社会保险立法中应当解决的问题。

第四，要明确合理的责任分担机制。让用人单位与劳动者承担起法定的缴费义务，不仅是社会保险制度存在与发展的决定性因素，而且也是劳动者享受社会保险权益的前提条件。同时，社会保险作为当代社会满足劳动者乃至其家属福利需求的重大制度安排，亦要求政府承担起相应的财政责任，这种责任不仅是指直接分担社会保险缴费或者补贴支出的责任，而且包括作为机关事业单位工作人员的雇主而应当承担的雇主缴费责任、对社会保险制度运行应当承担的公共财政责任，以及对我国社会保险制度转型带来的中老年职工的历史责任。

第五，要明确责任主体各方的权利与义务。社会保险立法不能用含模糊的语言界定这一制度责任主体的权利与义务，而是需要用明确的、规范的语言来界定各方的权利与义务。对雇主或者用人单位而言，法律必须明确其为职工参加社会保险的强制性义务，同时亦获得解除或者减免其对劳动者相应的经济补偿的权益。对劳动者而言，除工伤保险外，法律不仅应当明确规定其参保并缴纳社会保险费的义务，同时应当赋予其享受各项社会保险待遇的法定权益。此外，法律同样应当明确政府对社会保险制度所负有的财政责任与行政责任。

第六，要构建起真正权威、高效的社会保险监督体制。在各国社会保险制度实践中，赋予主管部门切实的监督权力，同时按照问责制的要求来促使其承担相应的法律责任，是社会保险立法中必备的内容。社会保险监督权与社会保险管理及实施权通常是分离的，即对社会保险制度运行的监督权，通常专属政府行政主管部门，其他行政部门则按照各自的职责履行责任；而社会保险事务的具体管理与实施权，通常被赋予专门的社会保险经办机构。因此，要维护社会保险制度的良性运行，在立法中就必须强化社会保险行政主管部门的监督权力与权威，同时明确其应当承担的法律责任。从世界各国的经验来看，集权监督较分散监督更有效率，也更有力度，因为采取集权监督不仅是实行社会保险监管问责制的内在要求，也是让主管部门真正承担起对这一制度理性、持续发展的直接责任的前提条件。但为了制衡监督部门的权力，往往要求社会保险制度同时接受社会监督，包括工会等社会团体的监督。

第七，要赋予并规范社会保险经办机构相应的责任与权力，同时明确其应当承担的法律责任，以确保社会保险制度的正常运行与可持续发展。社会保险经办机构是社会保险制度运行的真正管理机构与实施机构，它肩负着保障社会保险制度良性运行并落实劳动者社会保险权益的直接责任。没有一个健全的社会保险经办机构，不可能有健康、持续发展的社会保险制度。因此，社会保险立法必须强化对社会保险经办机构的规范，一方面应当确保社会保险经办机构对整个社会保险制度运行进行管理与实施的权力不被分割；另一方面必须同时明确其法律责任，以及接受监督机构监督和社会监督的义务。而在赋予社会保险经办机构足够的权利并推行问责制的同时，构建现代化的社会保险信息系统，建立一支专业化的经办队伍，是社会保险经办机构承担并完成其使命的基本条件。

第八，要妥善解决社会保险制度实践中的基金监管与投资问题。我国在基本养老保险、医疗保险等制度中选择了社会统筹与个人账户相结合的模式，它是一种板块结构型部分积累模式，这种模式因个人账户采取完全积累的财务机制，基金积累及其规模的持续扩大便成为社会保险制度运行中的必然现象，而要维护社会保险基金的安全亦成为社会保险制度健康、持续发展的重要内容。在基金安全方面，实际上包括两个方面的风险：一是基金贬值的风险，即资金的积累与沉淀如果不能进行相应的投资活动，结果必定是贬值，这种损失当然是劳动者权益的损失，也是基金制的失败；二是基金管理中的风险，包括被挪用、贪污等，这种风险通常较易控制。从当前我国社会保险基金风险结构来看，贬值风险是首要的，管理风险是次要的。因此，在社会保险立法中，不仅需要明确社会保险基金管理的安全性原则与相应的规避措施，而且需要明确社会保险基金进行适当的投资营运，在确保基金安全的同时实现基金的保值与增值。

第九，要妥善解决企业年金等补充保险的发展问题。我国多层次的社会保障体系，主要体现在企业年金、补充医疗保险等补充保险上。因此，尽管补充保险不是强制性的社会保险，不属于社会保险立法规范的范畴，但各国在社会保险制度建设中，同时高度关注并重视企业年金等补充保险却是一个客观事实。大多数国家通常根据社会保险的需要，明确确定企业年金等补充保险的发展空间与税收优惠等政策，并将这些政策措施与社会保险紧密地结合起来，以便更好地解除劳动者的后顾之忧。因此，尽管不宜在社会保险立法中对企业年金等补充保险进行具体规范，但明确国家鼓励并支持企业年金等补充保险的发展，则是社会保险立法中非常必要的。

第十，要为社会保险改革与这一制度的进一步完善留出相应的空间。我国的社会保险改革还在进行之中，各地区发展的不平衡与社会保险制度建设的步伐不一，这决定了我国的社会保险立法还不可能一步到位地走向完善，一些具体问题甚至是重大问题，还难以在现阶段的社会保险立法中加以明确。对此，在尽可能明确应当明确且能够明确的社会保险内容的同时，有必要留出社会保险制度进一步改革与完善的空间，即对一些一时无法通过立法规范的事项，通过授权中央政府制定相应的法规进行调控，以后再通过修正社会保险法律来完善，将是一个理性的选择。

总之，我国的社会保险改革与制度建设，急切需要通过社会保险立法来规范，但现阶段指望制定一部完美的社会保险法律显然是不现实的。在尽可能地制定一部较好的社会保险法律的同时，加快社会保险改革步伐及相关法规建设，仍然是确立这一制度并使之不断走向完善的重要条件。

第三节　社会保险的种类

我国的社会保险种类有养老保险、医疗保险、失业保险、工伤保险和生育保险。现予以分别阐述。

一、养老保险

（一）含义

养老保险是国家依据相关法律法规规定，为解决劳动者在达到国家规定的解除劳动义务的劳动年龄界限或因年老丧失劳动能力而退出劳动岗位后而建立的一种保障其基本生活的社会保险制度。目的是以社会保险为手段来保障老年人的基本生活需求，为其提供稳定可靠的生活来源。

养老保险是在法定范围内的老年人“完全”或“基本”退出社会劳动生活后才自动发生作用的。所谓“完全”，是以劳动者与生产资料的脱离为特征；所谓“基本”，指的是参加生产活动已不成为主要社会生活内容。其中法定的年龄界限才是切实可行的衡量标准。

同时被保险人只有满足以下两个条件，即：达到国家规定的退休条件已办理相关手续；按规定缴纳基本养老保险费累计缴费年限满 15 年的，经劳动保障行政部门核准后的次月起，方可按月领取基本养老金及丧葬补助费等。

基本养老保险费由企业和被保险人按不同缴费比例共同缴纳。以北京市养老保险缴费比例为例：企业每月按照其缴费总基数的 20% 缴纳，职工按照本人工资的 8% 缴纳。其中城镇个体工商户和灵活就业人员以本市上一年度职工月平均工资作为缴费基数，按照 20% 的比例缴纳基本养老保险费，其中 8% 计入个人账户。

（二）层次体系

我国的养老保险由四个层次（或部分）组成。第一层次是基本养老保险，第二层次是企业补充养老保险，第三层次是个人储蓄性养老保险，第四层次是商业养老保险。在这种多层次养老保险体系中，基本养老保险可称为第一层次，也是最高层次。

1. 基本养老保险

基本养老保险（亦称国家基本养老保险），它是国家和社会根据一定的法律和法规，为解决劳动者在达到国家的解除劳动义务的劳动年龄界限，或因年老丧失劳动能力退出劳动岗位后的基本生活而建立的一种社会保险制度。基本养老保险以保障离退休人员的基本生活为原则。它具有强制性、互济性和社会性。它的强制性体现在由国家立法并强制实行，企业和个人都必须参加而不得违背；互济性体现在养老保险费用来源，一般由国家、企业和个人三方共同负担，统一使用、支付，使企业职工得到生活保障并实现广泛的社会互济；社会性体现在养老保险影响很大，享受人多且时间较长，费用支出庞大。

2. 企业补充养老保险

由国家宏观调控、企业内部决策执行的企业补充养老保险，又称企业年金，它是指由企业根据自身经济承受能力，在参加基本养老保险基础上，企业为提高职工的养老保险待遇水平而自愿为本企业职工所建立的一种辅助性的养老保险。企业补充养老保险是一种企业行为，效益好的企业可以多投保，效益差的、亏损企业可以不投保。实行企业年金，可以使年老退出劳动岗位的职工在领取基本养老金水平上再提高一步，有利于稳定职工队伍，发展企业生产。

3. 个人储蓄性养老保险

职工个人储蓄性养老保险是我国多层次养老保险体系的一个组成部分，是由职工自愿参加、自愿选择经办机构的一种补充保险形式。实行职工个人储蓄性养老保险的目的，在于扩大养老保险经费来源，多渠道筹集养老保险基金，减轻国家和企业的负担；有利于消除长期形成的保险费用完全由国家“包下来”的观念，增强职工的自我保障意识和参与社会保险的主动性；同时也能够促进对社会保险工作实行广泛的群众监督。

4. 商业养老保险

商业养老保险是以获得养老金为主要目的的长期人身险，它是年金保险的一种特殊形式，又称为退休金养老保险，是社会养老保险的补充。商业养老保险的被保险人，在缴纳了一定的保险费以后，就可以从一定的年龄开始领取养老金。这样，尽管被保险人在退休之后收入下降，但由于有养老金的帮助，他仍然能保持退休前的生活水平。商业养老保险，如无特殊条款规定，则投保人缴纳保险费的时间间隔相等、保险费的金额相等、整个缴费期间内的利率不变且计息频率与付款频率相等。

（三）特点

第一，由国家立法，强制实行，企业单位和个人都必须参加，符合养老条件的人，可向社会保险部门领取养老金。

第二，养老保险费用来源，一般由国家、单位和个人三方或单位和个人双方共同负担，并实现广泛的社会互济。

第三，养老保险具有社会性，影响很大，享受人多且时间较长，费用支出庞大。因此，必须设置专门机构，实行现代化、专业化、社会化的统一规划和管理。

通过建立养老保险制度，有利于新老更替，实现就业结构的合理化；为老年人提供了基本生活保障，使老年人老有所养，是应对人口老龄化的一项重要措施，有利于社会稳定；能够激励年轻人奋进，提升工资标准，为退休后的生活提供保障，有利于促进经济发展。

（四）作用

养老保险是以老年人的生活保障为指标的，通过再分配手段或者储蓄方式建立保险基金，支付老年人生活费用。它的实施具有以下作用。

1. 有利于保证劳动力再生产

通过建立养老保险的制度，有利于劳动力群体的正常代际更替，老年人年老退休，新成长劳动力顺利就业，保证就业结构的合理化。

2. 有利于社会的安全稳定

养老保险为老年人提供了基本生活保障，使老年人老有所养。随着人口老龄化的到来，老年人口的比例越来越大，人数也越来越多，养老保险保障了老年劳动者的基本生活，等于保障了社会相当部分人口的基本生活。对于在职劳动者而言，参加养老保险，意味着对将来年老后的生活有了预期，免除了后顾之忧，从社会心态来说，人们多了些稳定、少了些浮躁，这有利于社会的稳定。

3. 有利于促进经济的发展

各国设计养老保险制度多将公平与效率挂钩，尤其是部分积累和完全积累的养老金筹集模式。劳动者退休后领取养老金的数额，与其在职劳动期间的工资收入、缴费多少有直接的联系，这无疑能够产生一种激励劳动者在职期间积极劳动，提高效率。

此外，由于养老保险涉及面广，参与人数众多，其运作中能够筹集到大量的养老保险金，能为资本市场提供巨大的资金来源，尤其是实行基金制的养老保险模式，个人账户中的资金积累以数十年计算，使养老保险基金规模更大，为市场提供更多的资金，通过对规模资金的运营和利用，有利于国家对国民经济的宏观调控。

二、医疗保险

（一）含义

医疗保险指通过国家立法，按照强制性社会保险原则基本医疗保险费应由用人单位和职工个人按时足额缴纳。不按时足额缴纳的，不计个人账户，基本医疗保险统筹基金不予支付其医疗费用。以北京市医疗保险缴费比例为例：用人单位每月按照其缴费总基数的10% 缴纳，职工按照本人工资的 2%+3 元的大病统筹缴纳。

医疗保险是为补偿疾病所带来的医疗费用的一种保险。职工因疾病、负伤、生育时，由社会或企业提供必要的医疗服务或物质帮助的社会保险。如中国的公费医疗、劳保医疗。中国职工的医疗费用由国家、单位和个人共同负担，以减轻企业负担，避免浪费。发生保险责任事故需要进行治疗时按比例付保险金。

（二）分类

医疗保险同其他类型的保险一样，也是以合同的方式预先向受疾病威胁的人收取医疗保险费，建立医疗保险基金；当被保险人患病并去医疗机构就诊而发生医疗费用后，由医疗保险机构给予一定的经济补偿。因此，医疗保险也具有保险的两大职能：风险转移和补偿转移。即把个体身上的由疾病风险所致的经济损失分摊给所有受同样风险威胁的成员，用集中起来的医疗保险基金来补偿由疾病所带来的经济损失。

1. 商业型医疗保险

商业型医疗保险可分为报销型医疗保险和赔偿型医疗保险。

报销型医疗保险是指患者在医院里所花费的医疗费由保险公司来报销，一般分门诊医疗保险与住院医疗保险。

赔偿型医疗保险是指患者明确被医院诊断为患了某种在合同上列明的疾病，由保险公司根据合同约定的金额来给付为患者治疗及护理。一般分单项疾病保险与重大疾病保险。上述两类医疗险有相同点但又有不同点，相同点是患病才能获得保险给付，不同点主要是：

普通医疗险属全类型即各类疾病都能获得保险给付。专项医疗保险属专项类即某项在保险合同中明确列明的疾病或手术才能获得保险给付。保险公司推出的医疗保险常常会综合上述两大类保险的一部分来组合。

2. 津贴给付型医疗保险

简而言之，津贴给付型医疗保险是保险公司按照合同规定的补贴标准，向被保险人按次、按日或按项目支付保险金的医疗保险。理赔与实际发生的医疗费用无关，无须提供发票。

医疗保险投保建议购买医疗保险首先要考虑的是报销医疗费用的问题，其次才能考虑到因为住院所产生的损失补偿问题，只有将基础的保障夯实，在此基础上做补充才能锦上添花。有充足社会保险保障的人士，选择医疗保险可以优先选择津贴给付型医疗保险。

在保险学中，有一个关于“健康保险是否适用补偿原则”的原理问题。这个问题不能一概而论。补偿原则是指“被保险人获得的补偿不能高于其实际损失”。津贴给付型医疗保险则不适用，其保险金的给付与实际损失无关。其设计原理实际是考虑被保险人在住院期间，因病假导致的工资损失，因此合同约定按住院天数给付补贴费用，它不考虑实际住院发生的费用，和实际经济损失无关，属于“定值保险”的一种。

3. 费用型医疗保险

费用型医疗保险则是根据客户实际发生的医疗费用支出按保单约定的保险金额给付保险金。目的是补偿客户的医疗费，理赔时需要客户出具门诊或住院发票，理赔范围与“社保”基本一致。

此外，社会医疗保险还有严格的限制。新药、进口药、贵药都不在社会医保报销范围之内。对于交通事故所造成的医疗费用，社会医保是不报销的。除此之外，在疾病期间经常发生的费用，比如营养费、护工费、误工费等更不在报销范围之内。

所以，有医保的人投保住院医疗保险，可考虑购买费用型和津贴型互补，选择费用型住院医疗保险也是有益的补充。

（三）作用

1. 有利于提高劳动生产率，促进生产的发展

医疗保险是社会进步、生产发展的必然结果。反过来，医疗保险制度的建立和完善又会进一步促进社会的进步和生产的发展。一方面医疗保险解除了劳动者的后顾之忧，使其安心工作，从而可以提高劳动生产率，促进生产的发展；另一方面也保证了劳动者的身心健康，保证了劳动力正常再生产。

2. 调节收入差别，体现社会公平性

医疗保险通过征收医疗保险费和偿付医疗保险服务费用来调节收入差别，是政府一种重要的收入再分配手段。

3. 维护社会安定的重要保障

医疗保险对患病的劳动者给予经济上的帮助，有助于消除因疾病带来的社会不安定因素，是调整社会关系和社会矛盾的重要社会机制。

4. 促进社会文明和进步的重要手段

医疗保险和社会互助共济的社会制度，通过在参保人之间分摊疾病费用风险，体现出了“一方有难，八方支援”的新型社会关系，有利于促进社会文明和进步。

三、失业保险

（一）含义

失业保险是指国家通过立法强制实行的，由社会集中建立基金，对因失业而暂时中断生活来源的劳动者提供物质帮助的制度。它是社会保障体系的重要组成部分，是社会保险的主要项目之一。

（二）组成内容

社会保障体系包括社会保险、社会救济、社会福利、社会优抚安置和国有企业下岗职工基本生活保障及再就业等方面，其中社会保险包括养老保险、医疗保险、失业保险、工伤保险和生育保险五个项目。

失业保险是指国家通过立法强制实行的，由社会集中建立基金，对因失业而暂时中断生活来源的劳动者提供物质帮助进而保障失业人员失业期间的基本生活，促进其再就业的制度。

在我国，失业人员在满足：非因本人意愿中断就业；已办理失业登记，并有求职要求；按照规定参加失业保险，所在单位和本人已按照规定履行缴费义务满一年三个条件后，方可享受失业保险待遇，待遇内容主要涉及以下几个方面：（1）按月领取的失业保险金，即失业保险经办机构按照规定支付给符合条件的失业人员的基本生活费用。（2）领取失业保险金期间的医疗补助金，即：支付给失业人员领取失业保险金期间发生的医疗费用的补助。（3）失业人员在领取失业保险金期间死亡的丧葬补助金和供养其配偶直系亲属的抚恤金。（4）为失业人员在领取失业保险金期间开展职业培训、介绍的机构或接受职业培训、介绍的本人给予补偿，帮助其再就业。

根据《失业保险条例》（国务院令第 258 号）对失业保险费缴纳的规定，城镇企业事业单位应按照本单位工资总额的 1% ~ 1.5% 缴纳失业保险费。单位职工按照本人工资的 0.5% 缴纳失业保险费。城镇企业事业单位招用的农民合同制工人本人不缴纳失业保险费。

《失业保险条例》规定：失业保险基金由下列各项构成：（1）城镇企业事业单位、

城镇企业事业单位职工缴纳的失业保险费；（2）失业保险基金的利息；（3）财政补贴；（4）依法纳入失业保险基金的其他资金。

失业保险待遇是由失业保险金、医疗补助金、丧葬补助金和抚恤金、职业培训和职业介绍补贴等构成。失业保险待遇中最主要的是失业保险金，失业人员只有在领取失业保险金期间才能享受到其他各项待遇。

（三）特点

1. 普遍性

它主要是为了保障有工资收入的劳动者失业后的基本生活而建立的，其覆盖范围包括劳动力队伍中的大部分成员。因此，在确定适用范围时，参保单位应不分部门和行业，不分所有制性质，其职工应不分用工形式，不分家居城镇、农村，解除或终止劳动关系后，只要本人符合条件，都有享受失业保险待遇的权利。我国失业保险适用范围呈逐步扩大的趋势，从国有企业的四种人到国有企业的七类九种人和企业化管理的事业单位职工，再到《失业保险条例》规定的城镇所有企业事业单位及其职工，充分体现了普遍性原则。

2. 强制性

它是通过国家制定法律、法规来强制实施的。按照规定，在失业保险制度覆盖范围内的单位及其职工必须参加失业保险并履行缴费义务。根据有关规定，不履行缴费义务的单位和个人都应当承担相应的法律责任。

3. 互济性

失业保险基金主要来源于社会筹集，由单位、个人和国家三方共同负担，缴费比例、缴费方式相对稳定，筹集的失业保险费，不分来源渠道，不分缴费单位的性质，全部并入失业保险基金，在统筹地区内统一调度使用以发挥互济功能。

（四）筹集方式

建立失业保险基金是失业保险制度的重要内容。

其他国家一般采取五种方式筹集失业保险所需资金：一是由雇主和雇员双方负担；二是由雇主和国家双方负担；三是由雇员和国家双方负担；四是由国家、雇员和雇主三方负担；五是全部由雇主负担。全部由雇主负担失业保险所需资金的国家，主要采取征收保险税的办法，只有个别国家采用。各国主要采取的是征缴费用、建立基金的方式。

失业保险费是失业保险基金的主要来源。因此，城镇企事业单位及其职工应当按照规定，及时、足额缴纳失业保险费，以保证基金的支付能力，切实保障失业人员基本生活和促进再就业所需资金支出。发展失业保险事业是国家的一项重要职责，一方面政府要组织好失业保险费的征缴和管理工作，另一方面在失业保险费不能满足需要时，也有责任通过财政补贴的形式保证基金支出的需要。征缴的失业保险费按规定存入银行或购买国债，取得的利息收入并入基金，这是保证基金不贬值的重要措施。其他资金是指按规定加收的滞纳金及应当纳入失业保险基金的其他资金。罚款不在此列。

我国失业保险制度建立以来，一直实行基金制，在基金来源上采取用人单位缴费和财政补贴的方式。实践证明，基金制与我国经济发展水平是相适应的，可以为失业保险提供稳定的资金来源。但由于只限于用人单位缴费，职工个人不缴费，造成收缴数额有限，基金承受能力弱。

若大幅度提高征缴比例，势必增加用人单位负担。在国家财力尚不充足和一些企业经营状况较为困难的情况下，适当提高用人单位缴费比例，并实行个人缴费较为可行，也有利于增强职工个人的保险意识。

（五）领取条件

第一，按照规定参加失业保险，所在单位和本人已按照规定履行缴费义务满 1 年。

第二，非因本人意愿中断就业，即失业人员不愿意中断就业，但因本人无法控制的原因而被迫中断就业。劳动保障部发布的《失业保险金申领发放办法》对哪些情形属于非因本人意愿中断就业做了规定，主要包括：终止劳动合同，职工被用人单位解除劳动合同，职工被用人单位开除、除名和辞退的，用人单位违法或违反劳动合同导致职工辞职。出现上述情形造成职工失业的，职工有权申领失业保险金。

第三，已办理失业登记，并有求职要求。办理失业登记是为了掌握失业人员的基本情况，确认其资格。须有求职要求，是考虑到失业保险的一个重要功能是促进失业人员再就业。这是享受失业保险待遇的一个前提，也是失业人员应尽的义务。

省级劳动保障行政部门规定的其他材料。在解除劳动合同之日起 60 日内到办理失业保险业务机构申领手续（一般为户口所在地的街道、乡镇就业服务机构）。一旦超过了 60 日就不予办理了，所以一定要及时办理。

失业人员同时具备以下条件，即可享受失业保险待遇：（1）按规定参加失业保险，所在单位和个人已按规定履行缴费义务满 1 年的；（2）非因本人意愿中断就业的；（3）已办理失业登记，并有求职要求的。

（六）作用

失业保险最主要的作用是保障失业人员在失业期间的基本生活。失业保险作为整个社会保险制度的重要组成部分，和其他保险项目一样，起着保障劳动者基本生活需要，维护社会政治、经济秩序安定的作用。在我国，失业保险的作用主要表现在以下三方面。

1. 维护社会安定

社会保险是社会的“安全网”，保持社会稳定是社会保险的一个基本职能。而作为其中一个重要项目的失业保险在这方面的作用更为突出。失业使劳动者失去生计来源，如果没有制度性的保护措施，就很容易造成社会不稳定。

2. 是深化企业改革的前提条件和配套措施

当前，国有企业下岗职工进了企业再就业服务中心，这部分人能否及时与企业解除劳动关系，关键在于其失业后能不能得到基本生活保障，而建立失业保险制度的目的，就是保障失业人员在失业期间的基本生活，推进企业减员增效，加快改革的进程，这体现了失业保险在目前经济体制改革中极为重要的地位与作用。进一步发展和完善失业保险制度，充实失业保险基金，使其能切实保证广大失业人员的基本生活需要，已成为当前改革最重要的事情。只有这样，才能使国有企业改革有一个良好的外部环境，才能增强企业活力，促进生产发展。

3. 维持劳动力再生产，促使劳动力素质提高

劳动力再生产是社会再生产的基础。失业保险提供的物质保障，满足了劳动力再生产的基本要求；而再就业、职业介绍等服务，又使他们获得了提高就业能力的机会，为再就业提供了良好的外部条件。

四、工伤保险

（一）含义

工伤保险是指劳动者在工作中或在规定的特殊情况下，遭受意外伤害或患职业病导致暂时或永久丧失劳动能力以及死亡时，劳动者或其遗属从国家和社会获得物质帮助的一种社会保险制度。

工伤保险的认定劳动者因工负伤或职业病暂时失去劳动能力，工伤不管什么原因，责任在个人或在企业，都享有社会保险待遇，即补偿不究过失原则。

工伤保险，又称职业伤害保险。工伤保险是通过社会统筹的办法，集中用人单位缴纳的工伤保险费，建立工伤保险基金，对劳动者在生产经营活动中遭受意外伤害或职业病，并由此造成死亡、暂时或永久丧失劳动能力时，给予劳动者及其实用性法定的医疗救治以及必要的经济补偿的一种社会保障制度。这种补偿既包括医疗、康复所需费用，也包括保障基本生活的费用。

（二）特点

第一，工伤保险对象的范围是在生产劳动过程中的劳动者。由于职业危害无所不在，无时不在，任何人都不能完全避免职业伤害。因此工伤保险作为抗御职业危害的保险制度适用于所有职工，任何职工发生工伤事故或遭受职业疾病，都应毫无例外地获得工伤保险待遇。

第二，工伤保险的责任具有赔偿性。也就是说劳动者的生命健康权、生存权和劳动权受到影响、损害甚至被剥夺了。因此工伤保险是基于对工伤职工的赔偿责任而设立的一种社会保险制度，其他社会保险是基于对职工生活困难的帮助和补偿责任而设立的。统一专属工伤保险方案与社保完全对接，补充了一次性伤残就业补助金的赔偿。

第三，工伤保险实行无过错责任原则。无论工伤事故的责任归于用人单位还是职工个人或第三者，用人单位均应承担保险责任。

第四，工伤保险不同于养老保险等险种，劳动者不缴纳保险费，全部费用由用人单位负担。即工伤保险的投保人为用人单位。

第五，工伤保险待遇相对优厚，标准较高，但因工伤事故的不同而有所差别。

第六，工伤保险作为社会福利，其保障内容比商业意外保险要丰富。除了在工作时的意外伤害，也包括职业病的报销、急性病猝死保险金、丧葬补助（工伤身故）。

商业意外险提供的则是工作和休息时遭受的意外伤害保障，优势体现为时间、空间上的广度。比如上下班途中遭遇的意外，假如是机动车交通事故伤害可以由工伤赔偿，其他情况的意外伤害则不属于工伤的保障范围。

（三）适用范围

根据《工伤保险条例》的规定，工伤保险的适用范围包括中华人民共和国境内的企业、事业单位、社会团体、民办非企业单位、基金会、律师事务所、会计师事务所等组织和有雇工的个体工商户。公务员和参照公务员法管理的事业单位、社会团体的工作人员因工作遭受事故伤害或者患职业病的，由所在单位支付费用。具体办法由国务院社会保险行政部门会同国务院财政部门规定。

工伤是指职工在工作过程中因工作原因受到事故伤害或者患职业病。根据《工伤保险条例》第十四条的规定，职工有下列情形之一的，应当认定为工伤：（1）在工作时间和工作场所内，因工作原因受到事故伤害的；（2）工作时间前后在工作场所内，从事与工作有关的预备性或者收尾性工作受到事故伤害的；（3）在工作时间和工作场所内，因履行工作职责受到暴力等意外伤害的；（4）患职业病的；（5）因工外出期间，由于工作原因受到伤害或者发生事故下落不明的；（6）在上下班途中，受到非本人主要责任的交通事故或者城市轨道交通、客运轮渡、火车事故伤害的；（7）法律、行政法规规定应当认定为工伤的其他情形。

同时，根据本条例第十五条的规定，职工有下列情形之一的，视同工伤：（1）在工作时间和工作岗位，突发疾病死亡或者在48小时之内经抢救无效死亡的；（2）在抢险救灾等维护国家利益、公共利益活动中受到伤害的；（3）职工原在军队服役，因战、因公负伤致残，已取得革命伤残军人证，到用人单位后旧伤复发的。

（四）作用

第一，工伤保险作为社会保险制度的一个组成部分，是国家通过立法强制实施的，是国家对职工履行的社会责任，也是职工应该享受的基本权利。工伤保险的实施是人类文明和社会发展的标志和成果。

第二，实行工伤保险保障了工伤职工医疗以及其基本生活、伤残抚恤和遗属抚恤，在一定程度上解除了职工和家属的后顾之忧，工伤补偿体现出国家和社会对职工的尊重，有利于提高他们的工作积极性。

第三，建立工伤保险有利于促进安全生产，保护和发展社会生产力。工伤保险与生产单位改善劳动条件、防病防伤、安全教育，医疗康复、社会服务等工作紧密相连。对提高生产经营单位和职工的安全生产，防止或减少工伤、职业病，保护职工的身体健康，至关重要。

第四，工伤保险保障了受伤害职工的合法权益，有利于妥善处理事故和恢复生产，维护正常的生产、生活秩序，维护社会安定。

五、生育保险

（一）含义

生育保险是国家通过立法，在怀孕和分娩的妇女劳动者暂时中断劳动时，由国家和社会提供医疗服务、生育津贴和产假的一种社会保险制度，国家或社会对生育的职工给予必要的经济补偿和医疗保健的社会保险制度。我国生育保险待遇主要包括两项：一是生育津贴；二是生育医疗待遇。

生育保险是通过国家立法规定，在劳动者因生育子女而导致劳动力暂时中断时，由国家和社会及时给予物质帮助的一项社会保险制度。其宗旨在于通过向职业妇女提供生育津贴、医疗服务和产假，帮助她们恢复劳动能力，重返工作岗位。

（二）制度

我国生育保险的现状是两种制度并存：

第一，由女职工所在单位负担生育女职工的产假工资和生育医疗费。根据国务院《女职工劳动保护规定》以及劳动部《关于女职工生育待遇若干问题的通知》，女职工怀孕期间的检查费、接生费、手术费、住院费和药费由所在单位负担。产假期间工资照发。

第二，生育社会保险。根据劳动部《企业职工生育保险试行办法》规定，参加生育保险社会统筹的用人单位，应向当地社会保险经办机构缴纳生育保险费；生育保险费的缴费比例由当地人民政府根据计划内生育女职工的生育津贴、生育医疗费支出情况等确定，最高不得超过工资总额的 1%，职工个人不缴费。参保单位女职工生育或流产后，其生育津贴和生育医疗费由生育保险基金支付。生育津贴按照本企业上年度职工月平均工资计发；生育医疗费包括女职工生育或流产的检查费、接生费、手术费、住院费和药费（超出规定的医疗服务费和药费由职工个人负担）以及女职工生育出院后，因生育引起疾病的医疗费。

（三）特点

第一，享受生育保险的对象主要是女职工，因而待遇享受人群相对比较窄。随着社会进步和经济发展，有些地区允许在女职工生育后，给予配偶一定假期以照顾妻子，并发给假期工资；还有些地区为男职工的配偶提供经济补助。

第二，待遇享受条件各国不一致，有些国家要求享受者有参保记录、工作年限、本国公民身份等方面的要求。我国生育保险要求享受对象必须是合法婚姻者，即必须符合法定结婚年龄、按婚姻法规定办理了合法手续，并符合国家计划生育政策等。

第三，无论女职工妊娠结果如何，均可以按照规定得到补偿。也就是说无论胎儿存活与否，产妇均可享受有关待遇，并包括流产、引产以及胎儿和产妇发生意外等情况，都能享受生育保险待遇。

第四，生育期间的医疗服务以保健、咨询、检查为主，与医疗保险提供的医疗服务以治疗为主有所不同。生育期间的医疗服务侧重于指导孕妇处理好工作与休养、保健与锻炼的关系，使她们能够顺利地度过生育期。产前检查以及分娩时的接生和助产，则是通过医疗手段帮助产妇顺利生产。分娩属于自然现象，正常情况下不需要特殊治疗。

第五，产假有固定要求。产假要根据生育期安排，分产前和产后。产前假期不能提前或推迟使用。产假也必须在生育期间享受，不能积攒到其他时间享用。各国规定的产假期限不同。我国规定的正常产假为 90 天，其中产前假期为 15 天，产后假期为 75 天。

第六，生育保险待遇有一定的福利色彩。生育期间的经济补偿高于养老、医疗等保险。生育保险提供的生育津贴，一般为生育女职工的原工资水平，也高于其他保险项目。另外，在我国，职工个人不缴纳生育保险费，而是由参保单位按照其工资总额的一定比例而缴纳。

（四）作用

生育保险是为了维护女职工的基本权益，减少和解决女职工在孕产期以及流产期间因生理特点造成的特殊困难，使她们在生育和流产期间得到必要的经济收入和医疗照顾，保障她们及时恢复健康，回到工作岗位。其主要作用有以下几个方面。

1. 实行生育保险是对妇女生育价值的认可

妇女生育是社会发展的需要，她们为家庭传宗接代的同时，也为社会劳动力再生产付出了努力，应当得到社会的补偿。因此对妇女生育权益的保护，被大多数国家接受和给予政策上支持。目前，世界上有 135 个国家通过立法保护妇女生育的合法权益。

2. 实行生育保险是对女职工基本生活的保障

女职工在生育期间离开工作岗位，不能正常工作。国家通过制定相关政策保障她们离开工作岗位期间享受有关待遇。其中包括生育津贴、医疗服务以及孕期不能坚持正常工作时，给予的特殊保护政策。在生活保障和健康保障两方面为孕妇的顺利分娩创造了有利条件。

3. 实行生育保险是提高人口素质的需要

妇女生育体力消耗大，需要充分休息和补充营养。生育保险为她们提供了基本工资，使她们的生活水平没有因为离开工作岗位而降低，同时为她们提供医疗服务项目，包括产期检查、围产期保健指导等，为胎儿的正常生长进行监测。对于在妊娠期间患病或接触有毒有害物质的妇女，做必要的检查。如发现畸形儿，可以及早终止妊娠。对于在孕期出现异常现象的妇女，进行重点保护和治疗。以达到保护胎儿正常生长，提高人口质量的作用。

第四节　职工福利制度

一、含义

职工福利是指企业在工资、社会保险之外，根据国家有关规定，采取的补贴措施和建立的各种服务设施，对职工提供直接的和间接的物质帮助。

二、内容

福利的内容很多，现行职工福利的内容大体可以分为 4 个部分：（1）为减轻职工生活负担和保证职工基本生活而建立的各种补贴制度，如职工生活困难补贴、冬季职工宿舍取暖补贴、独生子女费、托儿费、探亲假路费、婚丧嫁待遇、职工丧葬补助费、供养直系亲属抚恤费、职工病伤假期间救济费、职工住房补贴等。（2）为职工生活提供方便而建立的集体福利设施。如职工食堂、托儿所、理发室、浴室等。（3）为活跃职工文化生活而建立的各种文化、体育设施，如图书馆、阅览室、体育活动场所等。（4）兴建职工宿舍等。

三、分类

（一）广义福利与狭义福利

广义福利泛指在支付工资、奖金之外的所有待遇，包括社会保险。狭义福利是指企业根据劳动者的劳动在工资、奖金，以及社会保险之外的其他待遇。

（二）法定福利与补充福利

法定福利亦称基本福利，是指按照国家法律法规和政策规定必须发生的福利项目，其特点是只要企业建立并存在，就有义务、有责任且必须按照国家统一规定的福利项目和支付标准支付，不受企业所有制性质、经济效益和支付能力的影响。

补充福利是指在国家法定的基本福利之外，由企业自定的福利项目。企业补充福利项目的多少、标准的高低，在很大程度上要受到企业经济效益和支付能力的影响以及企业出于自身某种目的的考虑。

补充福利的项目五花八门，可以见到的有：交通补贴；房租补助；免费住房；工作午餐；女工卫生费；通信补助；互助会；职工生活困难补助；财产保险；人寿保险；法律顾问；心理咨询；贷款担保；内部优惠商品；搬家补助；子女医疗费补助等。

（三）集体福利与个人福利

集体福利主要是指全部职工可以享受的公共福利设施。职工集体生活设施，如职工食堂、托儿所、幼儿园等；集体文化体育设施，如图书馆、阅览室、健身室、浴池、体育场（馆）；医疗设施，如医院、医疗室等。

个人福利是指在个人具备国家及所在企业规定的条件时可以享受的福利，如探亲假、冬季取暖补贴、子女医疗补助、生活困难补助、房租补贴等。

（四）经济性福利与非经济性福利

1. 经济性福利

（1）住房性福利

以成本价向员工出售住房，房租补贴等。

（2）交通性福利

为员工免费购买公共汽车月票或地铁月票，用班车接送员工上下班。

（3）饮食性福利

免费供应午餐、慰问性的水果等。

（4）教育培训性福利

员工的脱产进修、短期培训等。

（5）医疗保健性福利

免费为员工进行例行体检，或者打预防针等。

（6）有薪节假

节日、假日以及事假、探亲假、带薪休假等。

（7）文化旅游性福利

为员工过生日而举办的活动，集体的旅游，体育设施的购置。

（8）金融性福利

为员工购买住房提供的低息贷款。

（9）其他生活性福利

直接提供的工作服。

（10）企业补充保险与商业保险

补充保险包括补充养老保险、补充医疗保险等。商业保险包括安全与健康保险；养老保险金计划和家庭财产保险等。

2. 非经济性福利

企业提供的非经济性福利，基本的目的在于全面提高员工的工作、生活质量。这类福利形式包括以下几种。

（1）咨询性服务

比如免费提供法律咨询和员工心理健康咨询等。

（2）保护性服务

平等就业权利保护（反性别、年龄歧视等）、隐私权保护等。

（3）工作环境保护

比如实行弹性工作时间，缩短工作时间，员工参与民主化管理。

四、作用

（一）吸引优秀员工

优秀员工是组织发展的顶梁柱。以前一直认为，组织主要靠高工资来吸引优秀员工，现今许多企业家认识到，良好的福利有时比高工资更能吸引优秀员工。

（二）提高员工的士气

良好的福利使员工无后顾之忧，使员工有与组织共荣辱之感，士气必然会高涨。

（三）降低员工辞职率

员工过高的辞职率必然会使组织的工作受到一定损失，而良好的福利会使很多可能流动的员工打消辞职的念头。

（四）激励员工

良好的福利会使员工产生由衷的工作满意感，进而激发员工自觉为组织目标而奋斗的动力。

（五）凝聚员工

组织的凝聚力由许多因素组成，但良好的福利无疑是一个重要因素，因为良好的福利体现了组织的高层管理者以人为本的经营思想。

（六）提高企业经济效益

良好的福利一方面可以使员工得到更多的实惠，另一方面用在员工身上的投资会产生更多的回报。

第八章　劳动争议的处理与违反劳动法的法律责任

第一节　劳动争议处理

一、劳动争议处理概述

（一）劳动争议的概念

劳动争议就是劳动纠纷，是指劳动关系双方当事人因劳动问题引起的纠纷。从世界各国的劳动立法看，劳动法上的劳动争议一般是指劳动关系双方当事人之间因实现劳动权利、履行劳动义务发生的争议，具体指劳动者与用人单位之间，在劳动法的范围内，因适用国家法律、法规和订立、履行、变更、终止劳动合同以及其他与劳动关系直接相联系的问题而引起的纠纷，因而是狭义的劳动争议。

（二）劳动争议的种类

从世界范围看，劳动争议分为两类：一类是因为适用劳动法规和劳动合同所规定的条件而发生的争议。这类争议因涉及的是法律问题，所以，在有些国家称为法律争议。又因为这类争议多涉及劳动者个人利益，所以在有些国家又称为个别争议；因为这类争议的显著特征是对既存权利的争议，所以在有的国家称为权利争议。另一类是因为制订或变更劳动条件而产生的争议。因为这类争议通常是多数劳动者参加，所以有些国家又称其为集体争议；又因为这种争议是为团体的利益而发生的争议，有的国家又称其为利益争议；还因为它是为确定将来劳动条件发生的争议，所以又称为将来争议。

劳动争议分类的意义在于：在一些国家里，因为争议的种类不同，而设置不同解决争议的机构，采用不同的程序。如在日本，权利争议归民事法院审理。目前，我国将劳动争议分为两类：个别劳动争议和集体劳动争议。个别劳动争议是指职工一方不足法定的集体争议人数，争议标的不同并由职工直接提出申诉的劳动争议；集体劳动争议是指职工一方当事人在 3 人以上，并有共同理由的劳动争议。

（三）劳动争议处理的范围

1. 因确认劳动关系发生的争议

用人单位与劳动者发生劳动权利义务首先要建立劳动关系，这通常有两种方式：一是签订劳动合同；二是劳动者在企业工作、企业付给劳动者工资的关系确定。发生劳动争议的多在第二种，也就是所谓的事实劳动关系。因为事实劳动关系没有双方所签订的劳动合同作为凭据，大多数以口头协议确定，所以劳动权利义务很难明确地规定下来，当一方想违约时，由于没有纸质证据，于是确认劳动关系的争议就发生了。

2. 因订立、履行、变更、解除和终止劳动合同发生的争议

劳动合同在订立、履行、变更、解除和终止的过程中经常会发生劳动争议。如双方就劳动合同内容意见不一致，或者劳动者与用人单位由于权利的滥用、义务的不合格履行等都会产生争议。而变更、解除和终止劳动合同时则关系到劳动权利、义务内容的改变，或者消失，如果非正常变更、解除和终止劳动合同，劳动争议自然会产生。

3. 因除名、辞退和辞职、离职发生的争议

这类劳动争议产生的原因通常是劳动者自动或被强迫解除劳动合同，终止劳动权利义务。除名与辞退一般是由于劳动者不正确行使自己的权利或没有履行自己的义务而被用人单位解除与其的劳动合同，但是不排除有例外。而辞职与离职的原因则比较中性，双方都有可能因为劳动权利义务而解除劳动合同。所以这类争议的中心内容也是劳动权利义务，产生的争议当然也属于劳动争议。

4. 因工作时间、休息休假、社会保险、福利、培训以及劳动保护发生的争议

劳动者有参加劳动的权利，有获得休假的权利，有获得劳动保护的权利，有参加企业组织的培训的权利等，而用人单位则负担着提供这些服务的义务。这些都是劳动争议的主要内容。

5. 因劳动报酬、工伤医疗费、经济补偿或者赔偿金等发生的争议

劳动者有参与劳动并获得报酬的权利。工伤医疗费是劳动者在劳动过程中由于意外事故而健康受损，其医疗费用应当由用人单位支付。当劳动者与用人单位解除劳动合同时，用人单位应该支付给劳动者一定的经济补偿金。如果用人单位不能提供这些保护劳动者权益的措施，那么就违背了法律法规关于劳动权利义务内容的规定，于是劳动争议发生。

6. 法律、法规规定的其他劳动争议

这是列举方式的立法体例避免挂一漏万的通常做法。

对于劳务输出中的劳动争议要区别不同情况进行处理。劳务输出中劳务人员与境外雇主发生争议时，外派劳务企业应根据劳务合作合同的规定与境外雇主进行交涉，经过协商仍然不能得到解决的，应当按照劳务合作合同中约定的适用法律按法定程序处理。如果在劳务合作合同中没有约定适用法律，应当按照当地的法律或者国际惯例来处理。劳务人员与外派劳务企业发生的争议，依据对外贸易经济合作部、劳动部《关于切实加强保护外派劳务人员合法权益的通知》的规定，外派劳务企业应按照《劳动法》等有关法律、法规，与劳务人员签订劳动合同。在履行劳动合同过程中，因劳动报酬、工伤待遇等发生的争议属于劳动争议仲裁委员会受案范围的，劳务人员可及时向外派劳务企业所在地劳动争议仲裁委员会申请仲裁。

用人单位解除或终止与职工的关系后扣留职工档案引起的劳动争议，根据《企业职工档案管理工作规定》第十八条关于“企业职工调动、辞职、解除劳动合同或被开除、辞退等，应由职工所在单位在一个月内将其档案转交其新的工作单位或其户口所在地的街道劳动（组织人事）部门”的规定，用人单位扣留职工档案的行为是违法的。至于职工因辞退、辞职等原因给用人单位造成经济损失的，用人单位可以依法申请劳动争议仲裁或通过民事诉讼方式维护自身合法权益。因用人单位移交档案不及时给劳动者造成经济损失，如劳动者无法找到新的工作或社会保险关系无法接续等，劳动者可以追索生活费或保险福利为由，到劳动争议仲裁委员会申请仲裁。实践中，劳动争议仲裁委员会在受理上述案件后，有的裁决限期用人单位为劳动者办理转档手续，并负责支付劳动者自应办理转档手续之日至办完转档手续期间的生活费；有的裁决由用人单位为劳动者缴纳其档案被扣留期间的社会保险费用等。

（四）劳动争议处理的特征

1. 劳动争议的当事人是特定的

即为劳动关系中特定的双方当事人：劳动者与用人单位。二者在法律上处于平等地位。劳动者之间在劳动过程中发生的争议，或用人单位相互之间发生的争议都不能被认定为劳动争议。

2. 劳动争议的范围限定在一国法律规定的范围内

我国劳动争议的范围如前所述，包括：因企业开除、除名、辞退职工和职工辞职、自动离职发生的争议；因执行国家有关工作时间、休息休假、社会保险、福利、培训以及劳动保护的规定发生的争议；因劳动报酬、工伤医疗费、经济补偿或赔偿金等发生的争议；法律、法规规定的其他劳动争议。职工与所在企业发生的劳动争议，只要符合上述法律规定的范围，均可向当地劳动争议仲裁委员会申诉。

3. 不同的劳动争议按不同程序处理

一般劳动争议的处理程序包括协商、调解、仲裁和诉讼。我国法律规定，劳动争议发生后，当事人应当协商解决；不愿协商或者协商不成的，可以向本企业劳动争议调解委员会申请调解；调解不成的，可以向劳动争议仲裁委员会申请仲裁。当事人也可以直接向劳动争议仲裁委员会申请仲裁。对仲裁裁决不服的，可以向人民法院起诉。发生劳动争议的职工一方在 3 人以上，并有共同理由的，应当推举代表参加调解或者仲裁活动。

（五）劳动争议处理的目的

《劳动争议调解仲裁法》第一条明确规定：为了公正及时解决劳动争议，保护当事人合法权益，促进劳动关系和谐稳定，制定本法。本条规定了处理劳动争议的立法目的。

1. 公正及时解决劳动争议，保障企业和职工的合法权益

这是劳动争议立法的直接目的。只有发展与完善劳动争议处理法律制度，将解决劳动争议纳入法制化轨道，才能妥善处理劳动争议，使企业和职工的合法权益得到切实保护。

2. 维护正常的生产经营秩序，发展良好的劳动关系

这是劳动争议立法的间接目的。劳动争议，特别是集体劳动争议，处理不好就会引发停工、罢工，影响经济发展和社会安定。因此，事先预防和事后公正处理劳动争议具有重要意义。这就需要建立解决争议的相应机构，通过法定程序解决争议，使劳动关系在协调、稳定、有序的轨道上发展，以促进劳动关系双方的合作与共同发展。

3. 促进改革开放事业的顺利发展

这是劳动争议立法的根本目的。加强劳动法制建设的最终是为改革开放服务，保证我国改革开放事业的顺利发展。

二、劳动争议的处理机构及基本原则

（一）劳动争议的处理机构

1. 劳动争议调解组织

根据《劳动争议调解仲裁法》第十条的规定，我国劳动争议调解组织如下。

（1）企业劳动争议调解委员会

根据《劳动争议调解仲裁法》第十一条的规定，企业劳动争议调解委员会由职工代表和企业代表组成。职工代表由工会成员担任或者由全体职工推举产生；企业代表由企业负责人指定。企业劳动争议调解委员会主任由双方推举产生。

（2）人民调解组织

人民调解组织是指人民调解委员会，它是村民委员会和居民委员会下设的调解民间争议的群众性组织，在基层人民政府和基层人民法院的指导下进行工作。《人民调解委员会组织条例》规定："人民调解委员会是村民委员会和居民委员会下设立的调解民间纠纷的群众性组织。"基层人民政府及其派出机构指导人民调解委员会的日常工作由司法助理员负责。人民调解委员会由委员 3 ~ 9 人组成，设主任 1 人，必要时可以设副主任。人民调解委员会委员除由村民委员会成员或者居民委员会成员兼任的以外由群众选举产生，每 3

年改选一次，可以连选连任。人民调解委员会委员不能任职时，由原选举单位补选。人民调解委员会委员严重失职或者违法乱纪的，由原选举单位撤换。

（3）在乡镇、街道设立的具有劳动调解职能的组织

为了保证和提高劳动争议调解工作的质量，《劳动争议调解仲裁法》明确要求劳动争议调解组织的调解员应当由为人公道正派，联系群众，热心调解工作，并具有一定法律知识、政策水平和文化水平的成年公民担任。

2. 劳动争议仲裁委员会

《劳动争议调解仲裁法》规定，省、自治区人民政府可以根据实际需要决定在市、县设立，直辖市人民政府可以根据需要决定在区、县设立。具体设置数目按照统筹规划、合理布局和适应实际需要的原则确定，不按行政区划层层设立。直辖市、设区的市也可以设立一个或者若干个劳动争议仲裁委员会，但均应为基层的劳动争议仲裁委员会。

劳动争议仲裁委员会由劳动行政主管部门代表、同级工会代表和企业方面代表组成，其组成人员应当是单数。政府、用人单位、劳动者三方面应建立一种相对均衡的关系，以达至利益的衡平制衡。

劳动争议仲裁委员会的职责包括管理专兼职仲裁员、重大案件仲裁以及对仲裁庭的实体及程序监督等职责。第一，劳动争议仲裁委员会聘任、解聘专职或者兼职仲裁员，并对其进行管理，其管理职能体现在对仲裁员名册的设立上。第二，劳动争议仲裁委员会讨论重大或者疑难的劳动争议案件。第三，劳动争议仲裁委员会对仲裁活动进行监督。

根据《劳动争议仲裁委员会组织规则》与《劳动争议仲裁委员会办案规则》的规定，劳动争议仲裁委员会的办事机构主要有以下职责：第一，承办处理劳动争议案件的日常工作；第二，根据仲裁委员会的授权，负责管理仲裁员、组织仲裁庭；第三，管理仲裁委员会的文书、档案、印鉴；第四，负责劳动争议及其处理方面的法律、法规及政策咨询；第五，向仲裁委员会汇报、请示工作；第六，办理仲裁委员会授权或交办的其他事项，譬如立案审批等。

根据《劳动争议调解仲裁法》第二十条，仲裁委员会应当设仲裁员名册。劳动争议仲裁委员会聘任仲裁员应当符合两个标准：一个是素养条件，一个是经验条件。素养条件要求被聘任的仲裁员公道正派，公道的内在价值要求公正诚信，正派的道德要求为人正直。经验性要求：（1）曾任审判员的；（2）从事法律研究、教学工作并具有中级以上职称的；（3）具有法律知识、从事人力资源管理或者工会等专业工作满5年的；（4）律师执业满3年的。

（二）劳动争议处理的基本原则

1. 着重调解、及时处理原则

（1）调解是处理劳动争议的基本手段，并贯彻于劳动争议处理的全过程

企业调解委员会处理劳动争议的工作程序全部是进行调解。仲裁委员会和人民法院处理劳动争议，应当先行调解。即使进入裁决或判决程序，在裁决或判决之前还要为当事人提供一次调解解决争议的机会。

（2）调解应在当事人双方自愿的基础上进行

调解必须是双方当事人自愿进行，不能有丝毫的勉强或强制，否则，企业调解委员会的调解协议书、仲裁委员会或人民法院的调解书的法律效力会受到影响。

（3）调解应依法进行

调解劳动争议应依法进行，既依实体法，又依程序法，而不是无原则地和稀泥。

（4）对劳动争议的处理要及时

及时处理劳动争议包括：一是企业调解委员会对案件调解不成，应在规定的时效内及时结案，不要使当事人丧失申请仲裁的权利；二是劳动争议仲裁委员会对案件先行调解不成，应及时裁决；三是人民法院在调解不成时，应及时判决。

2. 在查清事实的基础上依法处理原则

第一，调查取证与举证责任的关系处理好，才能查清事实。调查取证是劳动争议处理机构的权力和责任，举证是当事人应尽的义务和责任，只有将两者有机结合，才能达到查清事实的目的，为处理劳动争议提供依据。

第二，在处理劳动争议过程中，劳动争议处理机构和劳动争议当事人必须在查清事实的基础上依法协商，依法解决劳动争议。处理劳动争议既要依程序法，又要依实体法，而且要掌握好依法的顺序，即有法律依法律，没有法律依法规，没有法规依规章。不同层次的法规相矛盾的，则依据高层次的法规。

第三，处理劳动争议既要有原则性，又要有灵活性，坚持原则性与灵活性相结合。

3. 当事人在适用法律上一律平等原则

劳动争议当事人法律地位平等，双方具有平等的权利和义务，任何一方当事人都不得有超越另一方当事人的特权。劳动争议双方当事人虽然在其劳动关系中存在行政上的隶属关系，但其法律地位是平等的，也就是说，不管用人单位大小，也不管职工一方职位高低，双方在法律面前是平等的。由于职工一方实际处于弱者的地位，劳动立法的目的之一是侧重保护劳动者，向弱者倾斜，以保障职工一方当事人和企业一方当事人平等地参与劳动争议的处理。

三、劳动争议的调解

（一）劳动争议调解的概念

劳动争议的调解，是指劳动争议调解组织对企业单位与劳动者发生的劳动争议，以国家的劳动法律、法规为准绳，以民主协商的方式，使双方当事人达成协议，消除纷争。

劳动争议的调解既不属于司法范畴的基层政权组织设立的调解机构——人民调解委员会的调解，也不同于企业主管部门所进行的行政调解，同时与劳动争议仲裁程序和诉讼程序中的调解也有所不同。它是基层群众性组织所作的调解，是我国处理劳动争议的基本形式。

（二）劳动争议调解的原则

1. 自愿原则

劳动争议调解组织应依照法律，遵循双方当事人自愿原则进行调解。经调解达成协议的，制作调解协议书，双方当事人应当自觉履行；调解不成的，当事人在规定的期限内，可以向劳动争议仲裁委员会申请仲裁。

当事人双方自愿原则体现在以下几方面：

第一，是否向劳动争议调解组织申请调解，由当事人双方自行决定，对任何一方不得强迫。劳动争议调解组织的调解，在我国劳动争议处理程序中不是必经的程序，所以，当事人是否向劳动争议调解组织申请调解，可由争议双方自愿选择。但是，如果一方当事人向劳动争议调解组织申请调解，另一方向劳动争议仲裁委员会申请仲裁，则劳动争议仲裁委员会应受理。

第二，在调解的过程中，始终贯彻自愿协商的原则。劳动争议调解组织作为调解机构，本身并无决定权，劳动争议的解决主要依靠双方自愿，经调解是否达成协议，依当事人自愿，不得强加，劳动争议调解组织在调解过程中不能强行调解或勉强调解达成协议，更不允许包办代替。调解过程是一个自愿协商的过程，双方当事人法律地位平等，任何一方不得强迫另一方。

第三，调解协议的执行是自愿的。经劳动争议调解组织达成的协议，没有强制执行的法律效力。调解协议的履行，依靠当事人的自觉，不得强制执行。

2. 民主说服原则

这是由劳动争议调解组织的性质决定的。劳动争议调解组织既不是国家的审判机关，也不是国家行政机关。因此，它没有司法审判权，也没有行政命令权和仲裁权。在调解劳动纠纷时，主要运用国家的法律，运用民主讨论的方法、说服教育的方法，在双方认识一致的前提下，动员其自愿协商后达成协议。坚持这一原则，要反对强迫命令、用权势压服的做法。

（三）劳动争议调解的程序、期限与效力

根据《劳动争议调解仲裁法》第十二条的规定，当事人申请劳动争议调解可以书面申请，也可以口头申请；口头申请的，调解组织应当当场记录申请人基本情况、申请调解的争议事项、理由和时间。发生劳动争议的劳动者一方在 10 人以上，并有共同诉求的，可以推举代表参加调解活动。共同诉求劳动者基于同一事实或行为，而且申请调解的理由相同，推举出的代表所作出的承诺，达成的调解协议，应视为被代表人共同意志的体现，对其产生约束力，应自觉遵守履行。

劳动争议调解委员会在收到当事人的调解申请后，要进行审查，决定是否接受申请。由劳动争议调解委员会审查劳动争议案件是否属于其受理的范围和条件，劳动争议调解委员会通知并询问另一方当事人是否愿意接受调解，只有双方当事人都同意调解，才能受理。调解委员会工作经办人员填写“立案审批表”并报调解委员会签署意见，调解委员会在 4 日内做出同意受理或不受理申请的决定。对调解委员会无法决定是否受理的案件，调解委员会主任决定是否受理。如果同意受理应填写“受理决定通知书”告知调解的时间、地点等事项，以便双方当事人做好调解准备。如果经审查决定不予受理，应填写“不受理决定意见书”，向申请人说明情况，并告知其解决劳动争议的方法和途径。

企业劳动争议调解委员会在决定受理劳动争议案件后，应及时指派调解委员对争议事项进行全面调查核实。调查应作笔录，并由调查人签字或盖章。调查的内容包括：劳动争议的起因、焦点、双方当事人的意见和要求，争议所涉及的有关人员、部门以及他们对劳动争议的看法等。同时，还要查阅有关劳动法律、法规、政策和双方所订立的劳动合同，为调解劳动争议提供充分的法律、政策依据。

调解委员会委员分为专职及兼职调解委员，两者在法律地位、权利、义务上是相同的。兼职的调解委员参加调解活动，需要占用生产或工作时间，企业应予以支持，并按正常出勤对待。当受理劳动争议案件后，调解委员会指定调解委员负责解决争议案件的具体调解工作。简单的劳动争议案件，企业劳动争议调解委员会可指定 1 至 2 名调解委员进行调解。

对于双方当事人达成的调解协议，调解委员会必须进行审查：（1）审查协议的内容及形式是否违反了国家有关的法律、法规、政策；（2）审查决议是否损害了国家、集体和其他人的合法权益，如经审查认为该调解协议合法，应予批准。如果双方达不成一致意见，调解无效或调解经 15 日不成的，制作“调解意见书”，并在其上说明情况。调解委员会主任应签字、盖章，并加盖调解委员会印章。双方达成一致意见并经调解委员会审查批准的，在调解委员会主持下，要正式制作“调解协议书”。

因支付拖欠的劳动报酬、工伤医疗费、经济补偿或者赔偿金事项达成调解协议，用人单位在协议约定期限届满时不履行的，当事人可以持调解协议书依法向人民法院申请支付令。

四、劳动争议的仲裁

（一）仲裁的概念

仲裁也称公断，基本含义是由一个公正的第三者对当事人之间的争议做出评断。劳动争议仲裁是劳动争议仲裁委员会对用人单位与劳动者之间发生的争议，在查明事实、明确是非、分清责任的基础上，依法做出裁决的活动。

当事人申请仲裁应具备以下条件：（1）申诉人必须是与申请仲裁的劳动争议有直接利害关系的劳动者或用人单位；（2）申请仲裁的争议必须是劳动争议，如果不是劳动争议，而是民事、经济纠纷，或者是劳动行政纠纷，仲裁委员会将不予受理；（3）申请仲裁的劳动争议必须属于仲裁委员会的受案范围；（4）必须向有管辖权的仲裁委员会申请仲裁；（5）有明确的被诉人和具体的仲裁请求及事实依据；（6）除非遇到不可抗力或有其他正当理由，申请仲裁必须在规定的时效内；（7）申请书及相关材料齐备并符合要求。

（二）仲裁的原则

劳动争议仲裁的原则，是贯穿于劳动仲裁的整个阶段，在仲裁当中起指导性作用的根本原则。它集中体现了我国劳动争议仲裁的社会主义法治精神，是仲裁活动具体实施的保障。它具体表现为两个方面：一方面是指导劳动争议仲裁委员会进行仲裁活动的基本准则，而另一方面是仲裁参加人和其他参与人参加仲裁活动必须遵守的行为准则。

1. 着重调解原则

调解原则贯彻于企业调解、劳动仲裁与诉讼整个劳动争议处理程序。仲裁庭在做出仲裁裁决前，应当先行并且着重进行调解工作。这有利于当事人在相对平缓、温和的气氛下解决劳动争议，不破裂劳动关系，促进和谐的劳动关系的健康发展。因此，《劳动争议调解仲裁法》第四十二条规定，仲裁庭在做出裁决前，应当先行调解。调解达成协议的，仲裁庭应当制作调解书。调解书应当写明仲裁请求和当事人协议的结果。调解书由仲裁员签名，加盖劳动争议仲裁委员会印章，送达双方当事人。调解书经双方当事人签收后，发生法律效力。调解不成或者调解书送达前一方当事人反悔的，仲裁庭应当及时做出裁决。

2. 及时、迅速原则

及时、迅速地处理劳动争议仲裁案件，是指劳动争议仲裁委员会应当在法律规定的期限内迅速地处理劳动争议仲裁案件，缩短处理的周期，提高办案的效率，以减少劳动者维权的成本。这一原则要求劳动争议仲裁委员会在处理劳动争议案件时，必须严格依照法律规定的期限结案，尽快地解决争议。劳动争议与企业的生产和职工的生活密切相关，久拖不决势必影响到社会的安定和生产、生活秩序的稳定。因此，《劳动争议调解仲裁法》第四十三条规定，仲裁庭裁决劳动争议案件，应当自劳动争议仲裁委员会受理仲裁申请之日起45日内结束。案情复杂需要延期的，经劳动争议仲裁委员会主任批准，可以延期并书面通知当事人，但是延长期限不得超过15日。逾期未做出仲裁裁决的，当事人可以就该劳动争议事项向人民法院提起诉讼。仲裁庭裁决劳动争议案件时，其中一部分事实已经清楚，可以就该部分先行裁决。法律还专门规定，部分争议标的小、案件比较简单、劳动者对裁决没有异议的案件，该仲裁裁决为终局裁决。这有利于解决劳动争议周期过长的问题，减轻法院的案件负担。

3. 区分举证责任原则

区分举证责任，是指为打破劳动争议双方当事人之间的劳动隶属关系，在举证责任分配问题上由法律规定区分不同情形下实行证明责任与举证责任倒置规则，从而实现真正公平、合理的仲裁程序。

（三）劳动争议仲裁庭

劳动争议仲裁委员会裁决劳动争议案件实行仲裁庭制。仲裁庭是代表仲裁委员会对具体劳动争议案件行使仲裁权，由经一定程序选出的仲裁员组成的非常设性处理劳动争议的专门机构。

仲裁庭分为一般仲裁庭与简易仲裁庭。一般仲裁庭由3名仲裁员组成，设首席仲裁员，由仲裁委员会主任或授权办事机构负责人指定产生。这样就保证了仲裁的公正合理性，避免徇私枉法，滥用仲裁权，损害当事人的合法权益。另外2名是仲裁员，由仲裁委员会授权办事机构负责人指定或由当事人分别选定1名。在实际的仲裁活动中，仲裁员的选择一般是采用当事人各选1名的做法，因为当事人选择自己新任的仲裁员裁决劳动争议，不仅提高了仲裁的可信度和公正性，更符合仲裁的本意，而且更有利于争议得到迅速和实际的解决。

简易仲裁庭处理一些简单的劳动争议案件。一般是由1名仲裁员组成独任仲裁庭。简易劳动争议案件，是指那些事实清楚，情节认定容易，适用法律法规明确，无其他事实或法律上的分歧的案件。正是简易劳动争议案件的特殊性，决定了仲裁庭可由1名仲裁员独任，既可以迅速、简便地解决劳动争议，又节约了人力资源。由于仲裁庭是在仲裁委员会指导和监督下进行仲裁活动，简易仲裁庭在职责、权限、程度上与一般的仲裁庭是一致的，而且按照《劳动争议调解仲裁法》的资格条件每位仲裁员都通常责任心强、业务水平较高，对于简易仲裁是可以胜任的。

（四）劳动争议仲裁员

劳动争议仲裁庭是由仲裁员组成的。劳动争议仲裁员是劳动争议仲裁的实际执行者，仲裁员的素质及专业水平直接影响到仲裁的公平、公正与效率，关系到劳动者与用人单位的劳动争议解决和双方合法权益的保障问题。因此，仲裁员在仲裁中处于至关重要的地位。

《劳动争议调解仲裁法》要求挑选那些责任心强，又具有劳动争议处理专业知识和经验的人员进入仲裁员队伍，保证劳动争议仲裁员的质量，保证法律的尊严。劳动争议仲裁委员一旦被选定就被劳动争议仲裁委员会编入仲裁员名册中。具备以下条件的公民可以担任仲裁员：（1）曾任审判员的；（2）从事法律研究、教学工作并具有中级以上职称的；（3）具有法律知识、从事人力资源管理或者工会等专业工作满 5 年的；（4）律师执业满 3 年的。

仲裁员分为专职仲裁员与兼职仲裁员，所以适用不同的聘任程序。劳动争议仲裁员从下列人员中聘任：（1）专职仲裁员由仲裁委员会从劳动行政主管部门专门从事劳动争议处理工作的人员或者其他愿意担任专职仲裁员并符合法律规定条件的人士中聘任；（2）兼职仲裁员由仲裁委员会从劳动行政主管部门或其他部门的人员、工会工作者、专家、学者和律师中聘任；（3）劳动争议仲裁委员会成员均具有仲裁员资格，可由劳动争议仲裁委员会聘任为专职或兼职仲裁员。

仲裁员的职责主要有：（1）参加仲裁庭；（2）进行调查取证，有权向当事人及有关单位、人员进行调阅文件或档案、询问证人、现场勘察、技术鉴定等与争议事实有关的调查；（3）根据国家的有关法律、法规、规章及政策提出处理方法；（4）对争议当事人双方进行调解工作，促使当事人达成和解协议；（5）审查申诉人的撤诉请求；（6）参加仲裁庭合议，对案件提出裁决意见；（7）案件处理终结时，填报“结案审批表”；（8）及时做好调解、仲裁的文书工作及案卷的整理归档工作；（9）宣传劳动法律、法规、规章、政策；（10）对案件涉及的秘密和个人隐私应当保密。

仲裁员有下列情形之一应当回避，当事人也有权以口头或者书面方式提出回避申请：（1）是本案当事人或者当事人、代理人的近亲属的；（2）与本案有利害关系的；（3）与本案当事人、代理人有其他关系，可能影响公正裁决的；（4）私自会见当事人、代理人，或者接受当事人、代理人的请客送礼的。劳动争议仲裁委员会对回避申请应当及时做出决定，并以口头或者书面方式通知当事人。仲裁员有索贿受贿、徇私舞弊、枉法裁决行为的，应当依法承担法律责任；劳动争议仲裁委员会应当将其解聘。

（五）劳动争议案件的审理

劳动争议申请仲裁的时效期间为 1 年。仲裁时效期间从当事人知道或者应当知道其权利被侵害之日起计算；因当事人一方向对方当事人主张权利，或者向有关部门请求权利救济，或者对方当事人同意履行义务而中断。从中断时起，仲裁时效期间重新计算。劳动关系存续期间因拖欠劳动报酬发生争议的，劳动者申请仲裁不受仲裁时效期间的限制；但是，劳动关系终止的，应当自劳动关系终止之日起 1 年内提出。

劳动争议仲裁委员会收到仲裁申请之日起 5 日内，认为符合受理条件的，应当受理，并通知申请人；认为不符合受理条件的，应当书面通知申请人不予受理，并说明理由。劳动争议仲裁委员会不予受理或者逾期未做出决定的，申请人可以就该劳动争议事项向人民法院提起诉讼。劳动争议仲裁委员会受理仲裁申请后，应当在 5 日内将仲裁申请书副本送达被申请人。被申请人收到仲裁申请书副本后，应当在 10 日内向劳动争议仲裁委员会提交答辩书。劳动争议仲裁委员会收到答辩书后，应当在 5 日内将答辩书副本送达申请人。被申请人未提交答辩书的，不影响仲裁程序的进行。

仲裁庭应当在开庭 5 日前，将开庭日期、地点书面通知双方当事人。当事人有正当理由的，可以在开庭 3 日前请求延期开庭。是否延期，由仲裁庭决定。当事人收到书面通知，无正当理由拒不到庭或者未经仲裁庭同意中途退庭的，对申请人按照撤回仲裁申请处理，对被申请人可以缺席裁决。

（六）劳动争议仲裁的期限和裁决

仲裁庭裁决劳动争议案件，应当自劳动争议仲裁委员会受理仲裁申请之日起 45 日内结束。案情复杂需要延期的，经劳动争议仲裁委员会主任批准，可以延期并书面通知当事人，但是延长期限不得超过 15 日。逾期未做出仲裁裁决的，当事人可以就该劳动争议事项向人民法院提起诉讼。

仲裁庭裁决劳动争议案件时，其中一部分事实已经清楚，可以就该部分先行裁决。仲裁庭对于追索劳动报酬、工伤医疗费、经济补偿或者赔偿金的案件，根据当事人的申请，可以裁决先予执行，移送人民法院执行。仲裁庭裁决先予执行的，应当符合下列条件：（1）当事人之间权利义务关系明确；（2）不先予执行将严重影响申请人的生活。劳动者申请先予执行的，可以不提供担保。

仲裁裁决实行“少数服从多数”的一般原则，在不能形成多数意见时，裁决按照首席仲裁员的意见做出。例如，仲裁庭三个仲裁员的意见各不一致，就要按照首席仲裁员的意见做出裁决。当然，如果是实行独任仲裁，实行独裁、独决的原则。

（七）劳动争议仲裁书的效力

劳动争议仲裁裁决的生效，是指劳动争议仲裁裁决符合法定的生效要件后，具备法律的既定执行力，义务人应当自觉执行，如果义务人不执行，权利人可以向人民法院申请强制执行。执行根据必须是已经生效且有执行内容的法律文书。劳动争议仲裁委员会的裁决书生效后，一方当事人如果逾期不履行，对方当事人可以向被申请人住所地或者被执行人的财产所在地的人民法院申请强制执行，受理申请的人民法院应当依法执行。但是依法被撤销的仲裁裁决书除外。

劳动争议裁决书的撤销，是指由于某些法定情形致使已经生效的仲裁书效力消失，被撤销后的劳动争议裁决书法院应当不予执行。裁决书的撤销主体为做出裁决的劳动争议仲裁委员会所在地的中级人民法院。对于实行“一裁终局”的案件，用人单位有证据证明上述裁决是违法、错误的，可以自收到裁决书之日起 30 日内向劳动争议仲裁委员会所在地的中级人民法院申请撤销裁决。人民法院经组成合议庭审查核实裁决有前述规定情形之一的，应当裁定撤销。仲裁裁决被人民法院裁定撤销的，当事人可以自收到裁定书之日起

15 日内就该劳动争议事项向人民法院提起诉讼。

五、劳动争议的诉讼

（一）劳动争议诉讼的概念和范围

劳动争议的诉讼，是指劳动争议当事人不服劳动争议仲裁委员会的裁决，在规定的期限内向人民法院起诉，人民法院依法受理后，依法对劳动争议案件进行审理的活动。此外，劳动争议的诉讼，还包括当事人一方不履行仲裁委员会已发生法律效力的裁决书或调解书，另一方当事人申请人民法院强制执行的活动。

实行劳动争议诉讼制度，从根本上将劳动争议处理工作纳入了法制轨道，以法的强制性保证了劳动争议的彻底解决。同时，这一制度也初步形成了对劳动争议仲裁委员会的司法监督机制，对于提高仲裁质量十分有利，此外，还较好地保护了当事人的诉讼权，给予不服仲裁裁决的当事人以求助于司法的权利。

劳动争议的诉讼，是解决劳动争议的最终程序。人民法院审理劳动争议案件适用《民事诉讼法》所规定的诉讼程序。

在许多国家，劳动争议诉讼由专门的劳动法院审理，最具代表性的如德国的劳动法院。德国劳动法院最早源于法国大革命时期里昂成立的“裁判所”，由雇主作为法官来裁决雇主与雇员之间的纠纷，后发展成由雇主和雇员共同组成的劳资纠纷调停所。在此基础上产生了企业法院，负责审理雇主与雇员之间的个人和集体劳资纠纷，其组成人员是独立的市政官员和数量相等的雇主与雇员。

劳动法院负责审理劳动案件的法庭由职业法官和名誉法官组成。首席法官由职业法官担任，名誉法官由雇员和雇主方代表中的各一人担任。职业法官依据德国法官法考任。名誉法官在一审劳动法院任职时须年满 25 周岁，只有在本区工作的雇员或雇主才能任该地区劳动法院的名誉法官，且不可以同时为雇员和雇主双方的法官或者在一个以上的劳动法院任名誉法官。州劳动法院名誉法官则要年满 30 周岁，且至少在一审劳动法院担任过 4 年名誉法官。联邦劳动法院名誉法官的前提条件是在劳动法和劳资领域具有特别丰富的经验，且至少在劳动法院担任过 4 年法官。名誉法官由工会、带有社会福利或就业政策目的的独立的雇员联合会、雇主协会、公法法人团体和法人团体联合会推荐给法院，推荐名单中候选法官的数量必须多于实际需要的数量。雇员、雇主以及其他团体的候选人在聘任选举中应占有适当的比例。

可聘任为名誉法官的雇主候选人是：（1）暂时或定期在每年某段时间不雇用雇员的雇主，即季节性和生产季节性企业的所有者，但因年迈关闭企业的雇主或不再允许雇用雇员的雇主不能被聘用；（2）法人组织的成员或合伙经营公司的成员；（3）经理和企业领导及被授予企业代理权或全权的人。

可聘任为名誉法官的雇员候选人是：（1）雇员及相同地位的人员；（2）失业人员，无论失业的原因或是否有权申领失业金；（3）工会和带有社会福利或就业政策目的的雇员自主联合会的成员或职员及其高级组织的理事会成员或职员。

不能担任名誉法官的人员为：（1）由于判决而不能任官方职务的人或者由于蓄意行动而被判决监禁6个月以上的人；（2）由于有丧失官方任职资格的行为而受到控告的人；（3）由于法庭的禁令使自己的财产受到限制的人；（4）不具有德国联邦议院选举权的人；（5）劳动法院的公务员或职员。

名誉法官虽然是劳动争议案件的审判人员，但不是法律意义上的官员，也不从审判工作中得到薪水（但可以领取补偿费）。名誉法官行使法官职务，同职业法官一样在审判中具有独立性，不受来自推荐他的团体的指令或意见的约束，也不应是雇员或雇主利益的代言人，而是独立的法官，在行使职责时运用他作为雇主或雇员时的经验为审判出谋划策。如果名誉法官因工作之便牟取私利，也同职业法官一样受直至3年的监禁或相应的处罚。在案件审理中，名誉法官与职业法官具有同样的询问权、查阅案卷的权力等；在案件判决中，无论是职业法官还是名誉法官都享有同等分量的表决权，在这个意义上，名誉法官能以多数票否决职业法官的判决意见，但实际上这种情况从未出现过。

职业法官与名誉法官结合的优势在于：（1）名誉法官直接来自劳资双方，在审判中充分利用他们在劳动关系方面的经验，帮助法庭做出更加符合劳动关系实际的判决；（2）雇主与雇员的代表在法庭中数量相等，使双方增加了对法庭的信任，更容易接受法院的判决；（3）名誉法官对案件的审理也可以在一定程度上避免职业法官的独断，提高案件审理的质量。

劳动法院受理的劳动争议案件主要是劳动者与雇主之间因下列原因出现的争议：（1）劳资双方或双方与第三人之间基于集体合同发生的争议；（2）因为劳动关系发生的争议；（3）对于劳动关系存在与否的争议；（4）由于协商劳动关系是否终止及其相关后果的争议；（5）与劳动关系有关的非法行为引发的争议；（6）关于雇用证书的争议；（7）由于要求支付破产保险而在雇员及其遗属与破产机构之间的争议；（8）雇员要求支付因其发明或技术改进而确定的报酬引发的争议；（9）雇员要求支付基于劳动关系产生的知识产权所约定报酬的争议；（10）要求确认集体合同的订立能力和集体合同适用范围的争议。

在劳动争议案件的审理过程中，作为劳动者和雇主的双方当事人都可以既不自己出庭，也不由律师出庭代理，而是由代表劳动者的工会和代表雇主的雇主协会代理。当然，双方当事人也可以自己出庭，但在审判实践中绝大多数当事人都由律师或工会、雇主协会代表自己出庭。劳动争议案件与民事案件一样奉行“不告不理”的原则，劳动法院受理的案件中95%的起诉是由劳动者提出的，案由也集中在解雇保护上，即劳动关系的期限是否有效或雇主的解雇是否生效等。劳动争议案件先由担任首席法官的职业法官进行和解审理，目的在于让当事人达成和解。大约50%的案件能达成和解。如果和解审理无效，首席法官就指定一个日期，在法庭上进行口头辩论审理，即双方当事人都不必用书面形式进行诉讼。法庭遵循绝对中立、尽快处理的原则，许多案件在这一阶段也以当事人和解，即撤回起诉或承认起诉得到解决。一审败诉的当事人不服劳动法院的判决而向州劳动法院提出上诉的大约为 50%。在州劳动法院也有一半以上的案件得以调解结案。但如果州劳动法院做出判决，它就必须决定是否允许向联邦劳动法院提起上诉。如果做出不允许上诉的决定，联邦劳动法院可就此决定进行审查。州劳动法院审判的案件中只有不到 5% 的案件允许向联邦劳动法院提起上诉。联邦劳动法院不再调查事实，而是审查州劳动法院适用法律是否正确，并尽可能做到让劳动法院适用法律在整个联邦范围内达到统一。

在我国，根据最高人民法院《关于审理劳动争议案件适用法律若干问题的解释》，劳动者与用人单位之间发生的下列纠纷，属于《劳动法》第二条规定的劳动争议，当事人不服劳动争议仲裁委员会做出的裁决，依法向人民法院起诉的，人民法院应当受理：（1）劳动者与用人单位在履行劳动合同过程中发生的纠纷；（2）劳动者与用人单位之间没有订立书面劳动合同，但已形成劳动关系后发生的纠纷；（3）劳动者退休后，与尚未参加社会保险统筹的原用人单位，因追索养老金、医疗费、工伤保险待遇和其他社会保险费而发生的纠纷。

劳动争议仲裁委员会以当事人申请仲裁的事项不属于劳动争议为由，做出不予受理的书面裁决、决定或者通知，当事人不服，依法向人民法院起诉的，人民法院应当分别情况予以处理：（1）属于劳动争议案件的，应当受理；（2）虽不属于劳动争议案件，但属于人民法院主管的其他案件，应当依法受理。劳动争议仲裁委员会以当事人的仲裁申请超过申请期限为由，做出不予受理的书面裁决、决定或者通知，当事人不服，依法向人民法院起诉的，人民法院应当受理；针对一些用人单位违法收取劳动合同保证金，劳动者为了就业，通常不敢在劳动关系存在期间向劳动监察部门投诉，也不向劳动争议仲裁机构提起劳动仲裁，直到解除劳动关系时才希望通过仲裁或者诉讼手段要回；也有的用人单位对劳动者提出解除劳动合同的，以扣押丢弃人事档案、不转移社会保险关系等手段予以制裁，导致劳动者再就业困难的情形，最高人民法院《关于审理劳动争议案件适用法律若干问题的解释（二）》明确规定，人民法院受理劳动者与用人单位解除或者终止劳动关系后，请求用人单位返还其收取的劳动合同定金、保证金、抵押金、抵押物产生的争议，或者办理劳动者的人事档案、社会保险关系等移转手续产生的争议的解释，将劳动案件的审理范围延伸至劳动合同解除和解除合同后产生的附随义务。

面对新的司法原则，劳动关系当事人应当全面理解和准确掌握。如对于劳动合同履行争议的申诉和起诉时效，劳动者应当承担相应的证明责任；对于当事人实体权利的保护期，则应当参照《民法通则》的规定，从其知道或者应当知道其权利被侵害之日起 2 年，最长不能超过 20 年。将来修改《劳动法》时，最好将劳动争议案件的诉讼时效制度与民法的诉讼时效制度衔接，不要实行两套难以衔接的诉讼时效制度。对于确已超过仲裁申请期限，又无不可抗力或者其他正当理由的，依法驳回其诉讼请求。劳动争议仲裁委员会以申请仲裁的主体不适格为由，做出不予受理的书面裁决、决定或者通知，当事人不服，依法向人民法院起诉的，经审查，确属主体不适格的，裁定不予受理或者驳回起诉。

劳动争议仲裁委员会为纠正原仲裁裁决错误重新做出裁决，当事人不服，依法向人民法院起诉的，人民法院应当受理。人民法院受理劳动争议案件后，当事人增加诉讼请求的，如该诉讼请求与讼争的劳动争议具有不可分性，应当合并审理；如属独立的劳动争议，应当告知当事人向劳动争议仲裁委员会申请仲裁。劳动争议仲裁委员会仲裁的事项不属于人民法院受理的案件范围，当事人不服，依法向人民法院起诉的，裁定不予受理或者驳回起诉。

（二）劳动争议诉讼的原则

人民法院在审理劳动争议案件过程中，同样遵循司法审判中的一般诉讼原则，如以事实为根据，以法律为准绳的原则；独立行使审判权的原则；回避原则等。

此外，根据劳动争议案件的特殊性，还应体现密切与有关单位配合的原则。因为处理劳动争议案件要以法律为准绳，主要就是以《劳动法》及有关法规和政策为依据。劳动行政机关是国家管理劳动工作的专门部门，了解和熟悉劳动法律政策；另外，工会等有关部门都从事企业生产、安全、工资福利、劳动保护等各项管理和监督检查工作，比较熟悉情况。特别是劳动争议仲裁机构，是代表国家处理劳动争议的专职机构，负责直接受理和处理各种劳动争议案件，对争议的原因、过程等情况比较了解，且有一定的办案经验。因此，人民法院审理劳动争议案件时，应多向这些单位调查，认真听取其意见，密切配合，使案件的审理更加符合处理劳动争议的实际需要。

因用人单位做出的开除、除名、辞退、解除劳动合同、减少劳动报酬、计算劳动者工作年限等决定而发生的劳动争议，用人单位负举证责任。

（三）劳动诉讼案件的管辖

根据《民事诉讼法》的有关规定，结合劳动争议案件的诉讼主体既有法人，又有劳动者个人，以及劳动争议必须及时处理等特点和要求，人民法院的劳动争议案件管辖一般由劳动争议仲裁委员会所在地的人民法院受理。

具体讲，对于案情比较简单、影响不大的劳动争议案件，一般由劳动争议仲裁委员会所在地的基层人民法院做第一审；对于案情复杂、影响很大的劳动争议案件，基层人民法院审理有困难的，可由中级人民法院做第一审。

劳动争议案件由用人单位所在地或者劳动合同履行地的基层人民法院管辖。劳动合同履行地不明确的，由用人单位所在地的基层人民法院管辖。当事人双方不服劳动争议仲裁委员会做出的同一仲裁裁决，均向同一人民法院起诉的，先起诉的一方当事人为原告，但对于双方的诉讼请求，人民法院应当一并做出裁决。当事人双方就同一仲裁裁决分别向有管辖权的人民法院起诉的，后受理的人民法院应当将案件移送给先受理的人民法院。用人单位与其他单位合并的，合并前发生的劳动争议，由合并后的单位为当事人；用人单位分立为若干单位的，其分立前发生的劳动争议，由分立后的实际用人单位为当事人。用人单位分立为若干单位后，对于承受劳动权利义务的单位不明确的，分立后的单位均为当事人。

用人单位招用尚未解除劳动合同的劳动者，原用人单位与劳动者发生的劳动争议，可以列新的用人单位为第三人。原用人单位以新的用人单位侵权为由向人民法院起诉的，可以列劳动者为第三人。原用人单位以新的用人单位和劳动者共同侵权为由向人民法院起诉的，新的用人单位和劳动者列为共同被告。劳动者在用人单位与其他平等主体之间的承包经营期间，与发包方和承包方双方或者一方发生劳动争议，依法向人民法院起诉的，应当将承包方和发包方作为当事人。

（四）时效制度

根据《劳动法》和《劳动争议调解仲裁法》的规定，劳动争议当事人对非一裁终局的仲裁裁决不服的，自收到裁决书之日起 15 日内，可以向人民法院起诉。一方当事人在法定期限内既不起诉，又不履行仲裁裁决的，另一方当事人可以申请人民法院强制执行。

最高人民法院《关于审理劳动争议案件适用法律若干问题的解释》对仲裁裁决的效力作了一些更为具体的规定。例如，第十七条规定：劳动争议仲裁委员会做出仲裁裁决后，当事人对裁决中的部分事项不服，依法向人民法院起诉的，劳动争议仲裁裁决不发生法律效力。第十八条规定：劳动争议仲裁委员会对多个劳动者的劳动争议做出仲裁裁决后，部分劳动者对仲裁裁决不服，依法向人民法院起诉的，仲裁裁决对提出起诉的劳动者不发生法律效力；对未提出起诉的部分劳动者，发生法律效力，如其申请执行的，人民法院应当受理。第二十条规定，用人单位对劳动者做出的开除、除名、辞退等处理，或者因其他原因解除劳动合同确有错误的，人民法院可以依法判决予以撤销。对于追索劳动报酬、养老金、医疗费以及工伤保险待遇、经济补偿金、培训费及其他相关费用等案件，给付数额不当的，人民法院可予以变更。第二十一条规定，当事人申请人民法院执行劳动争议仲裁机构做出的发生法律效力的裁决书、调解书，被申请人提出证据证明劳动争议仲裁裁决书、调解书有下列情形之一，并经审查核实的，人民法院可以根据《民事诉讼法》第二百一十七条之规定，裁定不予执行：（1）裁决的事项不属于劳动争议仲裁范围，或者劳动争议仲裁机构无权仲裁的；（2）适用法律确有错误的；（3）仲裁员仲裁该案时，有徇私舞弊、枉法裁决行为的；（4）人民法院认定执行该劳动争议仲裁裁决违背社会公共利益的。

人民法院在不予执行的裁定书中，应当告知当事人在收到裁定书之次日起 30 日内，可以就该劳动争议事项向人民法院起诉。

第二节 劳动监督检查

一、劳动监督检查概述

（一）劳动监督检查的意义

“徒法不足以自行”，一项法律制定以后，如何使之准确有效地实施就成为首要的问题。在社会主义市场经济体制中，建立和健全劳动法的监督检查制度更具有十分重要的意义。

首先，劳动法的监督检查制度是培育和发展劳动力市场的需要。党的十四大明确指出了我国经济体制改革的目标是建立社会主义市场经济。劳动力市场是重要的要素市场之一，应该有序地、健康地发展和完善。当我们对劳动力的管理从行政指令转变为运用法律手段调整劳动关系后，劳动关系双方当事人作为劳动关系的主体，比先前具有更大的权利，对劳动关系具体内容的可选择性体现了双方当事人对劳动权利的充分运用。相应地，双方当事人自由权利的前提是在法律规定的限度之内，而不是绝对地放任自流。只有依据劳动法的规定行使劳动权利，劳动力市场才可能有序地建立和健康、稳定地发展。为此，必须有一套切实可行的制度来监察、督促双方当事人遵守劳动法律，依法办事。通过有效的监督检查手段去发现、纠正劳动关系建立和履行过程中有悖法律的行为，使之始终在法律规定的范围内行事，从而使双方当事人的劳动权利既能充分行使，又能符合法律的要求，形成和谐的劳动关系和有序的劳动力市场。

其次，社会主义市场经济条件下劳动关系复杂多样的特征也要求健全劳动法的监督检查制度。改革开放以来，我国的经济结构发生了变化。先前国有企业占绝对主导地位的局面被改变，外商投资企业、私营企业大量涌现，劳动关系表现出复杂多样性。这些不同的用工主体与劳动者通过劳动力市场结合在一起，各自表现出不同的利益追求，或者说各自是不同的利益主体，从一开始在利益追求上就存在不一致性。由于这种不一致性存在并体现在劳动关系的各项内容中，双方当事人的矛盾和冲突是不可避免的，只有通过严格的法律约束，用劳动法的规定来规范双方的行为，才能把这些矛盾和冲突限制在法律许可的范围内，并且通过法律来妥当地解决。

同时，正由于利益主体的多元化，利益主体的需求在法律范围内得到满足便构成了社会稳定和发展的要素。以前我们不承认不同主体的利益差异，企业不享有真正的主体资格和用工权利，不能成为真正意义上的劳动关系的主体。随着经济体制改革的深化，企业逐步享有了与其作为独立的法人地位相称的权利。尤其是劳动制度改革取得积极的成果后，企业享有了在劳动关系诸项内容上的自主权利，其自身的利益追求得到了人们的认同和法律的保障，而对于作为相对人的职工利益的特殊性也不言而喻地应给予认同和保障。这些不同利益在劳动关系中的表现和冲突也为现实所证明，而且将随着市场经济的发展而更充分地表现出来。

最后，劳动关系双方当事人在法律地位上的平等性并不等于现实生活中力量的对等，用人单位在经济上处于强势、劳动者处于弱势是现实存在，前者利用这一优势侵犯后者的合法权益，违反劳动法规定的事件已不少见，为此，必须依靠健全的劳动法律监督检查制度，严格监督检查，维护劳动者的合法权益，也同时保障用人单位的自主权利，使各自不同的利益主体在法律规定的范围内实现各自的追求。

（二）监督检查的含义

劳动法的监督检查就其含义而言，在内容上和主体上都有广义和狭义两种。

从其内容上讲，狭义的监督检查指的是依据《劳动法》的各项规定进行监督检查；而在广义上，则应包括依据整个社会主义法律体系中的各项劳动法律规范进行监督检查，这里面包括了《宪法》中的有关规定，也包括了《劳动法》在内的各项法律、法规、规章和地方性劳动法规，即只要是与劳动有关的法律规范，不论其是以哪种法律形式表现的，都属于监督检查的范围。

从其主体上讲，狭义的监督检查指的是劳动行政机关对劳动法律规范进行专门的行政监督检查。而在广义上则包括三个方面的监督检查：一是劳动监督检查机构的监督检查；二是其他有关部门对执行劳动法的监督检查；三是工会组织和人民群众的监督检查。这三方面的监督检查彼此配合，相互协调、补充，共同保障我国劳动法律准确、有效地实施。

在劳动行政机关对劳动法律规范进行专门监察工作中，国务院劳动保障行政主管部门主管全国的劳动保障监察工作。县级以上地方人民政府劳动保障行政主管部门主管本行政区域内的劳动保障监察工作。根据《劳动法》和有关劳动保障行政法规的规定，劳动行政机关对企业和个体工商户进行劳动保障监察；对职业介绍机构、职业技能培训机构和职业技能考核鉴定机构进行劳动保障监察；国家机关、事业单位、社会团体执行劳动保障法律、法规和规章的情况，由劳动保障行政主管部门根据其职责，依照《劳动保障监察条例》实施劳动保障监察。为了解决当前突出的非法用工主体侵犯劳动者合法权益的问题，对于无营业执照或者已被依法吊销营业执照，有劳动用工行为的，由劳动保障行政主管部门依照《劳动保障监察条例》实施劳动保障监察，并及时通报工商行政管理部门予以查处取缔。

二、劳动监督检查机构的工作内容

（一）劳动监督检查机构进行监督检查的意义

根据《劳动法》策八十五条的规定，县级以上各级人民政府劳动行政主管部门开展的对劳动法律、法规的监督检查活动属于行政监督，从而明确了劳动行政主管部门在劳动法监督检查中的地位，并且把劳动行政主管部门的监督检查与其他监督检查形式区分开来。

建立劳动行政监督检查制度，既是社会主义市场经济体制下劳动法制建设的必然要求，也是劳动行政主管部门职能转换的重要标志。建立社会主义市场经济，要求把企业的劳动用工、工资分配等权利归还给企业，劳动行政主管部门由过去直接的行政管理转变为间接的法制管理，主要任务就在于根据法律的规定，督促劳动关系当事人遵守法律，对当事人违反劳动法律、法规的行为予以纠正和处罚。劳动行政主管部门的这一职能具有专属性和强制力的特征，因为这一职能只能是县级以上人民政府的劳动行政主管部门才能行使，在其行使过程中，相对人只能接受并配合，无正当理由不能拒绝或阻拦。对于劳动行政主管部门做出的处理决定，有关单位与个人必须立即执行。当事人不服处理决定的，可以按照《行政复议法》或《行政诉讼法》的规定申请复议或者提起行政诉讼，在申请复议或提起诉讼期间不影响决定的执行。

（二）劳动监督检查的机构和职权

为了劳动行政主管部门切实有效地行使监督检查权，县级以上各级劳动行政主管部门应设置专门的劳动行政监督检查组织，配备专门的劳动行政监督检查人员。对此，在《劳动法》中不可能作出具体规定，但可以依据有关的规定进行劳动监督检查。例如，《矿山安全监察条例》规定，在国务院劳动行政主管部门设矿山安全监察局，在省、自治区、直辖市劳动行政主管部门设矿山安全监察处，在矿山比较集中的地区、市劳动行政主管部门设矿山安全监察室（组），专门负责矿山安全的监督检查工作；《锅炉压力容器安全监察暂行条例》规定，在国务院劳动行政主管部门设锅炉压力容器安全监察局，在省、自治区、直辖市劳动行政主管部门设锅炉压力容器安全监察处，在工业集中的地区、市劳动行政主管部门设锅炉压力容器监察科，专门负责锅炉压力容器安全的监督检查工作。

劳动行政主管部门监督检查的职权主要有两个方面：一是负责对劳动就业、职工工资、社会保险、职工福利、职业技能开发及法律、法规的实施进行监督检查；二是由劳动行政主管部门内设置的专门劳动保护监察机构对劳动保护方面的法律、法规实施情况进行监督检查。主要内容有：（1）对企业贯彻执行国家劳动保护方针政策、《矿山安全法》《锅炉压力容器安全监察暂行条例》的情况进行监督检查。（2）监督检查用人单位改善劳动条件计划的实施和安全技术措施经费的使用情况。（3）参加对职业危害严重的新建、改建、扩建企业和事业单位的重大技术改造工程项目的设计审查和竣工验收；参加有关劳动安全的新技术、新工艺、新设备、新材料的鉴定；参加矿山设计审查和矿山工程竣工验收。（4）对设计、制造、安装、使用、检验、修理、改造锅炉、压力容器的单位进行监督检查，制止和纠正违法行为。（5）检查企业、事业单位的安全卫生状况，发现有违法行为，危及职工安全健康的重大隐患，发出“安全监察指令书”，限期改正或限期解决，对于逾期不改的，可令其停止作业，进行整顿。对于不具备安全开采条件的矿井或露天矿，有权提请有关部门予以封闭。（6）参加职工伤亡事故的调查和处理。对事故原因的分析和事故责任者的处分发生分歧时，有权提出结论性意见。（7）对厂矿长和特种作业人员进行培训，并按规定进行考核和发证。（8）对违反劳动法规，造成严重后果的企业、事业单位及其责任人给予处罚。

从立法角度看，劳动行政监督检查机构的职权也具体规定在《劳动法》和有关法律、法规和部门规章中。例如，《矿山安全法》规定矿山安全监督检查机构的职责为：（1）检查矿山企业和矿山企业的主管部门贯彻执行矿山安全法律、法规的情况；（2）参加矿山建设工程安全设施的设计审查和竣工验收；（3）检查矿山劳动条件和安全状况；（4）检查矿山企业职工安全教育、培训工作；（5）督促矿山企业提取和使用安全技术措施专项费用的情况；（6）参加并监督矿山事故的调查和处理；（7）法律、行政法规规定的其他监督职责。

国务院发布《劳动保障监察条例》，明确了劳动保障监察职责与监察事项，规定了劳动保障行政主管部门实施劳动保障监察应当履行的4项职责：（1）宣传劳动保障法律、法规和规章，督促用人单位贯彻执行；（2）检查用人单位遵守劳动保障法律、法规和规章的情况；（3）受理对违反劳动保障法律、法规或者规章的行为的举报、投诉；（4）依法纠正和查处违反劳动保障法律、法规或者规章的行为。9项具体的劳动保障监察事项为：（1）用人单位制定内部劳动保障规章制度的情况；（2）用人单位与劳动者订立劳动合同的情况；（3）用人单位遵守禁止使用童工规定的情况；（4）用人单位遵守女职工和未成年工特殊劳动保护规定的情况；（5）用人单位遵守工作时间和休息休假规定的情况；（6）用人单位支付劳动者工资和执行最低工资标准的情况；（7）用人单位参加各项社会保险和缴纳社会保险费的情况；（8）职业介绍机构、职业技能培训机构和职业技能考核鉴定机构，遵守国家有关职业介绍、职业技能培训和职业技能考核鉴定的规定的情况；（9）法律、法规规定的其他劳动保障监察事项。

关于劳动行政主管部门的监督检查权限在管辖上的划分，《劳动法》未做具体规定，但《劳动保障监察条例》确定了管辖形式。

1. 地域管辖

地域管辖是指同级劳动保障行政主管部门在行使劳动保障监察权上的横向权限划分。规定对用人单位的劳动保障监察，由用人单位用工所在地的县级或设区的市级劳动保障行政主管部门管辖。第一，劳动保障监察主要由县级、设区的市级劳动保障行政主管部门管辖。县级和设区的市级劳动保障行政主管部门与用人单位和劳动者联系最为直接、广泛，能够充分发挥其情况熟、地域熟、时效强的特点，有助于推进劳动保障监察执法体制改革。第二，由用人单位用工所在地的劳动保障行政主管部门管辖。即用人单位在哪个行政区域用工，就由该行政区的劳动保障行政主管部门实施监察管辖。这样规定既便于劳动保障行政主管部门对用人单位的日常检查和监察管理以及对违法行为调查取证，还可以节省劳动保障行政主管部门的人力、物力、财力，提高行政执法工作效率；同时，也方便劳动者对违反劳动保障法律、法规或者规章的行为的举报、投诉。用人单位的用工所在地就是用工行为地，包括合法用工行为和违法用工行为。

2. 级别管辖

由于各地的用人单位分布、性质、数量不平衡，各级劳动保障行政主管部门承担的工作任务和执法力量不均衡，情况差别很大，省、自治区、直辖市人民政府可以对劳动保障监察的管辖制订具体办法。

3. 指定管辖

在监察执法实践中，对同一区域中的用人单位难以确定由哪个地区哪一级的监察机构去实施监察，会出现有两个劳动保障行政主管部门认为其有管辖权而产生争议的情形。为了妥善处理这种管辖权的争议，《劳动保障监察条例》规定劳动保障行政部门对劳动保障监察管辖发生争议的，报请共同的上一级劳动保障行政部门指定管辖。

4. 移送管辖

劳动保障行政主管部门对于违反劳动法律、法规或者规章的行为，应做出处理，如果发现违法案件不属于劳动保障监察范围的，应当及时移送有关部门处理；涉嫌犯罪的，应当及时移送司法机关。

（三）劳动监督检查人员的权利和义务

劳动行政主管部门的监督检查权由其工作人员具体行使，劳动行政监督检查人员代表劳动行政主管部门具体从事监督检查工作。

劳动行政监督检查员的任职必须具备一定的条件。如《矿山安全监察条例》规定，矿山安全监督检查员只能从熟悉矿山安全技术知识，能从事井下检查工作的高级工程师、工程师、助理工程师和矿（处）级干部中选任。《锅炉压力容器安全监察暂行条例》规定，锅炉压力容器安全监督检查员只能从具有锅炉、压力容器安全技术知识的高级工程师、工程师、助理工程师中选任。

这类专业技术知识要求高的监督检查人员需要具有较高的专业技术水平，即使是对劳动工作的一般监督检查，也要求监督检查人员具备劳动业务知识，熟悉国家的劳动法律和政策，并且应经过必要的专业培训和专业考试。通常，监督检查人员由同级劳动行政主管部门任命。地方各级劳动安全监督检查人员，必须报上一级劳动行政主管部门备案。但地方各级劳动安全监督检查人员只能由省、自治区和直辖市的劳动行政主管部门任命，报国务院劳动行政主管部门备案。劳动行政监督检查人员一经任命，即发给由国务院劳动行政主管部门统一印制的专门证件。劳动行政监督检查人员的素质决定着其工作质量，造就一大批高素质的工作人员是今后一个时期的重要任务。

根据《劳动法》和其他有关法律、法规、规章规定，劳动行政监督检查机构和监督检查人员享有五项权利：（1）可以随时进入有关单位，对劳动场所以及其他监督检查人员认为应该检查的场所进行实地检查。任何单位和个人不得拒绝阻拦，否则将受到行政处罚或刑事制裁；（2）有权要求有关单位和个人在限定的期限内就有关问题做出书面解释和说明，有关单位和个人必须积极配合，在规定期限内完成；（3）有权查阅、复制检查对象单位的有关资料，如职工名册、临时用工登记表、职工工资发放表、劳动合同书等，被检查单位有义务如实提供；（4）有权向被检查单位的全部人员，包括领导和职工询问情况，被询问者有义务如实回答；（5）委托会计师事务所对用人单位工资支付、缴纳社会保险费的情况进行审计。

劳动保障行政主管部门在实施劳动保障监察时有权采取以下措施：（1）进入用人单位的劳动场所进行检查；（2）就调查、检查事项询问有关人员；（3）要求用人单位提供与调查、检查事项相关的文件资料，并做出解释和说明，必要时可以发出调查询问书。与劳动行政监督检查机构和监督检查人员的权利相伴随的，是他们应该履行的义务：（1）开展检查活动时，应出示证件，并有两名以上监督检查人员参加；（2）遵守有关法律、法规和规章，秉公执法，不徇私情；（3）进入生产场所进行实地检查时，应遵守相关的生产纪律和规章制度；（4）替被检查的单位和个人保守秘密，对于检查中知道的商业和技术秘密不得外传；（5）为检举和举报人员保密，对检举、举报人员反映的不宜公开的问题和被询问人的姓名等有关情况，要严守秘密。

劳动行政监督检查工作是一项法律性很强的工作，必须严格依法办事。劳动行政主管部门及其工作人员滥用职权、玩忽职守、徇私舞弊的，要给予行政处分；构成犯罪的，要依法追究刑事责任。

（四）劳动监督检查工作的方式

根据劳动法制建设的需要，总结近年来的实践经验，劳动行政监督检查的工作方式主要有五种。

1. 经常性地进行监督检查

对用人单位遵守劳动法的情况进行监督检查，是劳动行政主管部门的职责，要保障劳动法律规范准确有效地实施，监督检查工作必须做到经常化、制度化。有关工作人员应该经常到企业去检查、发现问题，以便及时处理。

2. 集中力量进行突击性监督检查

这主要是针对在某一时期，某些用人单位贯彻执行劳动法普遍存在某种严重的问题，迫切需要改变这种状况，便可以组织力量进行突击性检查，利用强大的声势及时解决问题。

3. 对重点单位进行监督检查

用人单位发生了伤亡事故，或者有关组织、劳动者检举、控告有违反劳动法行为的单位或个人，即应组织力量对该用人单位进行调查，及时、恰当地做出处理。

4. 实行年检

要求应接受检查的单位每年定期携带有关资料到劳动行政监督检查机构接受检查。例如，劳动就业管理中要求对社会团体和个人开办的职业介绍机构进行年检，审核职业介绍许可证等。

（五）劳动监督检查机构的处罚权

《劳动法》规定了劳动行政监督检查机构的处罚权，县级以上各级人民政府劳动行政主管部门对于违反劳动法律、法规的行为有权制止和纠正，并依法给予有关当事人行政处罚。

劳动行政处罚是劳动行政机关依照法律、法规的规定，对用人单位和劳动者违反劳动法律规范的行为进行制裁。这是劳动行政机关或法律授权的其他组织的权力，除这二者外，其他组织或个人无权行使这一权力。并且，劳动行政处罚是对用人单位和劳动者实施了违反劳动法律规范的行为后的处罚，其前提必须是有具体的违法行为存在。

因此，劳动行政处罚必须贯彻“以事实为依据，以法律为准绳”的原则，严格依法办事。要根据法律、法规规定，由有行政处罚权的劳动行政机关，根据用人单位和劳动者违反劳动法律规范的行为的具体事实和情节，给予相应的处罚，而且处罚过程必须符合法定的程序。同时，要体现行政处罚中“一事不再罚”的原则，即对违法人的某一违法行为，只能依法给予一次处罚，不能根据同一法律、法规进行两次或多次处罚。在理解这一原则时，要与并处和不同机关对同一违法行为进行不同的处罚区别开来。并处是对行为人某一违法行为给予不同种类的处罚。

同时，劳动监督检查机构在行使处罚权时还应告知当事人有申请行政复议和提起行政诉讼的权利。告知诉权是劳动行政机关的一项义务。对此，最高人民法院在《关于执行〈中华人民共和国行政诉讼法〉若干问题的解释》中明确规定：行政机关做出具体行政行为时，未告知当事人的诉权或起诉期限，致使当事人逾期向人民法院起诉的，其起诉期限从当事人实际知道诉权或起诉期限时计算。劳动法规也对当事人申请复议和提起诉讼做出过明确规定，依照法律规定，劳动行政监督检查机构对违法行为的处罚措施主要有以下五种。

一是警告、通报批评。这是给予违反劳动法律规范的行为人一种精神上的谴责和警戒的处罚方式，适用于情节显著轻微并未造成实际后果的行为人。例如，国务院《尘肺病防治条例》第二十三条规定，劳动行政主管部门可对违反该规定的 9 种行为，视其情节轻重给予警告处罚。劳动人事部、国家商检局《进出口锅炉压力容器监督管理办法》第二十条也规定，对于违反本规定的单位与个人，应根据情节轻重由商检机构和省级锅炉监察机构给予通报批评。

二是责令立即纠正。这种方式主要适用于有严重危险事故隐患的单位和其他可以及时纠正的违法行为。例如，《矿山安全监察条例》第五条第二款规定：矿山安全监察员进行现场检查时，发现有危及职工安全健康的情况，有权要求立即改正，或限期解决；情况紧急时，有权要求立即从危险区内撤出作业人员。

三是责令停产停业。这是对行为人从事某种行为的权利的剥夺。当行为人违反了劳动法律规范，经批评或在指定的限期内又不改正时，劳动行政主管部门有权责令其停产停业。例如，根据《漏电保护器安全监察规定》第四十五条的规定，凡违反本规定，进行生产、销售、安装使用的，情节严重的由劳动行政主管部门责令其停产停销。《乡镇露天矿场安全生产规定》第十七条也规定，矿场安全有重大事故隐患又不进行整顿改造的，应责令其停产。

四是罚款。这是强制行为人在一定期限内向国家缴纳一定数量货币的处罚形式，是具有经济制裁性质的行政处罚。这种形式在劳动行政处罚中运用广泛。例如，《私营企业暂行条例》第四十二条规定，私营企业不按国家关于劳动保护的规定从事生产经营的，或招用童工的，或侵犯职工合法权益的，由劳动行政机关根据情节，给予罚款的处罚。《锅炉房安全管理规则》第十六条也具体规定，对有本规定所列 10 种行为之一者，由当地劳动行政主管部门签发“罚款通知书”给予经济处罚，单位罚款数额由 500 元到 10 000 元，对责任者个人给予 200 元以下的罚款。为了使罚款真正起到惩罚的作用，《劳动监察规定》规定，对企业的罚款，从企业自有资金（基金）中开支，不得列入生产成本；对事业单位的罚款，从自有资金（基金）中开支，不得在事业费中列支。

五是吊销许可证。这是劳动行政机关对公民、法人或其他组织从事某种行为的权利的剥夺。当公民、法人或其他组织违反劳动法律规范，不再具备持有许可证的条件时，劳动行政机关可以予以吊销。在我国的劳动行政监督检查中，吊销许可证是一种重要的执法行为，涉及劳动就业、劳动力管理、职业介绍、职业培训、劳动保护等方面。如《厂长、经理职业安全卫生管理资格认证规定》第十六条规定，凡发生由本人负主要领导责任的重大伤亡事故，或在组织管理生产、施工过程中有严重违章行为者，由当地考核发证部门记证，并限期重新培训考核。凡被记证两次者，由发证部门吊销“安全管理资格证书”。

（六）劳动监督检查机构查处违法行为的程序

劳动行政监督检查机构查处违法行为应该遵守一定的法律程序。在这方面，可参照《劳动保障监察条例》第十四条的规定，即查处违法行为，依照下列程序。

1. 登记立案

对发现的违法行为，经过审查，认为有违法事实、需要依法追究的，应当登记立案。

2. 调查取证

对于已立案的案件，应当及时组织调查取证。

3. 处理

在调查取证后，对于需要追究法律责任的案件，劳动行政主管部门应当做出处理决定。处理决定做出前，劳动行政主管部门应当听取当事人的申诉。

4. 制作处理决定书

劳动行政主管部门做出处理决定，应当制作处理决定书。处理决定书应当加盖劳动行政主管部门印章，并载明：（1）当事人姓名、住址及基本情况；（2）劳动行政主管部门认定的违法事实；（3）适用的法律、法规、规章等规范性文件；（4）处理结论；（5）处理决定的履行日期或者期限；（6）当事人依法享有申请行政复议或者提起行政诉讼的权利；（7）做出处理决定的行政机关名称；（8）做出处理决定的日期。

5. 送达

劳动保障监察机构在处理决定做出之日起 7 日内，应当将处理决定送达当事人。处理决定书自送达当事人之日起生效。

（七）劳动监督检查的原则

1. 保护劳动者权益

就用人单位和劳动者双方的市场主体地位而言，劳动者处于相对弱势地位。因此，劳动保障行政主管部门有责任对弱势群体提供法律保护。为了保证劳动保障法律法规得到真正贯彻实施，切实保护好劳动者的合法权益，任何组织或者个人对于违反劳动保障法律、法规或者规章的行为，有权向劳动保障行政主管部门举报；劳动者认为用人单位侵犯其劳动保障合法权益的，有权向劳动保障行政主管部门投诉。劳动保障行政主管部门有责任审查用人单位报送的劳动用工材料，并建立用人单位的守法诚信档案，对用人单位的违法行为给予相应的处罚等。劳动保障监察部门对违法的用人单位进行查处，也为依法用工的用人单位创造了公平竞争的环境。

2. 向社会公开

劳动保障监察执法活动除法律有特殊规定外，应当向社会公开。包括劳动保障监察依据的法律、法规和规章都应当公布，未经公布不得作为监察执法依据。劳动保障监察的职责及内容公开，监察机构的举报、投诉电话、地址等也都应向社会公开。监察执法的程序和处理时限要公开，包括受理投诉、调查取证、听取当事人陈述和申辩、举行听证会、做出行政处理或处罚决定等，都是具体、明确和公开的，既是为了保障行政相对人的知情权，也是为了接受行政相对人和社会公众的监督。

3. 高效与便民相结合

在监察执法活动中创造条件，尽可能不影响用人单位正常的生产和经营活动，及时处理违法行为。对用人单位的劳动保障监察，由用人单位用工所在地的县级或设区的市级劳动保障行政主管部门管辖，便于用人单位报送有关资料，也便于劳动者举报、投诉维权。严格在规定的时限内完成监察事项。在具体实施监察时尽量缩短时间，提高工作效率。

4. 保障相对人权利

劳动保障行政主管部门对劳动保障违法行为做出行政处罚或者行政处理决定前，应当听取行政相对人的陈述和申辩，保障其充分行使权利；对于依法需要听证的事项，必须依法告知行政相对人有权提出听证；做出行政处罚决定或者行政处理决定后，应当告知行政相对人依法享有申请行政复议或者提起行政诉讼的权利。劳动保障行政主管部门和劳动保障监察员违法行使职权，侵犯用人单位、个人合法权益造成损害的，依法承担赔偿责任。这些规定有利于保护行政相对人的权利，也能够对行政权力起到制约作用，有助于劳动保障行政主管部门在监察执法中依法行政。

三、工会组织和人民群众的监督检查

（一）工会组织对实施劳动法的监督检查

工会对劳动法实施情况进行监督检查是工会性质的必然要求。我国《工会法》规定，我国工会是“职工自愿结合的工人阶级的群众组织”，“在维护全国人民总体利益的同时，代表和维护职工的合法权益”。这一性质决定了工会组织应对用人单位遵守劳动法律、法规和规章的情况进行监督，就用人单位违反有关法律、法规的规定，侵犯职工合法权益的行为开展调查，并提出处理意见。

工会组织在监督活动中的权利大致有以下几项。

1. 知情权

知情权即事先知道并了解某些事项的权利，如《工会法》中规定，全民所有制和集体所有制企业在做出开除、除名职工的决定时，应当事先将理由通知工会。

2. 独立调查权

独立调查权即有权直接进入有关现场了解情况，收集材料。如《工会劳动保护监督检查员工作条例》规定，工会劳动保护监督检查员执行任务时，有关单位必须提供方便，不得阻挠进入生产（工作）现场或到有关部门了解情况，索取资料，听取反映。

3. 要求、建议权

工会组织是群众组织，对于违反劳动法律、法规，侵犯职工权益的行为人没有直接处罚权，但有要求、建议权。如《工会法》第二十二条规定：企业、事业单位违反劳动法律、法规规定，有下列侵犯职工劳动权益情形，工会应当代表职工与企业、事业单位交涉，要求企业、事业单位采取措施予以改正；企业、事业单位应当予以研究处理，并向工会做出答复；企业、事业单位拒不改正的，工会可以请求当地人民政府依法做出处理。工会要求、建议的对象可以是实施了违法行为的用人单位，也可以是其他有关部门，如劳动行政主管部门。

4. 建议组织职工撤离危险现场权

工会组织发现企业行政方面违章指挥，强令工人冒险作业，或者在生产过程中发现明显重大事故隐患和职业危害，有权提出解决的建议；当发现危及职工生命安全的情况时，有权向企业行政方面建议组织职工撤离危险现场，企业行政方面必须及时做出处理决定。

5. 参与事故调查，并向有关部门提出处理意见权

例如，《工会法》第二十六条规定：职工因工伤亡事故和其他严重危害职工健康问题的调查处理，必须有工会参加。工会应当向有关部门提出处理意见，并有权要求追究直接负责的主管人员和有关责任人员的责任。

工会组织在劳动法律、法规实施中的监督权限是十分广泛的，涉及职工录用、调动、辞退、解除劳动合同等方面。企业辞退违纪职工、解除劳动合同、给职工处分等都要征求本企业工会的意见；在劳动争议处理中，工会依法参加劳动争议的调解和仲裁；在劳动安全卫生方面，企业新建、改建、扩建和技术改进的工程项目的竣工验收，应有工会代表参加，不经工会同意，不得投产使用；企业在生产劳动过程中，出现危害职工健康和生命安全的险情时，工会有权参加职工伤亡事故的调查和处理等。在社会主义市场经济建设过程中，发挥工会在这些方面的职能更是具有现实性和迫切性。

工会组织开展活动，既可以单独进行，也可以与其他部门一道进行。工会组织应积极主动地履行监督职责，其他部门也应注意发挥工会的监督作用。《工会法》第三十三条规定：国家机关在组织起草或者修改直接涉及职工切身利益的法律、法规、规章时，应当听取工会意见。县级以上各级人民政府制定国民经济和社会发展计划，对于涉及职工利益的重大问题，应当听取同级工会的意见。县级以上各级人民政府及其有关部门研究制定劳动就业、工资、劳动安全卫生、社会保险等涉及职工切身利益的政策、措施时，应当吸收同级工会参加研究，听取工会意见。这些规定有助于工会组织更加准确有效地履行其监督职能，便于监督检查活动的开展。

（二）人民群众的社会监督

群众监督包括除上列监督外的各类单位和劳动者个人，对违反劳动法律、法规的行为进行检举和控告。在我国，劳动者是国家的主人翁，这种地位决定了人民群众享有广泛的法律实施监督权。充分发挥人民群众在这方面的作用，对于督促用人单位严格遵守劳动法律、法规，切实保障劳动者的合法权益具有十分重要的意义。同时，人民群众的监督能够督促国家劳动行政主管部门及其工作人员克服官僚主义、增强责任心，及时纠正违法失职的行为，从而增强人民群众的国家主人翁感，进一步发挥人民群众建设社会主义事业的积极性，有力地推动各项工作向前发展。因此，各级行政、司法机关，尤其是劳动行政主管部门要认真重视人民群众的监督，并使群众监督制度化、法制化。

群众监督的方式主要有三种：一是直接的口头和书面监督。群众有权直接提出询问、要求、批评、建议等，对于劳动行政机关和用人单位及其工作人员的失职与违法行为，有权提出控告。受理机关不得把群众的控告转给被控者本人。任何人都不得压制或者打击报复。如有报复者，应根据情节给予处分和制裁。二是报刊监督。人民群众在报刊上开展批评和提出建议，是一种有声势、有力量的监督方式。它对于增强人民群众的法律意识，巩固政府同人民群众的联系是十分必要的。群众的批评在报刊上发表后，如完全属实，被批评者应立即在同一报刊上声明接受并公布改正错误的结果。如有部分失实，被批评者应立即在同一报刊上做出实事求是的更正，而接受批评的正确部分。如被批评者拒绝表示态度，或对批评者打击报复，应由党纪、政纪部门处理，触犯刑律者则由司法机关处理。三是群众性组织的监督。群众性组织广泛地联系着群众，了解群众的情况，经常听到群众的呼声，它们不仅吸引、动员群众参加国家管理活动，而且也能够有组织地监督劳动法律、法规的实施。对于群众的监督，有关部门要十分重视，为群众举报和控告提供方便，并保护检举、控告人的合法权益。

四、其他行政机关的监督检查

其他行政机关的监督检查，是指县级以上各级人民政府有关部门，在各自职责范围内，对用人单位遵守劳动法律、法规的情况进行监督。这是劳动法监督体系中的重要组成部分。因为劳动法同其他的法律部门在内容上有相互交叉的现象，一些违反劳动法律、法规的行为同时也违反了工商、公安、卫生等方面的法律、法规的规定，需要其他部门相互配合来处理。同时，各类行政机关都承担着行政执法的职责，但各自的职责权限和执法手段有所不同，一些特定的处罚措施专属于特定的行政机关，如吊销企业营业执照的权力专属于工商行政管理部门；对企业有关责任人员的行政处分只能由其上级主管部门决定。所以，只有依靠各类行政机关的执法手段，才能有效地制裁违反劳动法律、法规的行为，更好地保证劳动法律、法规的贯彻实施。

（一）其他行政机关监督检查的种类与特点

其他行政机关的监督可以具体分为两类，即企业主管部门的监督和工商、公安等专项执法机关的监督。

企业主管部门是对下属企业进行综合管理的行政机关。根据《全民所有制工业企业转换经营机制条例》的有关规定，企业转换经营机制后，企业主管部门的职责主要是依法对企业进行协调、监督和管理，为企业提供服务。这里的监督职能即是监督下属企业遵守国家的法律、法规和规章。

企业主管部门对下属企业进行综合性管理，在管理过程中比较容易发现下属企业违反劳动法律、法规的行为，同时对下属企业违法行为所采取的处罚措施也比较容易得到落实。所以，我国历来重视企业主管部门的监督职能。例如，《矿山安全条例》规定，矿山企业的主管部门必须建立安全生产责任制，各级领导干部在管理生产的同时，必须负责安全工作，在计划、布置、检查、总结、评比生产的时候，同时计划、布置、检查、总结、评比安全工作。国务院《关于加强企业生产中的安全工作的几项规定》中也规定："各级劳动部门、产业主管部门和工会组织对于本规定的贯彻执行负责督促检查。"《矿山安全法》把检查矿山企业贯彻执行矿山安全法律、法规的情况规定为矿山企业主管部门的首项管理职责。

为了开展好这项工作，各级主管部门一般都应制定出对下属单位贯彻执行劳动法的监督检查制度、总结评比制度，使监督检查工作经常化、制度化。企业主管部门还要经常深入企业，检查劳动法实施情况，发现有违法行为要坚决制止和纠正，对违反劳动法规、侵犯职工劳动权利造成生产损失或人员伤亡的有关责任人员给予行政处分。企业主管部门还应认真听取劳动部门、工会组织对企业在执行和遵守劳动法方面存在的问题提出的意见或改进方案，以及对有关责任人员的处理意见，及时做出正确的处理。

工商、公安等执法机关在各自的权限范围内管理特定的事项，享有专属于自己的职权。劳动法律、法规内容涉及这些机关权限的，需要这些机关运用自己的职权来保证实施。比如，《禁止使用童工规定》规定了工商行政管理部门、教育行政部门、公安部门等的监督职责，国务院《关于加强防尘防毒工作的决定》规定了卫生部门的监督检查职责。

其他行政机关的监督同劳动行政机关的监督相比，除主体不同外，还有两点区别：一是监督范围不同。劳动行政机关的监督对企业遵守和执行劳动法律、法规、规章的情况进行全面监督检查，其他行政机关只是在自己特定的权限范围内对劳动法律、法规、规章某一方面的实施情况进行监督检查。如企业主管部门只履行对下属企业的监督检查权，工商行政管理部门只是当企业违反劳动法律、法规后，根据有关规定应予吊销其营业执照时才能做出处罚决定。二是监督过程中的职权不同，劳动行政机关的一些监督职权是其他机关不能享有的。同样，一些特定机关的特定权限也只有其他行政机关在履行职责时享用，劳动行政机关不得享用。

（二）其他行政机关开展监督检查的方式

其他行政机关开展监督检查的方式主要有三种。

第一，独立地开展劳动监督检查活动。一般是在依法行使职权、进行其他执法活动的同时，对有关单位和个人遵守劳动法律、法规的情况进行监督检查。

第二，依据有关规定，对劳动行政主管部门提出的处理建议进行调查处理。

第三，会同劳动行政主管部门、工会组织等集中开展监督检查活动。这一方式已经为我国许多地区所采用，效果显著。

第三节 违反劳动法的法律责任

一、违反劳动法的法律责任概述

（一）违反劳动法的法律责任概念

违反劳动法的法律责任，是指劳动法的各类执法主体，即各类用人单位（企业、国家机关、事业组织、社会团体、个体经济组织、民办非企业等）的行政领导人员、劳动者，以及国家专门机构（劳动行政部门等）对于自己的违反劳动法律、法规的行为而应当承担的法律上的后果。

违反劳动法的法律责任具有以下特点：

第一，责任者违反的是劳动法，即国家各级立法机关制定的关于劳动方面的所有法律法规，不仅仅局限于《劳动法》《劳动合同法》中关于法律责任的专章规定，还包括其他的劳动法律，如《劳动安全法》《职业病防治法》等法律，以及数量众多的劳动法规。

第二，该类法律责任的主体是多方面的，因为劳动法不仅调整劳动关系，而且调整与劳动关系有密切联系的其他社会关系，所以，违法主体不仅仅是各类用人单位的领导人员和劳动者，还包括劳动就业、社会保险和劳动法监督检查法律关系中的相关主体的违法责任。

第三，该类法律责任的构成要件不要求一定发生了损害后果，只要有主观上的故意或者过失，并且有具体的违法行为，即构成法律责任。

第四，该类法律责任的形式是多样的，包括刑事责任、民事责任和行政责任。多种形式的法律责任共同保障劳动法得到切实的实施。

（二）违反劳动法的法律责任的构成要件

违反劳动法的法律责任的构成要件有两个，即过错和违法行为；它不要求一定发生了损害后果，只要有主观上的过错和具体的违法行为，即使没有发生损害后果，违法主体也应当承担法律责任，因为劳动法上的义务很多都是行为义务，并非都是结果义务。

1. 责任者主观上的过错，包括故意和过失

故意是指责任者明知自己的行为是违反劳动法的或者可能引起对他人或者社会损害的结果，却希望或者放任这种行为或结果的发生。过失是指责任者应当预见自己的行为可能违反劳动法或者可能引起对他人或社会的损害，但是因为疏忽大意没有预见，或者出于过于自信能够避免危害后果的发生而未能避免。

2. **责任者的违法行为**

劳动法的各类执法主体都有义务遵守或实施劳动法律法规的义务，例如，用人单位负有劳动保护的义务，如果违反该义务，可以有多种表现，如没有提供安全卫生的工作环境、没有提供安全卫生防护用品、没有建立安全卫生责任制度等等。作为劳动者，也负有劳动法上的义务，如遵守用人单位合法的规章制度、保守用人单位的商业秘密等。再如，劳动行政部门有义务监督劳动法的实施，如果某些工作人员在履行该义务时玩忽职守，就构成违法。具体的违反劳动法的行为可以是积极的作为，也可以是消极的作为，但是，都要承担法律责任。

（三）违反劳动法的法律责任的种类

为了保证劳动法得到全面的贯彻实施，劳动法上明确了违反劳动法的三种法律责任形式，即刑事责任、行政责任和民事责任。

1. **刑事责任**

刑事责任是一种最为严厉的法律责任，制裁的是最严重的违法行为——犯罪行为。在劳动法领域，如果某些违法行为的严重程度达到了犯罪的程度，就要接受来自司法机关做出的刑法制裁。用人单位责任人员、劳动行政部门工作人员的违反劳动法的行为都有可能既违反了劳动法的规定，同时也违反了刑法的规定，这时就要承担刑事责任。劳动法领域的刑事责任可以适用于用人单位及其责任人员、劳动者、劳动行政部门工作人员。

追究刑事责任的方式是判处刑罚。刑罚包括主刑和附加刑。主刑分为管制、拘役、有期徒刑、无期徒刑和死刑。附加刑是补充主刑的刑罚方法，可以附加适用，分为罚金、剥夺政治权利、没收财产；对于犯罪的外国人可以独立或者附加适用驱逐出境。

2. **行政责任**

行政责任，是指违法者的行为违反了劳动法律法规，属于一般违法，没有达到严重程度，依法应当接受国家行政部门依法做出的处罚结果。行政责任在违法者的违法程度、处罚主体上都与刑事责任不同。在劳动法领域，行政责任的对象主要为用人单位及其责任人员、劳动行政部门的工作人员。

行政责任表现为多种制裁方式。

（1）行政处罚

行政处罚，是指劳动行政机关或者有关部门对于用人单位违反劳动法律法规的行为给予的处罚。这是行政权行使的表现。行政处罚的方式包括罚款、责令改正、责令停产整顿、吊销营业执照。

罚款是对违法者进行经济性处罚。对于用人单位违反劳动法律法规的行为，国家劳动行政机关可以对用人单位进行经济性处罚，使用人单位对于自己的违法行为承受经济上的不利后果，从而督促用人单位遵守劳动法律法规。罚款的数额由单项的劳动法律法规规定。

罚款不得计入成本，应从用人单位的留用资金中列支。罚款应当全部上缴财政。

责令改正，是指要求违法者立即纠正违法行为的一种强制性措施。在责令改正的同时，也可以处以罚款，一般应用于用人单位的违法行为还处于初始阶段、较为轻微、没有损害后果发生的情况下。劳动行政部门发现用人单位的轻微违法行为后，应当立即要求用人单位停止违法行为，并且立即改正。目的是防止违法后果的发生或违法行为的升级。

责令停产整顿是要求违法者停止生产活动、停止违法行为、检讨自己的行为并采取积极行动来遵守法律法规的各项要求，一般用于用人单位的违法行为存在一段时间，并且伴随着组织管理上的混乱等现象。这时劳动行政部门要求其强制性地停止正常的生产经营活动，停止违法行为，并且从管理制度等角度清查问题、采取积极有效措施来纠正违法行为，使得各项管理制度都符合法律法规的要求。

吊销营业执照，是指由特定的国家行政机关取消违法者生产经营资格的处罚，其法律后果是取消违法者的法人资格、取缔违法者进行合法生产经营的可能性。

（2）治安管理处罚

治安管理处罚是国家治安管理机关根据《治安管理处罚法》给予违法者一种特殊的行政处罚，分为警告、罚款、拘留三种处罚。

（3）行政处分

行政处分，又称纪律处分，是对于违反劳动法律法规、违法情节轻微的国家行政机关工作人员给予的一种行政制裁。在劳动法领域，主要是用人单位负责人和劳动行政部门工作人员有滥用职权、玩忽职守、徇私舞弊行为，尚未构成犯罪的，要受到行政处分。行政处分的形式包括警告、记过、降职、撤职、留用察看等形式。

3. 民事责任

民事责任，又称经济责任，是追究违法者一定的经济补偿或者赔偿责任。由于劳动法律关系具有经济内容，违法者没有尽到应尽的法律义务或者合同约定的义务，按照约定或者法律规定，要向对方支付一定数额的金钱作为承担法律责任的方式。劳动法领域的民事责任主要适用于劳动关系的双方当事人。《劳动法》和《劳动合同法》规定了在相关情形下，用人单位或者劳动者基于违法行为而应当向对方支付赔偿金、补偿金等责任方式。

二、用人单位违反劳动法的法律责任

用人单位是劳动法上的主要违法主体，其承担的法律责任形式也涉及刑事责任、行政责任和民事责任三种类型。基于不同的违法行为，用人单位也要承担不同形式的法律责任。

（一）违反规章制度方面法律法规的法律责任

制定合法的单位内部规章制度既是用人单位的权利，也是其义务。用人单位应当按照法律要求建立内部规章制度，只有合法建立的规章制度才对劳动者有约束力，才能作为处理劳动纠纷的依据。《劳动合同法》第四条要求用人单位在制定涉及劳动者切身利益的规章制度时，必须做到内容合法、程序民主、公示告知，否则就是不合法的。对于不合法的规章制度，劳动监察部门有义务在发现后要求用人单位纠正。劳动行政部门可以提出警告和限期改正，限期不改正的，应当通报批评；如果违法的规章制度给劳动者利益造成损失的，用人单位还要对劳动者承担赔偿责任。

（二）违反工作时间、休息和休假法律法规的法律责任

用人单位违反《劳动法》、国务院《关于职工工作时间的规定》《全国年节及纪念日放假办法》和《职工带薪年休假条例》等关于工作时间、休息和休假规定的，要承担相应的行政责任和民事责任。《劳动保障监察条例》第二十五条规定：用人单位违反劳动保障法律、法规或者规章延长劳动者工作时间的，由劳动保障行政部门给予警告，责令限期改正，并可以按照受侵害的劳动者每人 100 元以上 500 元以下的标准计算，处以罚款。

（三）违反工资支付法律法规的法律责任

工资是劳动者维持生存的基本物质条件。支付工资是用人单位的基本劳动义务，用人单位必须依法支付工资。为了有效解决长期存在的拖欠农民工工资的问题，《刑法修正案（八）》增加了恶意欠薪罪（《刑法》第二百七十六条）：以转移财产、逃匿等方法逃避支付劳动者的劳动报酬或者有能力支付而不支付劳动者的劳动报酬，数额较大，经政府有关部门责令支付仍不支付的，处 3 年以下有期徒刑或者拘役，并处或者单处罚金；造成严重后果的，处 3 年以上 7 年以下有期徒刑，并处罚金。单位犯前款罪的，对单位判处罚金，并对其直接负责的主管人员和其他直接责任人员，依照前款的规定处罚。

（四）用人单位违反安全卫生法律法规的法律责任

提供安全卫生的劳动环境和必要的劳动保护设施、用品是用人单位另一项基本的劳动法律责任。劳动保护问题涉及劳动者的生命健康权，这是劳动者的最基本人权，必须采用最有效的方法来保护。因此，在劳动安全卫生方面，不仅规定了行政责任、民事责任，而且规定了刑事责任。

1. 刑事责任

《刑法》第一百三十四、一百三十五条规定了重大责任事故罪、强令违章冒险作业罪和重大劳动安全罪。第一百三十四条规定了重大责任事故罪和强令违章冒险作业罪。在生产、作业中违反有关安全管理的规定，因而发生重大伤亡事故或者造成其他严重后果的，处 3 年以下有期徒刑或者拘役；情节特别恶劣的，处 3 年以上 7 年以下有期徒刑。强令他人违章冒险作业，因而发生重大伤亡事故或者造成其他严重后果的，处 5 年以下有期徒刑或者拘役；情节特别恶劣的，处 5 年以上有期徒刑。第一百三十五条规定了重大劳动安全事故罪。安全生产设施或者安全生产条件不符合国家规定，因而发生重大伤亡事故或者造

成其他严重后果的，对直接负责的主管人员和其他直接责任人员，处 3 年以下有期徒刑或者拘役；情节特别恶劣的，处 3 年以上 7 年以下有期徒刑。

2. 行政责任和民事责任

《安全生产法》《职业病防治法》等多部法律法规规定了以下主要的行政责任和民事责任。

根据《安全生产法》，未经依法批准，擅自生产、经营、储存危险物品的，责令停止违法行为，没收非法所得，违法所得 10 万元以上的，并处违法所得 1 倍以上 5 倍以下的罚款；没有违法所得或者违法所得低于 10 万元的，单处或者并处 2 万以上 10 万元以下的罚款。生产经营单位主要负责人在本单位发生重大生产安全事故时，不立即组织抢救或者在事故调查处理期间擅离职守或者逃匿的，给予降职、撤职的行政处分，对于逃匿的处以 15 日以下拘留，构成犯罪的，追究刑事责任。生产经营单位主要负责人对于发生的生产安全事故不报、谎报的，也依照此规定处罚。生产经营单位发生生产安全事故造成人员伤亡、他人财产损失的，应当依法承担赔偿责任；拒不承担责任或者主要负责人逃匿的，由法院强制执行；责任人未依法承担赔偿责任、经法院采取强制措施后，仍不能对受害人给予足额赔偿的，应当继续履行赔偿义务，受害人发现责任人有其他财产的，可以随时请求法院执行。

（五）违反禁止使用童工法律法规的法律责任

我国最低就业年龄是 16 周岁，劳动法切实保护未满 16 周岁的未成年人的合法权益，禁止非法使用未满 16 周岁的未成年人。《劳动法》第九十四条规定：用人单位非法招用未满 16 周岁未成年人的，由劳动行政部门责令改正，处以罚款；情节严重的，吊销营业执照。国务院专门制定了《禁止使用童工条例》，详细规定了一系列的违法责任，包括刑事责任、行政责任和民事责任。

1. 刑事责任

拐骗童工、强迫童工劳动，使用童工从事高空、井下、放射性、高毒、易燃易爆以及国家规定的第四级体力劳动强度的劳动，使用未满 14 周岁儿童或者造成童工死亡或者严重伤残的，依照《刑法》有关拐卖儿童罪、强迫劳动罪或者其他犯罪，依法追究刑事责任。

2. 行政责任

这里的行政责任也包括行政处罚和行政处分两种形式。

行政处罚主要有罚款和吊销营业执照两种形式。例如，用人单位使用童工的，由劳动行政部门按照每使用一名童工处以 5000 元罚款的标准给予处罚；在使用有毒物品的作业场所使用童工的，从重处罚；用人单位经劳动行政部门责令限期改正，逾期仍不将儿童交与其父母或者其他监护人的，从责令限期之日起，由劳动行政部门按照每使用一名童工处以 1 万元罚款的标准执行处罚；对于为未满 16 周岁儿童介绍职业的单位或者个人，由劳动行政部门按照每介绍一名儿童处以 5000 元罚款的标准执行处罚；用人单位没有按照规定保留录用资料或者销毁录用资料的，处以1万元罚款；对于无照经营者、被吊销执照的未依法登记备案的单位使用童工或者介绍童工的，按照以上标准加一倍处以罚款，该非法招用单位由劳动行政部门予以取缔。对于用人单位经劳动行政部门提出限期改正、逾期仍不将儿童交与其父母或者其他监护人的，以及造成儿童伤残或者死亡的，由工商行政管理部门吊销营业执照或者由民政部门撤销民办非企业单位登记；职业介绍机构为未满16周岁儿童介绍就业的，由劳动行政部门吊销其职业介绍许可证。

这里的行政处分主要用以处分国家机关、事业单位中的各类负责人员：国家机构和事业单位经劳动行政部门提出限期改正、逾期仍不将儿童交予其父母或者其他监护人的，以及造成儿童伤残或者死亡的，由有关单位依法对于直接负责的主管人员和其他负责人员给予降级或者撤职的行政处分。

3. 民事责任

民事责任，是指非法使用或者招用童工的单位、组织或个人依法应当承担的经济上的负担。例如，劳动行政部门责令用人单位限期将儿童送回原居住地交予其父母或者其他监护人，所需交通和食宿费用全部由用人单位承担；童工患病或者受伤的，用人单位应当负责送到医院治疗，并负担治疗期间的全部医疗和生活费用；童工伤残或者死亡的，用人单位还应当一次性地对伤残儿童、死亡儿童的直系亲属给予赔偿，赔偿金额按照国家工伤保险的有关规定计算等。

（六）违反女职工和未成年工特殊保护法律法规的法律责任

我国劳动法对于女职工和未成年工提供了特殊的劳动保护，用人单位必须遵守这些规定，切实维护女职工和未成年工的合法权益。

《劳动法》第九十五条规定，用人单位违反法律规定侵害女职工和未成年工合法权益的，由劳动行政部门责令改正，处以罚款；对女职工或者未成年工造成损害的，应当承担赔偿责任。

《劳动保障监察条例》第二十三条具体规定了如下法律责任：用人单位有下列行为之一的，由劳动保障行政部门责令改正，按照受侵害的劳动者每人1000元以上5000元以下的标准计算，处以罚款：（1）安排女职工从事矿山井下劳动、国家规定的第四级体力劳动强度的劳动或者其他禁忌从事的劳动的；（2）安排女职工在经期从事高处、低温、冷水作业或者国家规定的第三级体力劳动强度的劳动的；（3）安排女职工在怀孕期间从事国家规定的第三级体力劳动强度的劳动或者孕期禁忌从事的劳动的；（4）安排怀孕7个月以上的女职工夜班劳动或者延长其工作时间的；（5）女职工生育享受产假少于90天的；（6）安排女职工在哺乳未满1周岁的婴儿期间从事国家规定的第三级体力劳动强度的劳动或者哺乳期禁忌从事的其他劳动，以及延长其工作时间或者安排其夜班劳动的；（7）安排未成年工从事矿山井下、有毒有害、国家规定的第四级体力劳动强度的劳动或者其他禁忌从事的劳动的；（8）未对未成年工定期进行健康检查的。

（七）违反劳动合同法的法律责任

关于劳动合同方面的劳动立法是目前我国劳动关系法律制度中较为详细的、涉及劳动者合法权益维护的重要劳动法规范。《劳动合同法》在“法律责任”一章中详细规定了用人单位违反劳动合同法律规范应当承担的三种形式的法律责任：刑事责任、民事责任和行政责任。其中涉及刑事责任的只有一个条文（第八十八条），规定民事责任的有 15 条，规定行政责任的有 5 条。可见，用人单位承担违反劳动合同法的责任形式以民事责任为主。

1. 刑事责任

用人单位违反《劳动合同法》达到触犯刑事法律时自然要接受刑事处罚。用人单位承担刑事责任的具体方式，是用人单位的用工行为达到了触犯我国刑法的严重程度，由其主要负责人或私营雇主承担刑事处罚。

在劳动中，用人单位对劳动者的生命权和健康权造成严重损害的情形下，容易引起刑事处罚，因为生命和健康权是劳动者最根本的权利，是整个法律制度应当致力于保护的最重要的人权，对这些根本性权利的侵害达到严重程度必须采取最为严厉的处罚措施，以处罚犯罪分子，同时对他人起到威慑作用。

2. 民事责任

《劳动合同法》规定了用人单位可能承担两种类型的民事责任——赔偿责任和惩罚责任。用人单位承担赔偿责任具体包括以下情形。

（1）用人单位在制定规章制度方面的民事责任

用人单位制定的直接涉及劳动者切身利益的规章制度违反法律、法规规定，给劳动者造成损害的，应当承担赔偿责任（《劳动合同法》第八十条）。

根据《劳动法》和《劳动合同法》的规定，用人单位有义务依法制定规章制度，其中涉及劳动者切身利益的规章制度应当经过职工代表大会或职工大会讨论后，和工会或职工代表协商确定。如果用人单位涉及劳动者切身利益的规章制度是依法按照以上程序制定的，就是合法有效的规章制度，对于劳动者具有约束力。但是，实践中，总是有些用人单位或私营雇主不经过上述民主程序而是任意地单方确定与劳动者利益密切相关的事项。这样的规章制度是违法的，也会直接给劳动者的利益带来损害。例如，单位单方违法制定的内部工时制度是职工每天工作 10 小时、每周工作 6 天，这就直接给劳动者的利益造成损失：劳动者丧失了加班费。因为劳动者在 8 小时法定工时以外的时间依法是应当计算为加班时间的，应得到加班费用。用人单位如此违法的工时制度给劳动者造成的加班费损失，应当赔偿。

（2）用人单位在劳动合同文本方面的民事责任

用人单位提供的劳动合同文本未依法载明劳动合同必备条款或者用人单位未将劳动合同文本交付劳动者，给劳动者造成损害的，应当承担赔偿责任（《劳动合同法》第八十一条）。

从法理上看，用人单位提供的劳动合同文本如果缺乏必备条款，不影响劳动合同的效力。缺乏的内容按照集体合同规定执行，如果没有集体合同，则按照同工同酬的原则确定。如果因此给劳动者造成经济上的损失，应当按照实际损失给予赔偿。实践中很多用人单位以各种理由为借口，不给劳动者劳动合同文本，使劳动者在产生争议后没有合法证据证明自己的合法主张，而用人单位则利用单方把持的劳动合同文本常常提供篡改过的合同文本，对劳动者的合法权益直接造成损害。为了制止这种现象，《劳动合同法》做出以上规定，如果劳动者因为没有拿到劳动合同文本而遭受利益损失，用人单位应当承担赔偿责任。如何赔偿，应当由处理争议的仲裁员或法官依据实际情况具体而定。

（3）用人单位在订立劳动合同方面的民事责任

劳动合同因为欺诈、胁迫或乘人之危订立后被确认无效，给对方造成损害的，有过错的一方应当承担赔偿责任（《劳动合同法》第八十六条）。如果由于劳动者欺骗、胁迫用人单位或者乘人之危，从而给用人单位造成损失的，劳动者要赔偿损失。但是，在判断上，必须有在损失和劳动者的欺诈或者胁迫或者乘人之危之间存在因果关系。

（4）用人单位在建立劳动关系方面的民事责任

用人单位违反《劳动合同法》规定，以担保或者其他名义向劳动者收取财物的，由劳动行政部门责令限期退还劳动者本人，并以每人 500 元以上 2000 元以下的标准处以罚款；给劳动者造成损害的，应当承担赔偿责任（《劳动合同法》第八十四条）。虽然劳动行政部门一直强调禁止用人单位向劳动者收取财物或要求提供担保，但是，实践中这类现象仍然屡禁不止。《劳动合同法》第一次从立法上做出以上具体的处罚，如此具体规定便于劳动监察的执法。

不具备合法经营资格的用人单位招用劳动者，劳动者已经付出劳动的，该单位或者其出资人应当依照本法有关规定向劳动者支付劳动报酬、经济补偿、赔偿金；给劳动者造成损害的，应当承担赔偿责任（《劳动合同法》第九十三条）。

个人承包经营违反《劳动合同法》规定招用劳动者，给劳动者造成损害的，发包的组织与个人承包经营者承担连带赔偿责任（《劳动合同法》第九十四条）。

用人单位招用与其他用人单位尚未解除或者终止劳动合同的劳动者，给其他用人单位造成损失的，应当承担连带赔偿责任（《劳动合同法》第九十一条）。

（5）用人单位在终止劳动关系手续方面的民事责任

用人单位未向劳动者出具解除或者终止劳动合同的书面证明，给劳动者造成损害的，应当承担赔偿责任（《劳动合同法》第八十九条）。

3. 行政责任

劳动行政机关在监督检查用人单位执法情况时，发现用人单位违反《劳动合同法》而给予的行政处罚，主要包括责令改正、吊销营业执照和行政罚款的形式。

用人单位违法扣押劳动者居民身份证等证件的，由劳动行政部门责令限期退还劳动者本人，并依照有关法律规定给予处罚。

用人单位以担保或者其他名义向劳动者收取财物的，由劳动行政部门责令限期退还劳动者本人，并以每人 500 元以上 2000 元以下的标准处以罚款。

劳动者依法解除或者终止劳动合同，用人单位扣押劳动者档案或者其他物品的，由劳动行政部门责令限期退还劳动者本人，并以每人 500 元以上 2000 元以下的标准处以罚款。

用人单位违反法律规定，未向劳动者出具解除或者终止劳动合同的书面证明，由劳动行政部门责令改正。

劳务派遣单位违反《劳动合同法》规定的，由劳动行政部门和其他有关主管部门责令改正；情节严重的，以每人 1000 元以上 5000 元以下的标准处以罚款，并由工商行政管理部门吊销营业执照（《劳动合同法》第九十二条）。用工单位违反《劳动合同法》及其实施条例的，由劳动行政部门和其他主管部门责令改正；情节严重的，以每位被派遣劳动者 1000 元以上 5000 元以下的标准处罚（《劳动合同法实施条例》第三十五条）。

任何单位和个人未经许可，擅自经营劳务派遣业务的，由劳动行政部门责令停止违法行为，没收违法所得，并处违法所得 1 倍以上 5 倍以下的罚款；没有违法所得的，可以处 5 万元以下的罚款。如果劳务派遣单位（用人单位）、用工单位在进行劳务派遣时有违法行为的，由劳动行政部门责令限期改正；逾期不改正的，以每人 5000 元以上 1 万元以下的标准处以罚款，对劳务派遣单位，吊销其劳务派遣业务经营许可证（《劳动合同法》第九十二条）。

参考文献

[1] 法规应用研究中心．劳动法一本通 [M] 6 版．北京：中国法制出版社，2018.

[2] 伍茜，杨魁．劳动法疑难问题解读 [M]．上海：上海人民出版社，2018.

[3] 金英杰．劳动法实践教学教育研究 [M]．武汉：华中科技大学出版社，2018.

[4] 张熙．劳动法与社会保障法新论 [M]．长春：吉林人民出版社，2018.

[5] 郑水强．劳动法实务与工厂管理 [M]．广州：新世纪出版社，2018.

[6] 范重光．工会劳动法工作 [M]．西安：陕西人民教育出版社，2018.

[7] 张恩利，刘新民．我国运动员职业发展权利劳动法保护研究 [M]．北京：人民体育出版社，2019.

[8] 贾俊玲．劳动法与社会保障法 [M]．国家开放大学出版社，2018.

[9] 陈若冰．劳动法与社会保障法导引与案例 [M]．北京：经济科学出版社，2018.

[10] 林雪贞．劳动法与社会保障法理论、图表与案例 [M]．北京：法律出版社，2015.

[11] 中国劳动社会保障出版社法制图书编辑部．劳动法 [M]．北京：中国劳动社会保障出版社，2019.

[12] 郑瑞平，邹华锋．劳动法 [M]．北京：北京交通大学出版社，2019.

[13] 何平．劳动法教程 [M]．武汉：武汉大学出版社，2019.

[14] 姚会平．劳动法实务 [M]．成都：西南财经大学出版社，2019.

[15] 苏建峰．澳门劳动法概论 [M]．北京：社会科学文献出版社，2019.

[16] 黎建飞．劳动法与社会保障法 [M]．北京：中国人民大学出版社，2019.

[17] 李海明，赵芳芳．劳动法案例解读与分析 [M]．北京：北京师范大学出版社，2019.

[18] 法规应用研究中心．劳动法一本通 [M]．北京：中国法制出版社，2019.

[19] 中国法制出版社．中华人民共和国劳动法 [M]．北京：中国法制出版社，2019.

[20] 中国劳动社会保障出版社法制图书编辑部．中华人民共和国劳动法 [M]．北京：中国劳动社会保障出版社，2019.

[21] 李皓楠．人力资源的 5 分钟劳动法 [M]．天津：天津人民出版社，2019.

[22] 大成劳动与人力资源专业委员会．劳动法疑难问题实务指南 [M]．北京：中国法制出版社，2019.

[23] 最新法律适用一本通丛书编选组．最新劳动法适用一本通 [M]．北京：人民法院

出版社，2019.

[24] 法律出版社法规中心．中华人民共和国劳动法注释本 [M]．法律出版社，2019.

[25] 李孝保．中国劳动法基本理论问题研究 [M]．北京：法律出版社，2019.

[26] 路焕新，李科蕾．高职高专“十二五”精品规划教材劳动法概论与实务 [M]．天津：天津大学出版社，2019.

[27] 郑文睿．人人都要知道的劳动法职场法律常识一本通 [M]．中国法制出版社，2019.

[28]《法制进嘎查村系列连环画丛书》编委会．法制进嘎查村系列连环画丛书劳动法 [M]．呼和浩特：远方出版社，2019.

[29] 赵怡，徐运全．新劳动法实用案例实践应用版 [M]．呼和浩特：内蒙古人民出版社，2019.

[30] 符成成．21 世纪高职高专规划教材劳动法与劳动关系管理 [M]．中国人民大学出版社，2019.